汽车专业技能型教育"十三五"创新规划教材

汽车底盘构造与维修图解教程
第 2 版

主　编　谭本忠
参　编　胡　波　谭红平　谭秋平　张远军
　　　　张国林　李阳阳　李志杰　李　明
　　　　曾放生　宋祥贵　吴林勇　向建华

机械工业出版社

《汽车底盘构造与维修 图解教程》在理论与实用并重的原则基础上详细介绍了汽车底盘及各总成的分类、作用、结构、工作原理以及常见故障的检修和调试等知识，并且重点讲述了变速器、悬架、转向器、盘式制动器、鼓式制动器以及防抱死制动系统（ABS）的结构、故障诊断和检修，并配有相关的案例和知识链接。

本书是汽车专业技能型教育"十三五"创新规划教材，可以作为大、中专院校汽车修理专业的教师教学和学生学习使用，也可以作为汽车维修技术人员、维修工人的参考书与工具书。

> 为方便教学，本套教材专门配备了 PowerPoint（PPT）形式的配套教学课件，可供广大教师选用。在 http://www.cmpedu.com 网站上，注册后即可下载教材课件；或与机械工业出版社联系，编辑热线：010-88379349、010-88379735。

图书在版编目（CIP）数据

汽车底盘构造与维修图解教程/谭本忠主编. —2版. —北京：机械工业出版社，2016.11（2022.1 重印）
汽车专业技能型教育"十三五"创新规划教材
ISBN 978-7-111-54730-3

Ⅰ.①汽… Ⅱ.①谭… Ⅲ.①汽车—底盘—结构—教材②汽车—底盘—维修—教材 Ⅳ.①U472.41

中国版本图书馆 CIP 数据核字（2016）第 209160 号

机械工业出版社（北京市百万庄大街22号 邮政编码100037）
策划编辑：连景岩 孟 阳 责任编辑：连景岩 杜凡如 章承林
责任校对：陈 越 责任印制：常天培
固安县铭成印刷有限公司印刷
2022年1月第2版第7次印刷
184mm×260mm · 11 印张 · 264 千字
11501—13000 册
标准书号：ISBN 978-7-111-54730-3
定价：29.00 元

凡购本书，如有缺页、倒页、脱页，由本社发行部调换

电话服务	网络服务
服务咨询热线：010-88379833	机 工 官 网：www.cmpbook.com
读者购书热线：010-88379649	机 工 官 博：weibo.com/cmp1952
	教育服务网：www.cmpedu.com
封面无防伪标均为盗版	金 书 网：www.golden-book.com

丛书序

当今正值国家大力推广职业教育之际,各地教育机构紧抓机遇,大胆革新,积极推行新的职业教育方法与思路。

本套创新规划教材根据职业需求和岗位要求而设置教学项目,同时将知识系统和技能系统化整为零,使学员能做到学一样精一样,同时在细化深入的前提下掌握解决问题的途径和思路。

本套教材强化职业实践的实用性教学,对理论教学的要求是将抽象深奥的知识简单化、形象化和感性化,使学员能够轻松掌握,并联系实际,融入实践,同时在实践教学中结合理论认识能将实践认知与经验总结为理论。这样,在学中做,在做中学,巩固知识,强化技能。

综合上述特点和要求,创新规划教材应该具有系统分块,知识点与技能点结合,理论描述简明,实践叙述符合职业规范,能直接感知并参照操作的特点。

很多汽车相关职业院校与职训中心在进行教学改革的同时也在进行教材更新,但大多数是在传统教学教材的基础上改编而来的,无法摆脱原有的形式和限制,编写出来的教材往往难以普及并发挥实效。

我们综合汽车运用与维修、汽车检测与维护技术等专业课程设置的要求,同时考虑到职业需求和岗位的设置,将本套创新规划教材分为汽车机修技术,汽车电子技术,汽车故障诊断技术,汽车车身修复技术,汽车美容与装饰技术,汽车保养与维护技术六大块,同时为保证专业课程有理论和技术基础,设置了汽车机械基础、汽车电学基础、汽车维修专业英语以及汽车文化四门基础课。各个专业分类下是核心与主干课程,如机修之下包括汽车发动机与汽车底盘,电子之下包括汽车电器、汽车空调、汽车发动机电控系统、汽车自动变速器、汽车安全舒适系统等。

本书为机械工业出版社组织编写的"汽车专业技能型教育'十三五'创新规划教材"。

这套教材作为学生课本,主要突出实图、原理、检测、维修与案例相结合。配套开发的还有教学课件,我们力图通过这种方式使此套创新规划教材成为一种立体化的、学员易学、教师易教、效果独到的专门化教材。

编 者

目录 Contents

丛书序
第一章　底盘概述 ·· 1
　第一节　底盘组成 ·· 1
　第二节　驱动形式 ·· 2

第二章　传动系统 ·· 4
　第一节　传动系统概述 ·· 4
　　一、汽车传动系统的组成和功能 ··· 4
　　二、汽车传动系统的作用 ··· 4
　第二节　汽车离合器 ··· 5
　　一、离合器的作用与分类 ··· 5
　　二、摩擦式离合器的结构与原理 ··· 6
　　三、离合器的拆解与检修 ··· 15
　　四、离合器常见故障检修方法与维修案例 ·· 17
　　五、离合器典型故障排除 ··· 19
　第三节　手动变速器 ·· 21
　　一、变速器的分类与作用 ··· 21
　　二、手动变速器的结构与原理 ·· 22
　　三、手动变速器换档原理与动力传递 ··· 28
　　四、手动变速器操纵机构 ··· 35
　　五、手动变速器的拆装与检修 ·· 40
　　六、变速器常见故障排除方法与维修实例 ·· 46
　第四节　自动变速器 ·· 50
　　一、自动变速器的分类 ·· 50
　　二、行星齿轮自动变速器 ··· 51
　　知识链接：行星齿轮的传动方式 ··· 56
　　三、平行轴自动变速器 ·· 57
　　知识链接：平行轴式自动变速器与全同步式手动变速器的对比 ····················· 59
　　四、无级变速器 ·· 60
　　五、电控机械式自动变速器 ·· 61
　　六、电控系统的控制原理 ··· 64
　　七、电控系统的控制阀 ·· 71
　第五节　驱动桥 ·· 74

  一、驱动桥的结构形式 ……………………………………………………………… 74
  二、主减速器和差速器 ……………………………………………………………… 75
  三、半轴与桥壳 ……………………………………………………………………… 79
  四、万向传动装置 …………………………………………………………………… 83
  五、驱动桥常见故障检修 …………………………………………………………… 86
  知识链接：四轮全轮驱动系统 ……………………………………………………… 89

第三章 行驶系统 ………………………………………………………………………… 93
第一节 行驶系统的组成与作用 …………………………………………………………… 93
第二节 车架与车桥 ………………………………………………………………………… 94
  一、车架 ……………………………………………………………………………… 94
  二、车桥 ……………………………………………………………………………… 97
第三节 车轮定位 …………………………………………………………………………… 98
  一、前轮定位 ………………………………………………………………………… 98
  二、四轮定位 ………………………………………………………………………… 101
第四节 轮胎与车轮 ………………………………………………………………………… 103
第五节 悬架 ………………………………………………………………………………… 109
  一、汽车悬架的基本组成与分类 …………………………………………………… 109
  二、非独立悬架 ……………………………………………………………………… 111
  三、独立悬架 ………………………………………………………………………… 116
  四、上海桑塔纳轿车悬架的拆装 …………………………………………………… 121
  知识链接：计算机控制式悬架 ……………………………………………………… 121

第四章 转向系统 ………………………………………………………………………… 127
第一节 转向系统概述 ……………………………………………………………………… 127
第二节 转向器 ……………………………………………………………………………… 128
第三节 动力转向 …………………………………………………………………………… 130
  一、动力转向的功用 ………………………………………………………………… 130
  二、动力转向系统的主要组成 ……………………………………………………… 130
  三、整体式动力转向器 ……………………………………………………………… 132
  四、控制阀 …………………………………………………………………………… 132
  五、齿轮-齿条式动力转向 …………………………………………………………… 132
第四节 电控转向概述 ……………………………………………………………………… 135
  一、电控液力转向系统 ……………………………………………………………… 135
  二、电控电动转向系统 ……………………………………………………………… 136
  知识链接：四轮转向系统 …………………………………………………………… 137
第五节 转向系统常见故障检修 …………………………………………………………… 139

第五章　制动系统 …… 142
第一节　制动系统概述 …… 142
一、制动系统的分类 …… 142
二、制动系统的组成 …… 143
第二节　盘式制动器 …… 143
一、盘式制动器的工作原理 …… 143
二、盘式制动器的拆装与检修 …… 148
三、液压制动传动装置零件的检修 …… 150
四、液压制动系统空气的排除 …… 151
第三节　鼓式制动器 …… 152
一、鼓式制动器的工作原理 …… 152
二、鼓式制动器的拆装与检修 …… 155
第四节　制动助力系统 …… 158
第五节　防抱死制动系统（ABS） …… 160
一、防抱死制动系统概述 …… 160
二、防抱死制动系统组件 …… 162
三、防抱死制动系统的工作原理 …… 163
四、防抱死制动系统的工作过程 …… 164
五、防抱死制动系统的使用特性 …… 165

参考文献 …… 167

第一章

底 盘 概 述

第一节 底 盘 组 成

汽车底盘是整个汽车的机体,支撑着发动机、车身等,同时对发动机的动力进行传递和分配,并按照驾驶人的意图操纵汽车。底盘一般由传动系统、行驶系统、转向系统和制动系统等组成,如图 1-1 所示。

传动系统:将发动机输出的动力传递给驱动车轮,并实现减速增矩等功能。传动系统包括离合器、变速器、传动轴、主减速器、差速器以及半轴等。

行驶系统:产生驱动力并承受各个方向的力,对全车起支撑作用,保证汽车的正常行驶。行驶系统包括车轮与轮胎、车桥、车架、悬架等。

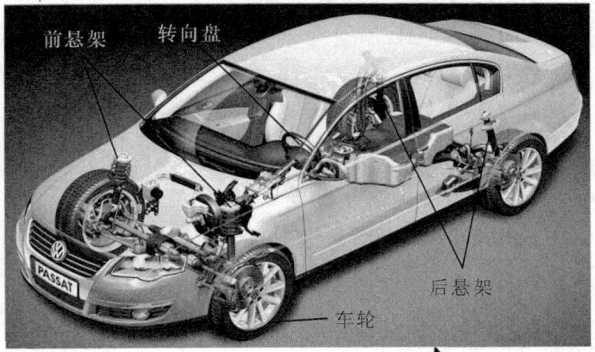

转向系统:在驾驶人的控制下实现转向。转向系统包括转向操纵机构、转向器和转向传动机构。

制动系统:使行驶的汽车减速以至停车,以及使已停驶的汽车保持不动。制动系统包括供能装置、制动控制装置、传动装置以及制动器。

图 1-1 底盘的组成

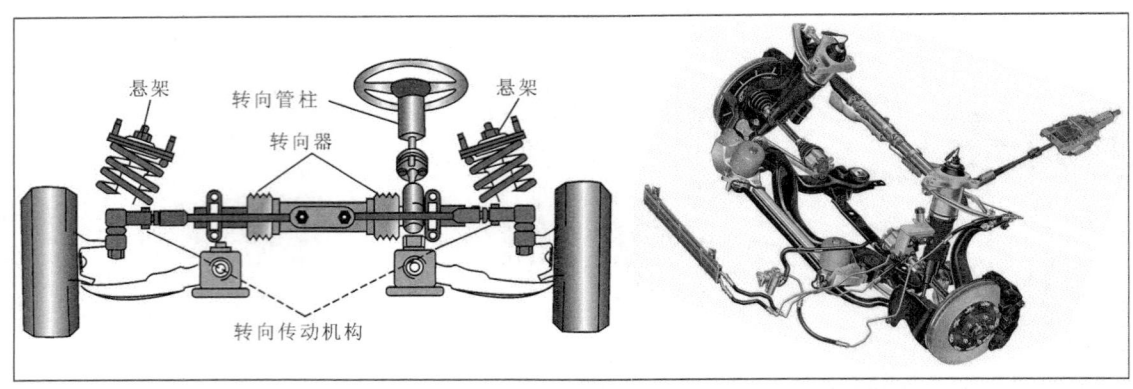

图 1-1 底盘的组成(续)

第二节 驱动形式

按照发动机与驱动桥的相对位置,可以将汽车的驱动形式分为发动机前置后轮驱动、发动机前置前轮驱动、发动机后置后轮驱动、发动机中置后轮驱动和全轮驱动等几种形式。

1. 发动机前置后轮驱动(FR)方案

FR 方案是 4×2 型汽车的传统布置方案(图 1-2),主要应用于大、中型货车上,但是在部分高级轿车以及微型汽车上也有采用,如解放东风系列货车,奔驰、宝马系列高级轿车以及国产的长安、五菱及金杯系列轻型客货车等。该方案的优点是,前后轮的质量分配比较理想;其缺点是,需要一根较长的传动轴,这不仅增加了车重,而且也影响了传动系统的效率。

2. 发动机前置前轮驱动(FF)方案

发动机、离合器与主减速器及差速器等装配成十分紧凑的整体,布置在汽车的前面,前轮为驱动轮;这样在变速器和驱动桥之间就省去了万向节和传动轴。发动机既可纵置也可横置,在发动机横置(发动机曲轴轴线垂直于车身轴线)时,由于变速器轴线与驱动桥轴线平行,主减速器可以采用结构和加工都较简单的圆柱齿轮副。发动机纵置时,多数采用弧齿锥齿轮副。由于前轮是驱动轮,有助于提高汽车高速行驶时的操纵稳定性。这种布置方案目前已广泛地应用于微型和中级轿车上,在中高级和高级轿车上的应用也日渐增多。例如,一汽大众、上海大众、广州本田、广州丰田等国产中高级轿车均采用这种布置形式(图 1-3)。

3. 发动机后置后轮驱动(RR)方案

发动机后置后轮驱动(RR)方案如图 1-4 所示。发动机、离合器和变速器都横置于驱动桥之后,驱动桥采用非独立悬架。主减速器与变速器之间距离较大,其相对位置经常变化。由于这些原因,有必要设置万向传动装置和角传动装置。大型客车采用这种布置方案更容易做到汽车总质量在前后车轴之间的合理分配,而且具有车厢内噪声低,空间利用率高等优点,因此它是大、中型客车普遍采用的方案。但是由于发动机在汽车后部,发动机冷却条件差,发动机、离合器和变速器的操纵机构都较复杂。少数轿车和微型汽车也有采用这种方案的。

图1-2 发动机前置后轮驱动

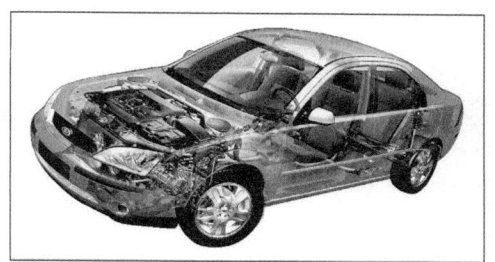
图1-3 发动机前置前轮驱动

4. 发动机中置后轮驱动(MR)方案

发动机中置后轮驱动(MR)方案如图1-5所示。传动系统的这种布置方案有利于实现前后轮较为理想的质量分配，是赛车普遍采用的方案。部分大、中型客车也有采用此种布置方案的。其优缺点介于FF和RR方案之间。

图1-4 发动机后置后轮驱动

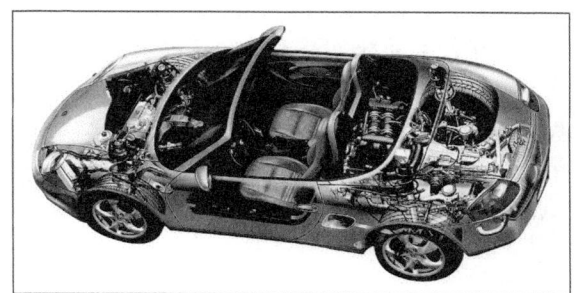
图1-5 发动机中置后轮驱动

5. 全轮驱动(nWD)方案

nWD是n Wheel Drive的缩写(n代表驱动轮数)，表示传动系统为全轮驱动方案。对于要求能在坏路或无路地区行驶的越野汽车，为了充分利用所有车轮与地面之间的附着条件，以获得尽可能大的牵引力，总是将全部车轮都作为驱动轮，故传动系统采用nWD方案。图1-6所示为丰田陆地巡洋舰4WD越野轿车的传动系统布置图。从图中不难看出，前后桥都是驱动桥。为了将变速器输出的动力分配给前后两个驱动桥，在变速器与两驱动桥之间设置

图1-6 全轮驱动

有分动器，前驱动桥可根据需要，用换档拨叉接通或断开。四轮驱动主要应用于越野车、特种车和军用轿车上。

第二章

传 动 系 统

第一节 传动系统概述

一、汽车传动系统的组成和功能

汽车传动系统的基本功用是将发动机输出的动力传递给驱动车轮。

现代汽车普遍采用的是活塞式内燃机,与之相配的传动系统大多数是机械式的。发动机纵向安置在汽车前部,并且以后轮为驱动轮。发动机发出的动力依次经过离合器、变速器,万向节与传动轴组成的万向传动装置,以及安装在驱动桥中的主减速器、差速器和半轴,最后传到驱动车轮。机械式传动系统的组成及布置(以桑塔纳轿车为例)如图2-1所示。

图2-1 传动系统组成图

二、汽车传动系统的作用

传动系统的首要任务是与发动机协同工作,以保证汽车能在不同使用条件下正常行驶,并具有良好的动力性和燃油经济性。传动系统功能如下:

(1) 实现汽车减速增矩 只有当作用在驱动轮上的牵引力足以克服外界对汽车的阻力

时，汽车方能起步和正常行驶。由试验得知，即使汽车在平直的沥青路面上以低速匀速行驶，也需要克服数值相当于1.5%汽车总重力的滚动阻力。因此必须使传动系统具有减速增矩的作用，即驱动轮的转速降低为发动机转速的若干分之一，相应地驱动轮所得到的转矩则增大到发动机转矩的若干倍。

（2）实现汽车变速　汽车在城市道路行驶时遇到红灯亮需要停车，绿灯亮需要起步加速；在高速公路上需要高速行驶；在山路或者路况不好的地段时需要以低速行驶。这些都称为汽车的变速。

这就要求汽车牵引力和速度有相当大的变化范围。为了使发动机能保持在有利转速范围内工作，而汽车牵引力和速度又能在足够大的范围内变化，就应当使传动系统传动比能在最大值与最小值之间变化，即传动系统应具有变速功能，该功能由变速器来实现。

（3）实现汽车倒车　汽车在某些情况下（如进入停车场或车库，在窄路上掉头时），需要倒向行驶。然而，内燃机是不能反向旋转的，故与内燃机共同工作的传动系统必须保证在发动机旋转方向不变的情况下，能使驱动轮反向旋转。一般结构措施是在变速器内加设倒档（具有中间齿轮的减速齿轮副）。

（4）必要时中断传动系统的动力传递　内燃机只能在无负荷情况下起动，而且起动后的转速必须保持在最低稳定转速以上，否则就可能熄火。所以在汽车起步之前，必须将发动机与驱动轮之间的传动路线切断。发动机进入正常怠速运转后，再逐渐地恢复传动系统的传动能力，以保证发动机不熄火，且汽车能平稳起步。此外，在换档以及对汽车进行制动之前，也都有必要暂时中断动力传递。为此，在发动机与变速器之间应装设离合器。

（5）应使车轮具有差速功能　当汽车转弯行驶时，左右车轮在同一时间内滚过的距离不同，如果两侧驱动轮仅用一根刚性轴驱动，则在汽车转弯时必然产生车轮相对于地面滑动的现象。这将使转向困难，汽车的动力消耗增加，传动系统内某些零件和轮胎加速磨损。所以，驱动桥内装有差速器，使左右两驱动轮可以不同的角速度旋转。

第二节　汽车离合器

一、离合器的作用与分类

（一）离合器的作用

离合器安装于发动机与变速器之间，用于暂时分离两者或平顺地接合以传递发动机的动力。其具体功用如下：

1) 保证汽车平稳起步。汽车起步是指从静止到行驶状态的整个过程。起步时，如果发动机与变速器之间没有离合器，而是刚性连接，则变速器一旦挂上档位，汽车将因突然接受动力而猛烈向前冲，随之立即熄火。

2) 使换档时工作平顺。若无离合器配合，换档将很困难，且会出现变速器"打齿"现象。通过离合器和加速踏板配合，可使换档工作平顺。

3) 防止传动系统过载。

（二）离合器的分类

离合器按照工作原理可以分为摩擦式离合器、液力离合器和电磁离合器等几种形式。摩擦式离合器因其结构简单、动力传递损失小而被广泛应用在轿车、客车、货车以及工程用车上。液力离合器采用油液为工作介质，接合平稳，被应用在自动变速器车型中。电磁离合器靠线圈中电流的通断来控制离合器的接合与断开，在轿车的空调压缩机上被广泛采用。

1. 摩擦式离合器

主动部分由带有膜片弹簧的压盘、飞轮、中间盘及分离盘等组成。如图 2-2 所示，离合器压盘固定于发动机曲轴上，膜片弹簧为开有径向槽的碟形膜片弹簧，结构紧凑，缩短了离合器的轴向尺寸，保证压盘上的压力均匀，接合平顺。离合器在接合状态时，从动盘和压盘与飞轮同步旋转，此时膜片弹簧产生压紧力，使从动盘被夹紧在压盘和飞轮之间。

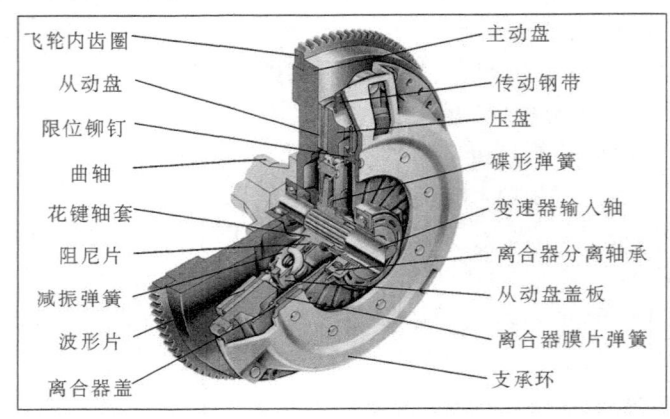

图 2-2 摩擦式离合器结构图

2. 液力离合器

液力离合器靠工作液（油液）传递转矩，如图 2-3 所示。泵轮与外壳连为一体，是主动件；涡轮与泵轮相对，是从动件。当泵轮转速较低时，涡轮不能被带动，主动件与从动件之间处于分离状态；随着泵轮转速的提高，涡轮被带动，主动件与从动件之间处于接合状态。

3. 电磁离合器

电磁离合器靠线圈中电流的通断来控制离合器的接合与分离，如图 2-4 所示。在主动件与从动件之间放置磁粉，可以加强两者之间的接合力，这样的离合器称为磁粉式电磁离合器。

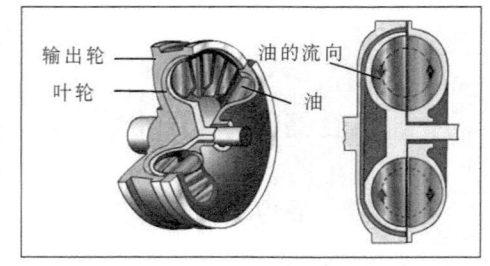

图 2-3 液力离合器

二、摩擦式离合器的结构与原理

（一）摩擦式离合器的基本工作原理

摩擦式离合器的基本工作原理如图 2-5 所示。

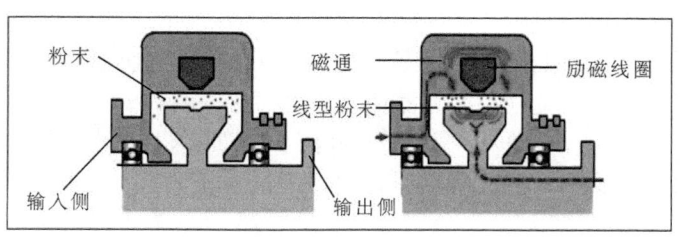

图 2-4 电磁离合器

（1）离合器接合　离合器踏板处于自由状态时，从动盘在压紧弹簧作用下压紧在飞轮端面。发动机工作时，飞轮旋转，靠离合器从动盘摩擦片与飞轮端面之间的摩擦力将动力传给变速器。

（2）离合器分离　踩下离合器踏板，通过操纵机构，使分离轴承克服压紧弹簧作用力右移，带动从动盘右移，使从动盘与飞轮端面出现间隙，切断发动机动力传递。

（3）汽车平稳起步　先踩下离合器踏板，切断发动机动力，挂上档后，再缓慢松开离合器踏板，在压紧弹簧的作用下，从动盘逐渐与飞轮端面接触压紧，将动力由小到大传到变速器，达到平稳起步。

（4）配合换档　先踩下离合器踏板，切断发动机动力，变速器齿轮不再传递转矩，这样容易退出原档位，也容易挂上新档位。

图 2-5　摩擦式离合器的基本工作原理

（5）过载保护（离合器打滑）　当汽车紧急制动时，传动系统将产生很大的惯性力矩，并通过花键轴作用在离合器从动盘上，超出从动盘所能传递的最大转矩，则从动盘打滑，避免了传动系统与发动机产生扭转，保护了机件。

（二）膜片离合器的结构与原理

膜片离合器是采用膜片弹簧作为压紧元件的离合器，根据膜片弹簧受分离杠杆的作用力的不同可分为推式和拉式两种。

1. 推式膜片弹簧离合器

图 2-6 所示为推式膜片弹簧离合器的结构。其结构特点是压紧弹簧是用薄弹簧钢板制成的带有锥度的膜片弹簧，它靠中心部分开有 18 条径向切口，末端接近外缘处加工成圆孔，形成 18 根弹性杠杆。支承铆钉穿过膜片弹簧末端圆孔铆接在离合器盖上。膜片弹簧外缘抵靠在压盘的环形凸起上。膜片弹簧两侧有钢丝支承环作为膜片弹簧的支点。转矩通过传动片和离

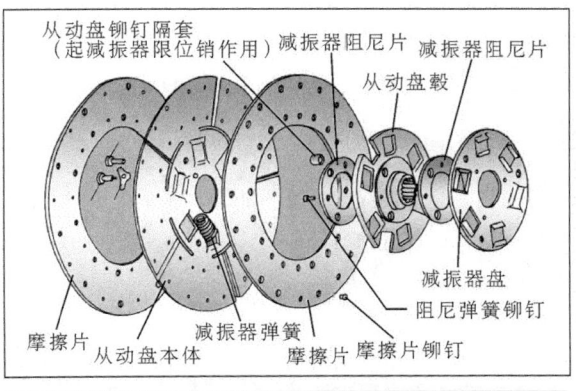

图 2-6　推式膜片弹簧离合器的结构

合器盖传至压盘。

推式膜片弹簧离合器的工作原理如图2-7所示。当离合器盖未固定在飞轮上时,膜片弹簧不受力,处于自由状态。飞轮与离合器盖端面之间有一距离 L(图2-7a)。当用螺钉将离合器盖紧固在飞轮上时,离合器盖靠向飞轮,消除距离,后钢丝支承环压紧膜片弹簧使之发生弹性变形(锥角变小);同时,膜片弹簧外端对压盘产生压紧力,使离合器处于接合状态(图2-7b)。当分离离合器时(图2-7c),分离轴承左移,膜片弹簧被压在前钢丝支承环上,其径向截面以支承环为支点转动(膜片弹簧呈反锥形),于是膜片弹簧外端后移,并通过分离钩带动压盘后移使离合器分离。可见,膜片弹簧起到压紧弹簧和分离杠杆的双重作用。

膜片弹簧离合器的分离轴承与膜片弹簧小端同样也必须有一定的分离间隙,其间隙的调整是通过调整分离轴承的轴向位置实现的。

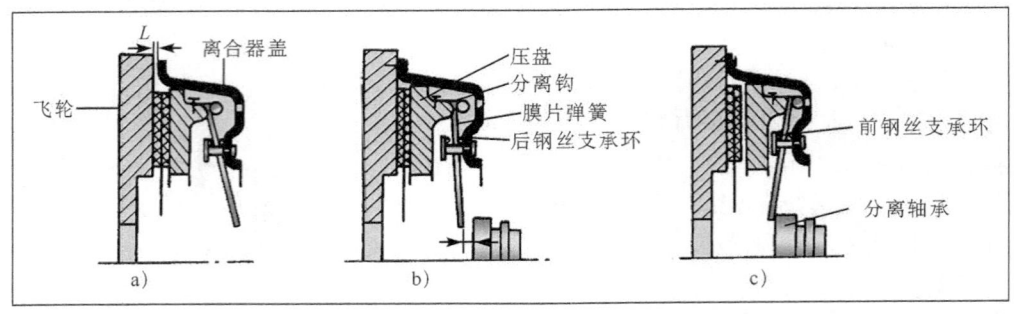

图2-7　推式膜片弹簧离合器的工作原理

2. 拉式膜片弹簧离合器

离合器盖用螺栓固定在发动机曲轴的法兰盘上,离合器压盘通过传力钢片与离合器盖相连,离合器盖和压盘的中间安装的是膜片弹簧,膜片弹簧的大端与离合器盖相接触,膜片弹簧碟簧部分的小端压在离合器压盘上,发动机飞轮通过螺栓固连到离合器盖上,离合器压盘和飞轮工作端面之间是离合器从动盘,离合器分离盘通过卡环固定在膜片弹簧分离指上,离合器分离推杆安装在变速器输入轴(第一轴)的中心,一端作用在分离盘中部的凹坑内,另一端作用于安装在变速器内的分离轴承端面上。捷达轿车离合器的结构如图2-8所示。

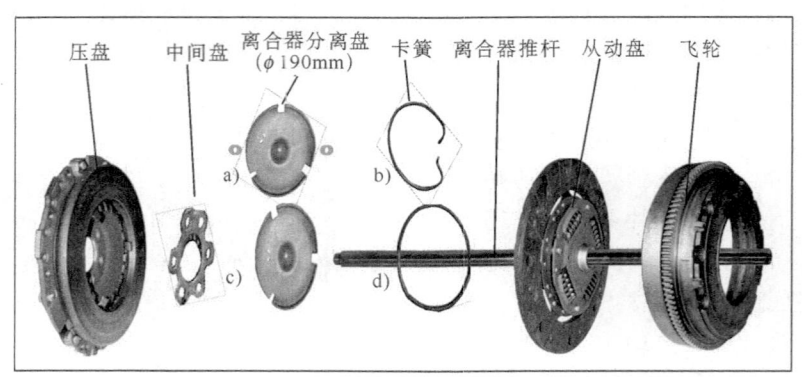

图2-8　捷达轿车离合器的结构

a)、b) 用于SKD捷达　c)、d) 用于CKD捷达

离合器压紧机构

如图2-9所示，离合器的压紧机构主要由螺旋弹簧或膜片弹簧组成，与主动部分一起旋转，它以离合器盖为依托，将压盘压向飞轮，从而将处于飞轮和压盘间的从动盘压紧。

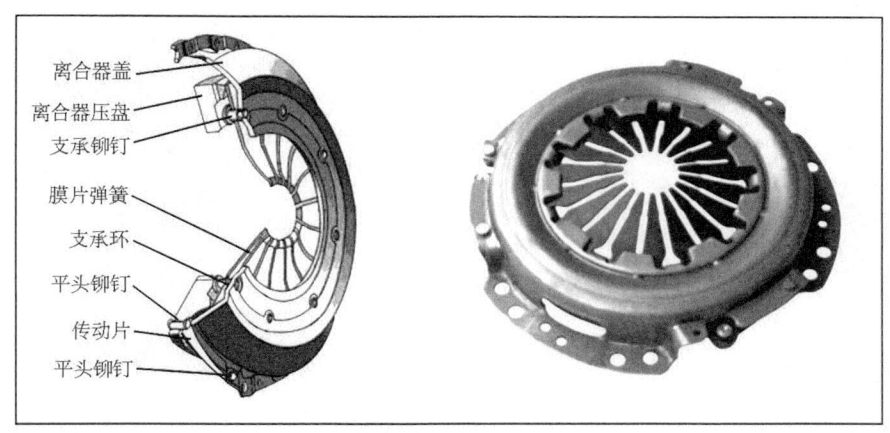

图2-9 离合器压紧机构

压盘盖用螺栓固定在飞轮上，并和飞轮一起旋转。膜片弹簧用于把离合器摩擦盘压紧在飞轮和压盘之间，因摩擦盘内花键与离合器输入轴相连，于是发动机的动力由飞轮传递至变速系统。

离合器压紧机构的检查方法如下：

1）目视检查压盘表面是否磨损、开裂或灼伤，如图2-10所示。使用钢直尺和塞尺检查压盘翘曲度，如图2-11所示。如果翘曲度超出维修极限，则更换压盘。

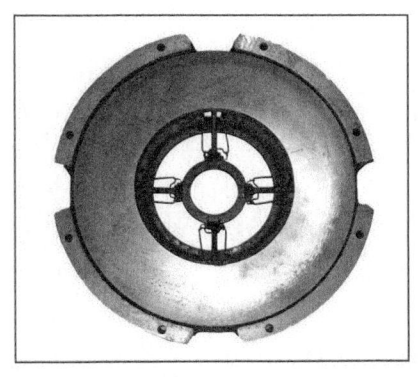

图2-10 检查压盘表面

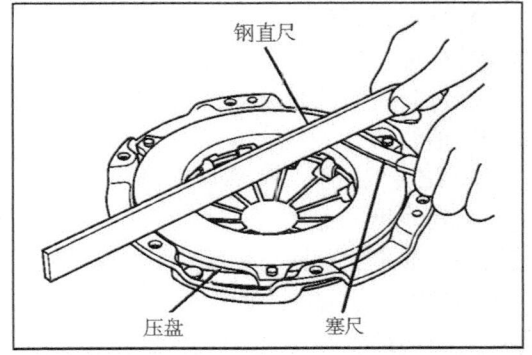

图2-11 检查压盘翘曲度

2）检查膜片弹簧销钉与分离轴承接触处的磨损情况，如图2-12所示。如果磨损严重，则更换新件。

3）检查膜片弹簧尖端对齐情况。如图2-13所示，用百分表检查膜片弹簧销钉的高度。如果高度超出维修极限，则更换压盘总成。

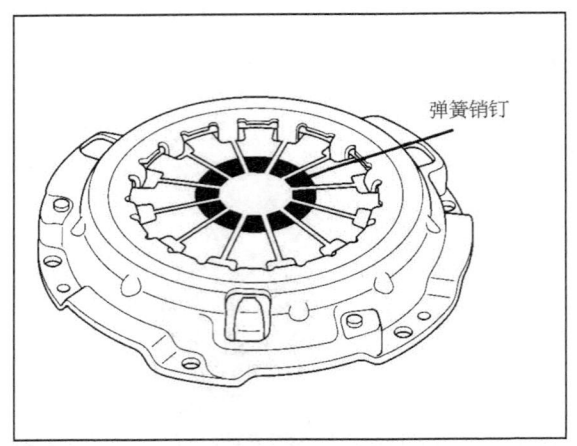

图 2-12 检查弹簧销钉磨损情况

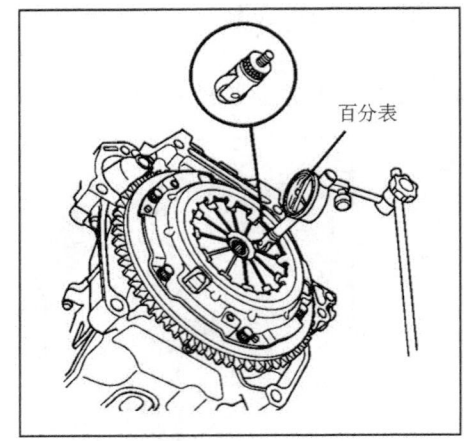

图 2-13 检查弹簧尖端对齐情况

摩擦盘是离合器系统的输出部分。当离合器总成旋转时,它驱动手动变速器。离合器的几个组成部分如图 2-14 所示,在离合器中间有一个键槽孔,是用于连接变速器输入轴的。离合器盘两边的凹槽用于防止离合器盘粘附在飞轮和压盘上。摩擦衬片粘接在离合器盘的两面,它们是由多种材料制成的,若干年前是由棉纤维和石棉纤维经过编织和成形加工在一起的。然而,由于对石棉的危害认识不断增加,所以现在开始加入其他的物质。现在玻璃纤维用作摩擦盘的一种材料,其效果受到了欢迎。在某些离合器中,铜线也被编织进去用来提高强度。

图 2-14 离合器的几个组成部分

离合器具有的弹性中心能吸收曲轴产生的扭振。钢制压缩弹簧使摩擦盘能平缓压盘扭转振动。

缓冲弹簧伸长时可消除离合器工作的振动声。当离合器工作时,接触面的接合力随着弹簧的压缩增加。

3. 扭转减振器的构造与工作原理

由发动机传到汽车传动系统中的转矩是周期性地不断变化的,因此就使传动系统产生扭转振动。如果这一振动的频率与传动系统的自振频率相重合,就将发生共振,从而对传动系统中零件的寿命有很大影响。此外,在不分离离合器的情况下进行紧急制动或猛烈接合离合器时,瞬间都将对传动系统中的零件造成极大的冲击载荷,从而缩短零件的使用寿命。为了避免共振,缓和传动系统所受的冲击载荷,在不少的汽车传动系统中装设了扭转减振器。有些汽车上将扭转减振器制成单独的部件,但更多的是将扭转减振器附装在离合器的从动盘中。因此,从动盘还有带扭转减振器和不带扭转减振器之分。

(1) 结构 带扭转减振器与不带扭转减振器的从动盘本体的外缘部分(即装摩擦片的部分)的结构基本相同,带扭转减振器的从动盘只是在中心部分附装有扭转减振器,因而从动盘本体与从动盘毂之间是通过减振器来传递转矩的,如图 2-15 所示。

(2) 原理 在这种结构中,从动盘本体、从动盘毂和减振器盘都开有六个矩形窗孔,在每个窗孔中装有一个减振器弹簧,借以实现从动盘本体与从动盘毂之间在圆周方向上的弹

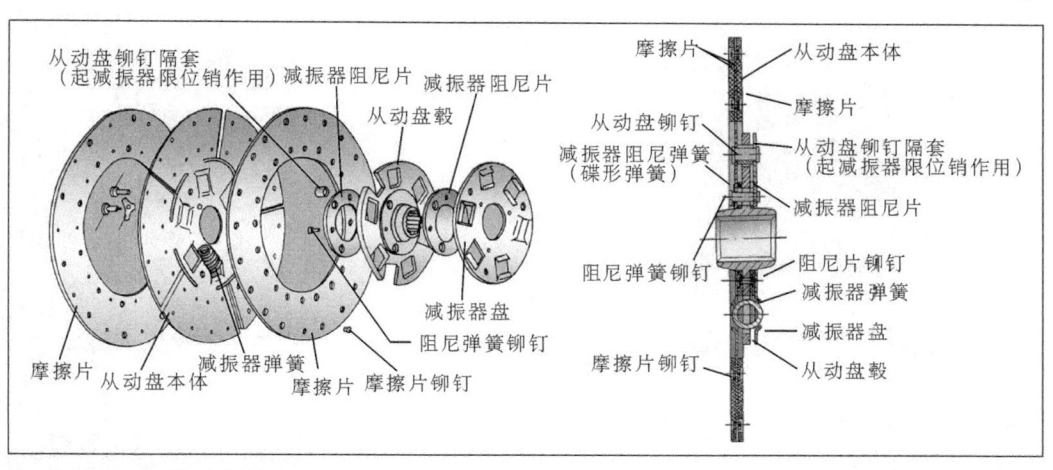

图 2-15 离合器从动盘(带扭转减振器)的结构

性联系。减振器盘与从动盘本体用铆钉铆成一个整体,并将从动盘毂及其两侧的阻尼片夹在中间,从动盘本体及减振器盘上的窗孔有翻边,使六个弹簧不致脱出。在从动盘毂上开有与铆钉隔套相对的缺口,在缺口与隔套之间留有间隙,允许从动盘本体与从动盘毂之间相对转动一个角度。这样的从动盘不工作时,如图 2-16a 所示。从动盘工作时,两侧摩擦片所受摩擦力矩首先传到从动盘本体和减振器盘上,再经六个弹簧传给从动盘毂。这时弹簧被压缩(图 2-16b),借此吸收传动系统所受的冲击。传动系统中的扭转振动导致本体及盘同毂之间的相对往复摆动,从而可依靠两阻尼片与上述三者之间的摩擦来消耗扭转振动的能量,使扭转振动迅速衰减。

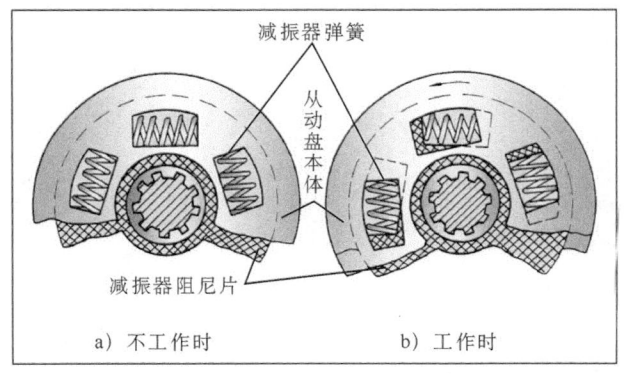

图 2-16 汽车离合器从动盘

1) 检查离合器从动盘是否磨损或损坏,其铆钉头在摩擦片中的深度应小于极限值。如果发现缺陷应更换摩擦片或从动盘总成,如图 2-17 所示。

2) 目视法检查离合器从动盘是否烧蚀,同时用专用工具测量从动盘的厚度是否超过极限值,如果超过极限值则更换,如图 2-18 所示。

3) 在离合器从动盘边缘测量其摆差,用同样的方法测量压盘的轴向间隙,如果超过极限值,则更换,如图 2-19 所示。

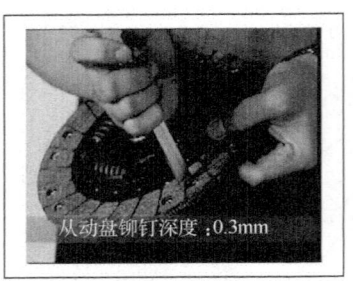

图 2-17　从动盘铆钉深度

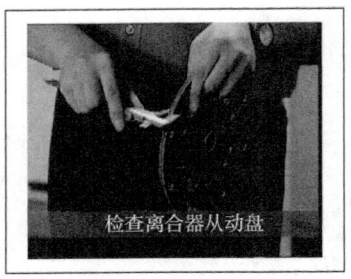

图 2-18　从动盘厚度测量

4. 离合器操纵机构

（1）杠杆式离合器操纵机构　离合器操纵机构的作用是接合和分离离合器。当操作者踩下离合器踏板时，离合器分离轴承就推动分离杠杆使离合器分离。常见的几种离合器操纵机构有杠杆式、拉索式和液压式。图 2-20 所示是杠杆式离合器操纵机构简图。当离合器踏板踩下时，离合器分离叉下部就向左移动（注意支枢点），当离合器分离叉左移时，离合器分离轴承就使得离合器分离。

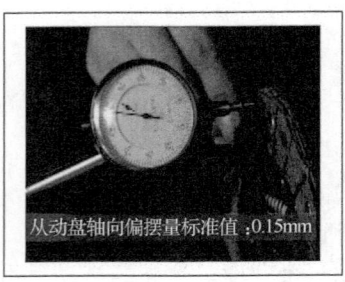

图 2-19　从动盘轴向偏摆量

（2）挠性拉索式离合器操纵机构　拉索式操纵机构是用一根挠性拉索连接踏板到分离叉。当踩下踏板时，拉索使分离叉运动，图 2-21 所示的是拉索如何连接到分离叉的。

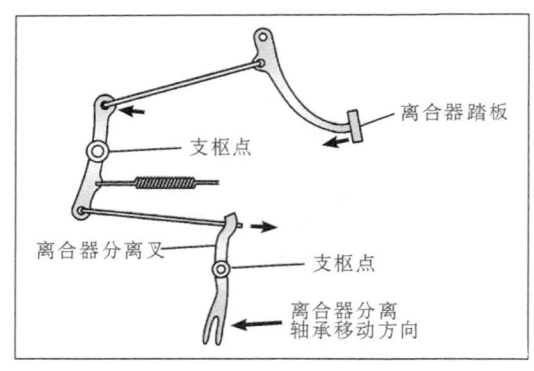

图 2-20　杠杆式离合器操纵机构简图

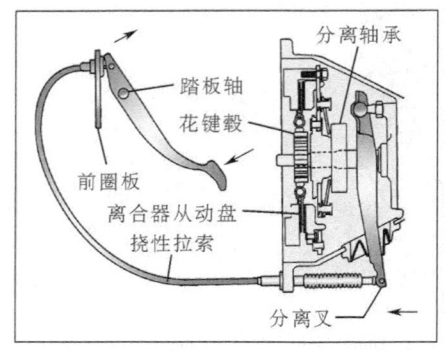

图 2-21　挠性拉索式离合器操纵机构

（3）液压式操纵机构　液压系统由主缸和工作缸组成。当踏板受到作用力时，在主缸中就建立起液压，压力通过液压管送到工作缸。此压力用于移动分离叉来实现离合器的操纵。图 2-22 所示的是液压式离合器操纵机构系统的零部件。这个系统相似于制动系统，有主缸、操纵液压系统的踏板、轮缸和储液器（储存多余的液压油）。

（4）分离轴承式操纵机构　离合器分离轴承是安装在离合器壳内可以来回移动的推力球轴承。分离轴承是靠离合器踏板和操纵机构来完成操纵压盘的工作的。当离合器踏板踏下时，分离轴承就推动旋转着的压盘的分离杠杆，用来完成离合器的分离。当离合器踏板松开时，分离轴承就往后移动，压盘弹簧的压力就完成了从动盘的接合。分离轴承式操纵机构如图 2-23 所示。

（5）离合器踏板自由行程的调整

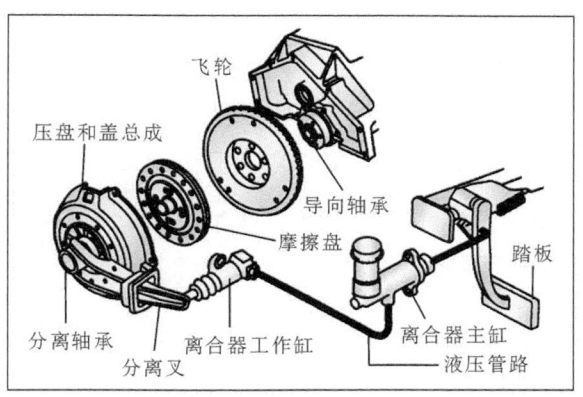

图 2-22　液压式离合器操纵机构系统的零部件

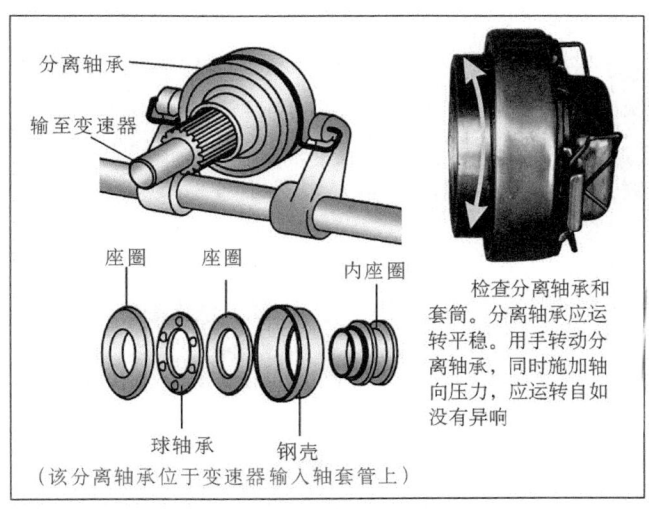

图 2-23　分离轴承式操纵机构

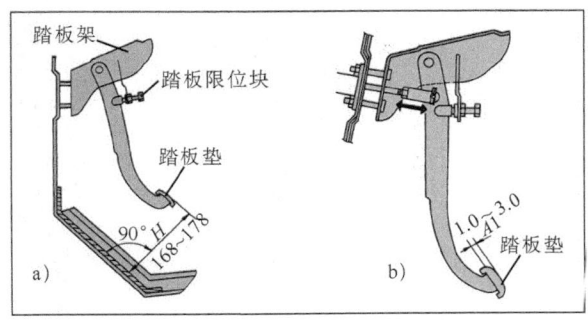

图 2-24　离合器踏板自由行程的调整

1）用踏板限位块或离合器开关调整踏板高度，如图 2-24a 所示。踏板高度 H 为 168～178mm。

2）通过主缸推杆调整踏板自由行程，如图 2-24b 所示，然后拧紧螺母。踏板自由行程 $A1$ 为 1.0～3.0mm。踏板自由行程包括由连接叉销及离合器踏板上的连接叉销孔产生的空程、由活塞及推杆产生的空程的总和，其测点在踏板垫位置。

（三）螺旋弹簧式离合器的结构与原理

螺旋弹簧式离合器与膜片弹簧式离合器的工作原理基本相同，只是结构有所不同，螺旋弹簧式离合器的压紧机构是螺旋弹簧。

主动部分

它包括飞轮、离合器盖和压盘等。

离合器盖通过螺钉与飞轮固定，并用定位销定位，以保证离合器盖与飞轮同心，从而保证离合器可靠工作，避免出现振动和噪声。盖的侧面设有通风口，当离合器旋转时，空气不断地循环流动，及时散去摩擦产生的热量。

离合器盖与压盘之间通过四组传动片来传递转矩。传动片用薄弹簧钢片制成，每组两片，一端用铆钉铆在离合器盖上，另一端则用螺钉与压盘连接。四组传动片相隔 90°沿圆周切向均匀分布。因此，压盘能随飞轮一起旋转，两者一起带动从动盘转动。在离合器分离和接合的过程中，弹性传动片能产生弯曲变形，保证压盘可沿轴线做平行移动。传动片除具有将离合器盖的动力传给压盘的作用外，还对压盘起导向和定心作用。压盘前端与摩擦片接触的面是工作面，要求平整光洁。

螺旋弹簧式离合器

螺旋弹簧式离合器可分为多簧式离合器（图 2-25）、周置弹簧离合器（图 2-26）、中央弹簧离合器（图 2-27）。

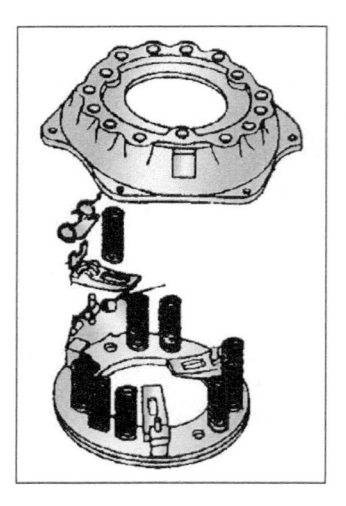

图 2-25 多簧式离合器

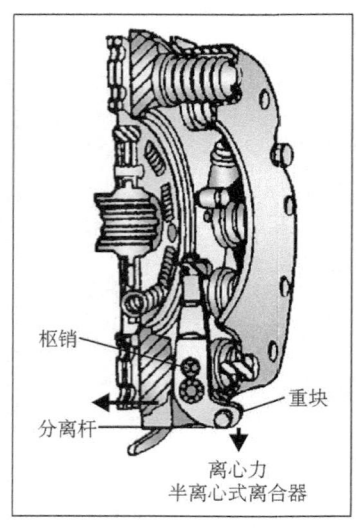

图 2-26 周置弹簧离合器

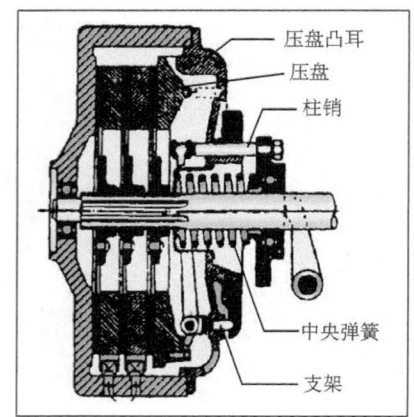

图 2-27 中央弹簧离合器

三、离合器的拆解与检修

（一）离合器的拆解

离合器的拆解如图 2-28 所示。

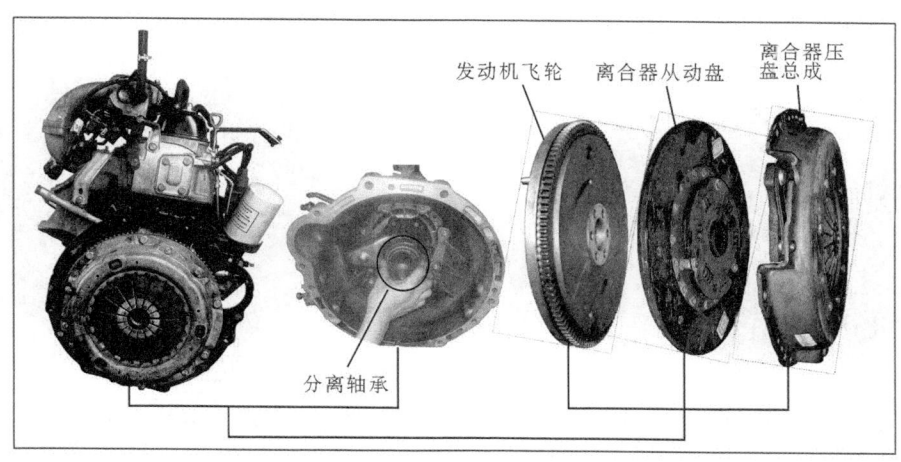

图 2-28　离合器的拆解

离合器拆装过程中应注意的事项：

拆卸离合器压盘紧固螺栓前先将变速器第一轴或专用固定工具插入离合器从动盘中，用以支撑其重力，以便拆卸紧固螺栓。装配时也要用同样的方法。

离合器压盘总成质量大，取下时应注意不要被砸伤。

另外制造从动盘的石棉含有致癌物质，拆卸时不要吸入从动盘上的石棉颗粒及灰尘。

（二）离合器的检查与调整

1. 离合器的分解

（1）膜片弹簧式离合器的分解　分解前应做好装配标记，以便装复时辨别，保持原有的平衡状态。分解时应用专用工具压紧拆卸。在拆卸变速器后，再拆卸离合器盖和离合器盘；将每个螺栓稍微拧松一圈，直到弹簧所受的压力完全消失为止，以避免外壳变形；拆卸最后一个螺栓时，用手扶着离合器，慢慢旋出螺栓，取下离合器盖及从动盘等；最后从变速器上拆下分离轴承、轴承套和分离叉。

（2）周置弹簧离合器的分解　在离合器盖和压盘上做好记号。用压床或压具将压紧弹簧压缩，拆下分离杆支架螺栓，放松压力，取下离合器盖、压紧弹簧及隔热垫圈；拆下开口销，冲下分离杆滚针轴承销，取出分离杆及滚针轴承；冲出分离杆支架销，取出支架及滚柱。

2. 离合器零件的检查与修理

（1）从动盘的检查与修理　摩擦片有轻微的油污时可用汽油清洗，然后用喷灯火焰烘干；有轻微硬化、烧损时可用砂布打磨，如图 2-29 所示；磨损严重，铆钉头埋入深度不符合规定（桑塔纳轿车为 0.30mm），或有裂纹、脱落、严重烧损或油污时，应予更换。在半径为

120~150mm 处测量，从动盘的翘曲量不大于 0.80mm，各铆钉不得松动，从动盘花键毂与变速器第一轴的配合间隙不大于 0.60mm。

（2）压盘的检查与修理　压盘工作平面烧蚀、龟裂及划伤不严重时，可用砂布打磨光滑，如图 2-30 所示。沟槽深度超过 0.50mm 或平面度误差超过 0.20mm 时应磨削修复，但磨削总量不超过限度，一般为 1~1.5mm。磨削后的压盘应重新进行平衡。

图 2-29　用砂布打磨从动盘

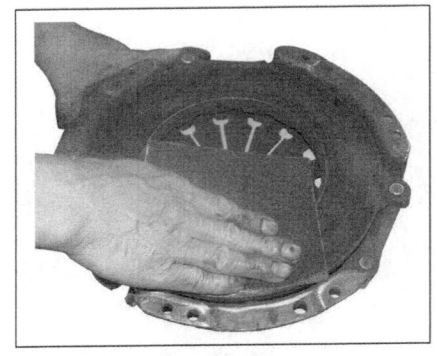
图 2-30　用砂布打磨压盘

（3）离合器盖的检查与修理　离合器盖的端面平面度误差超过 0.50mm 时，应予以校正。裂纹应焊修，传力窗磨损出现台阶可堆焊。

（4）压紧弹簧的检查与修理　压紧弹簧弹力大小符合要求（BJ2023S 系列轻型越野车：压缩至 40mm 时其弹力应为 467~549N）。多簧式离合器各簧自由长度差一般不大于 2mm，弹簧外圆柱面与端面的垂直度误差不超过 2mm。膜片弹簧内端与分离轴承接触处磨损深度不超过规定（桑塔纳轿车为 0.60mm）。膜片弹簧内端应在一个平面，最大高度差不超过 0.50mm，可在平板上用游标卡尺测量。超过最大高度差用扳钳校正。

（5）分离件的检查与修理　分离轴承内孔磨损量超过 0.03mm 或轴向间隙超过 0.60mm 时，应更换。离合器踏板轴与衬套磨损、松旷超过 0.50mm 时，应更换衬套。分离杠杆内端磨损超过规定应焊修。

3. 离合器的装配

装配时摩擦片要清洁，各活动关节及摩擦面应涂少许润滑脂。多簧式离合器的弹簧应按自由长度分组后再同向均匀搭配，以使压紧力均匀。装配时应用专用工具以防离合器变形。为保证从动盘与曲轴的同轴度和便于安装变速器，离合器安装时可用该车型的另一变速器第一轴或专用导向轴插入从动盘，并用曲轴后端导向轴承孔定位。离合器的装配定位如图 2-31 所示。

4. 离合器的调整

（1）分离杠杆高度的调整　即分离杠杆内端至飞轮表面或压盘表面或其他规定平面的距离。

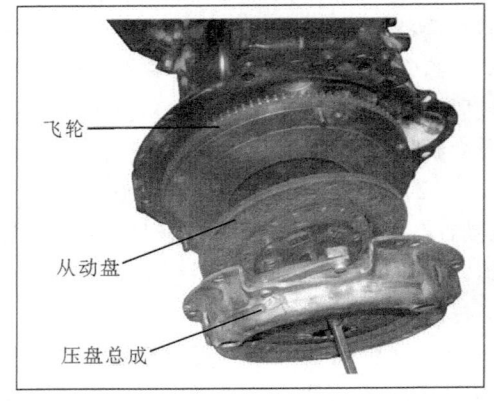
图 2-31　离合器的装配定位

分离杠杆高度及高度差应符合原厂规定。

（2）离合器踏板自由行程的调整　即分离杠杆内端（或膜片弹簧内端）与分离轴承的间隙在踏板上的反映，应符合规定。

1）机械式操纵机构，一般是通过分离叉拉杆调整螺母调整拉杆或钢索长度，使离合器踏板自由行程符合规定。

2）液压式操纵机构踏板自由行程，一般是主缸活塞与其推杆之间和分离杠杆内端与分离轴承之间两部分间隙之和在踏板上的反映，踏板自由行程的调整实际上就是这两处间隙的调整。调整时先调整主缸活塞与推杆的间隙。BJ2020型越野汽车是通过偏心螺柱调整推杆伸出长度，使其与活塞间隙为0.5~1.0mm，测量反映到踏板上的自由行程应为3~6mm。通过调整分离叉推杆长度调整分离轴承与分离杠杆间的间隙，使踏板自由行程总量符合要求。BJ2020型越野汽车通过调整分离叉推杆使踏板自由行程总量为32.40mm。这样分离轴承至分离杠杆的间隙也就达到了规定值（2.5mm），踏板上反映为29~34mm。

（三）注意事项

1）注意离合器盖与压盘间、平衡片与压盘间、离合器盖与飞轮间的装配记号。
2）安装时应注意从动盘的方向。
3）大修的离合器应在装车前与曲轴飞轮组一起进行平衡。

四、离合器常见故障检修方法与维修案例

1. 离合器分离不彻底的检查

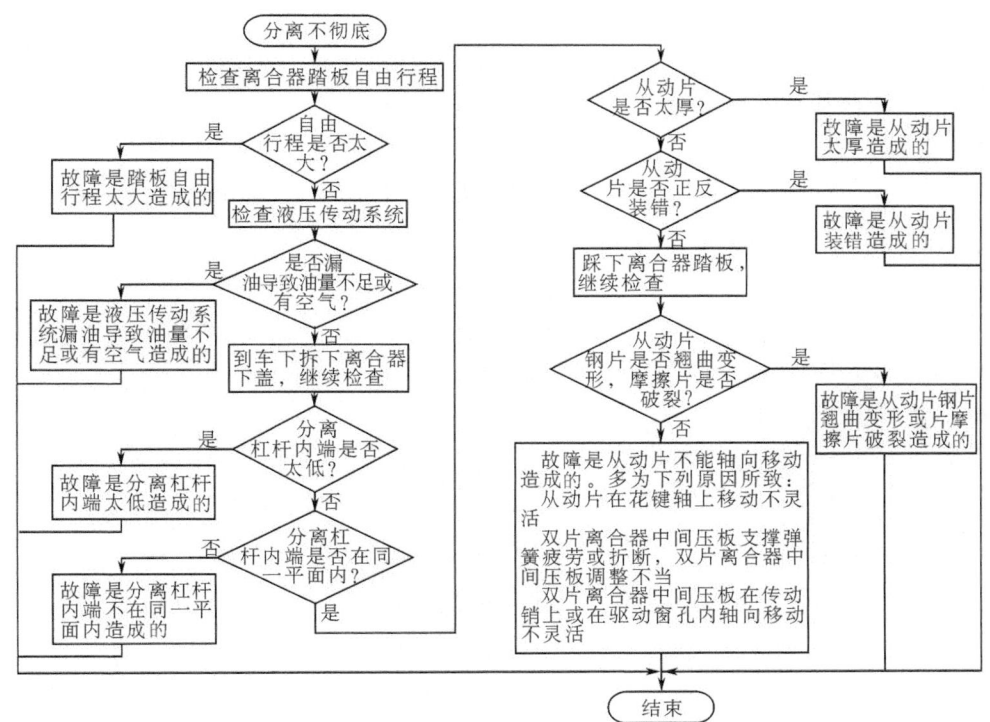

2. 起步抖动的检查

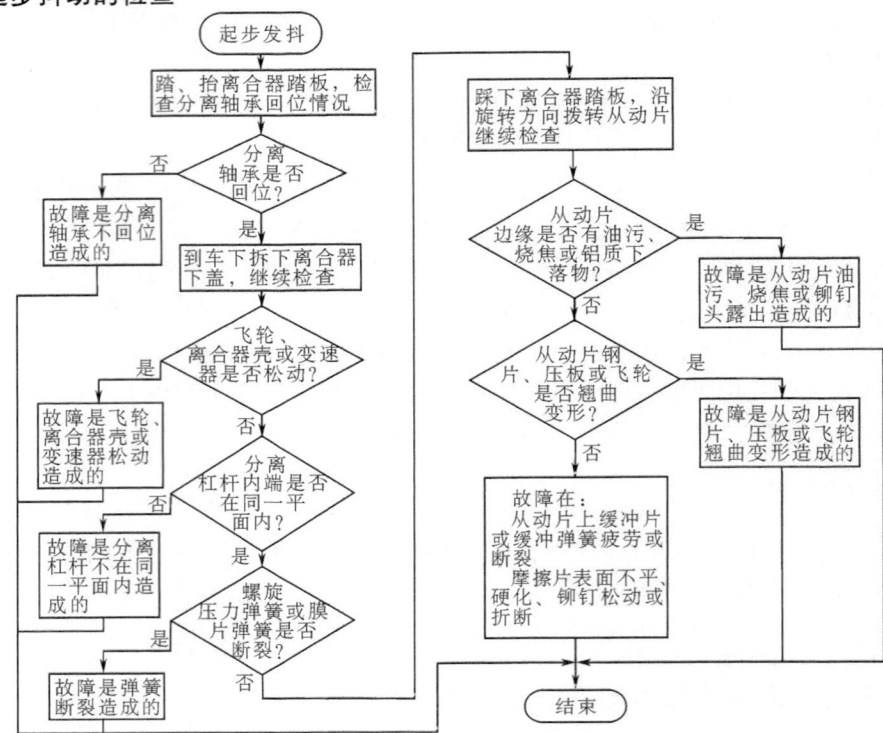

3. 离合器打滑的检查

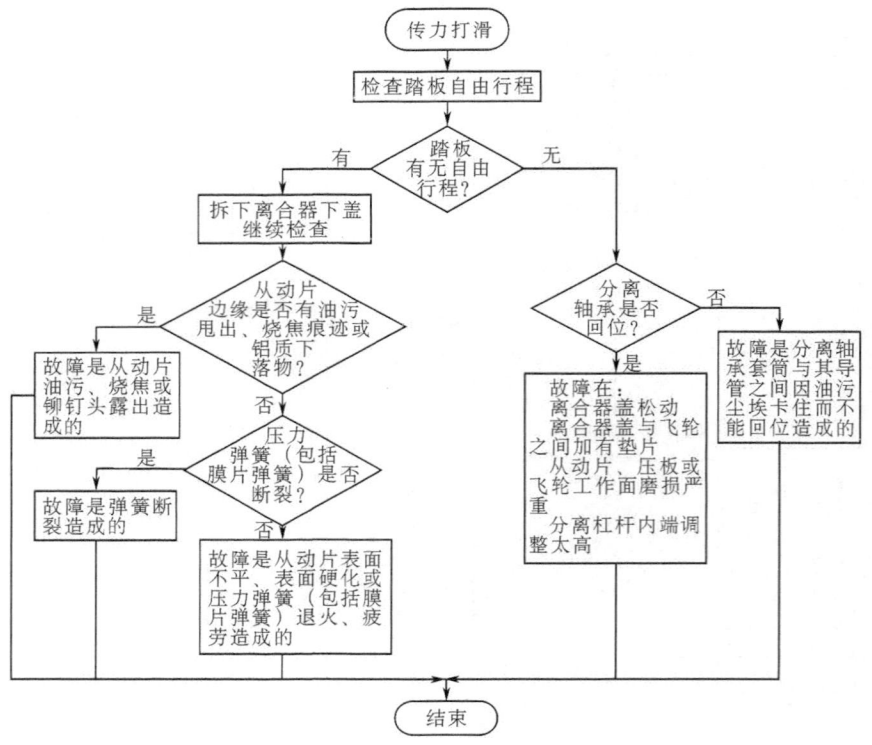

4. 离合器异响的检查

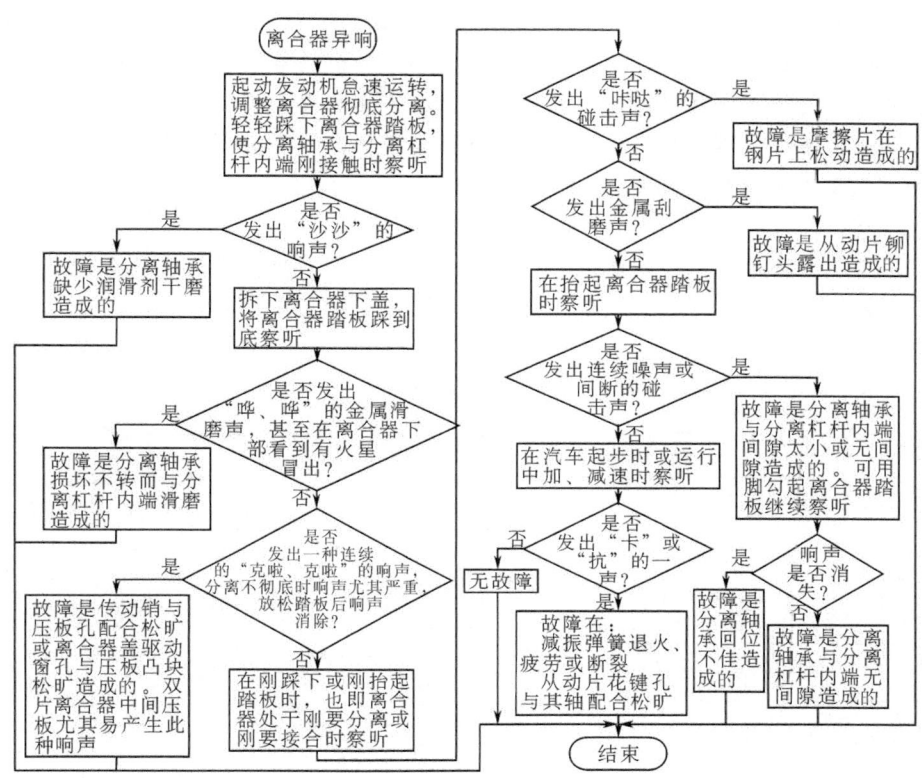

五、离合器典型故障排除

1. 长安曲轴止推垫片引起的离合器故障

故障现象：

一辆长安牌微型厢式面包车，行驶途中发现离合器不好使，继续前行直至回到驻地。离合器不分离，踏下离合器换档，只能听见"咯咯"的打齿声。

故障排除：

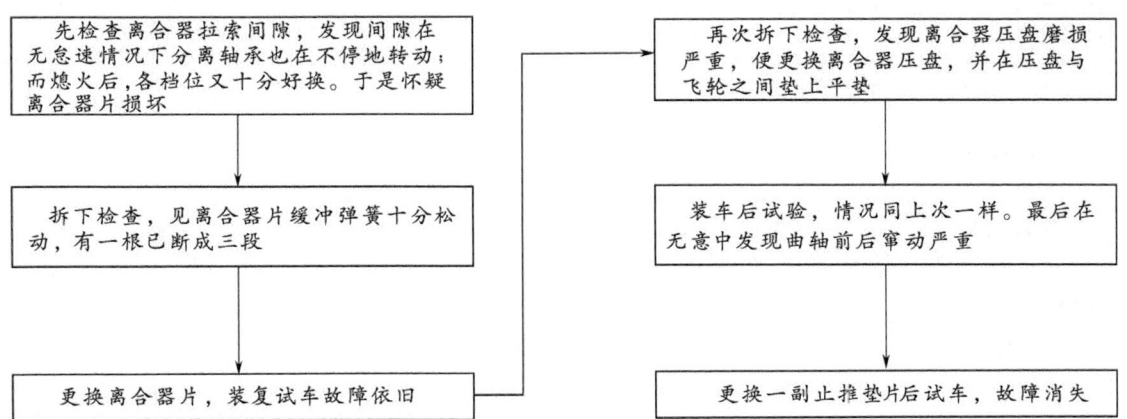

故障分析：

曲轴前后窜动严重，起动时，曲轴由飞轮的离心力带动向后窜动；踏下离合器踏板，曲轴会随分离轴承向前窜动。其窜动行程抵消了一部分压盘的分离行程。故检查离合器间隙已调至最小而离合器却不分离。由此可见，寻找此类故障原因，不仅要检查主要可能出现故障的部件，同时要细心观察与其相关联的其他数据与部件，这样将有助于快速排除故障。

2. 通用汽车离合器故障排除法

故障现象：

发动机怠速运转时，离合器踏板虽已踩到底，但换档困难，变速齿轮有撞击声。勉强换上档后，尚未放松离合器踏板，汽车已行驶或熄火。

检查与排除：

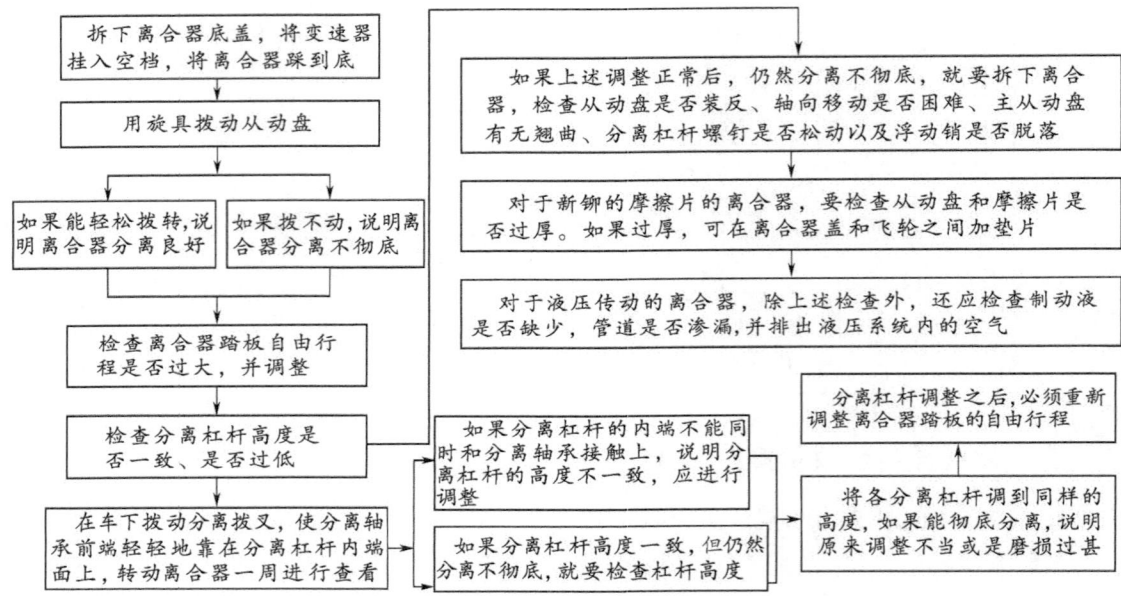

3. 宝来轿车离合器维修一例

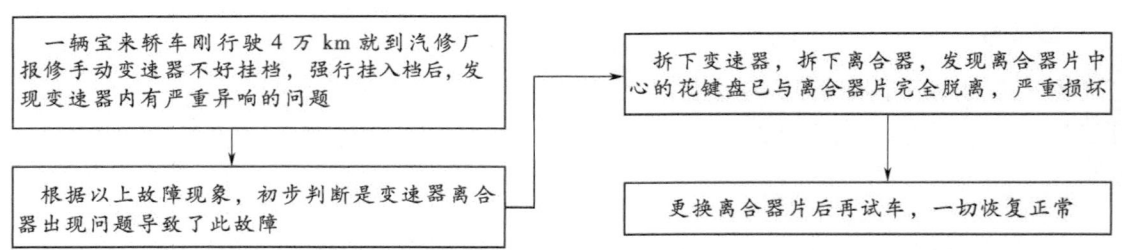

驾驶人常有的两个错误的换档习惯

第一：在汽车发动机转速较低时(1500r/min)和汽车行驶时速很低时(50km/h)，驾驶人就把档位从1档迅速换到了4档，而低速高档的操作造成驾驶人抬离合器踏板时，汽车明显地抖动和座车，此时离合器片加剧磨损，自然会缩短正常的使用寿命。

第二：在汽车高速行驶中，遇路况需要制动减速时，驾驶人习惯摘空档减速，需加速时再挂入2档或3档，因发动机的转速与变速器的传动比匹配不当，当驾驶人抬离离合器踏板

第二章 传动系统

时，会出现明显的座车现象，此时离合器片的冲击力巨增，故造成离合器片提前损坏。

第三节　手动变速器

一、变速器的分类与作用

变速器的分类如图 2-32 所示。

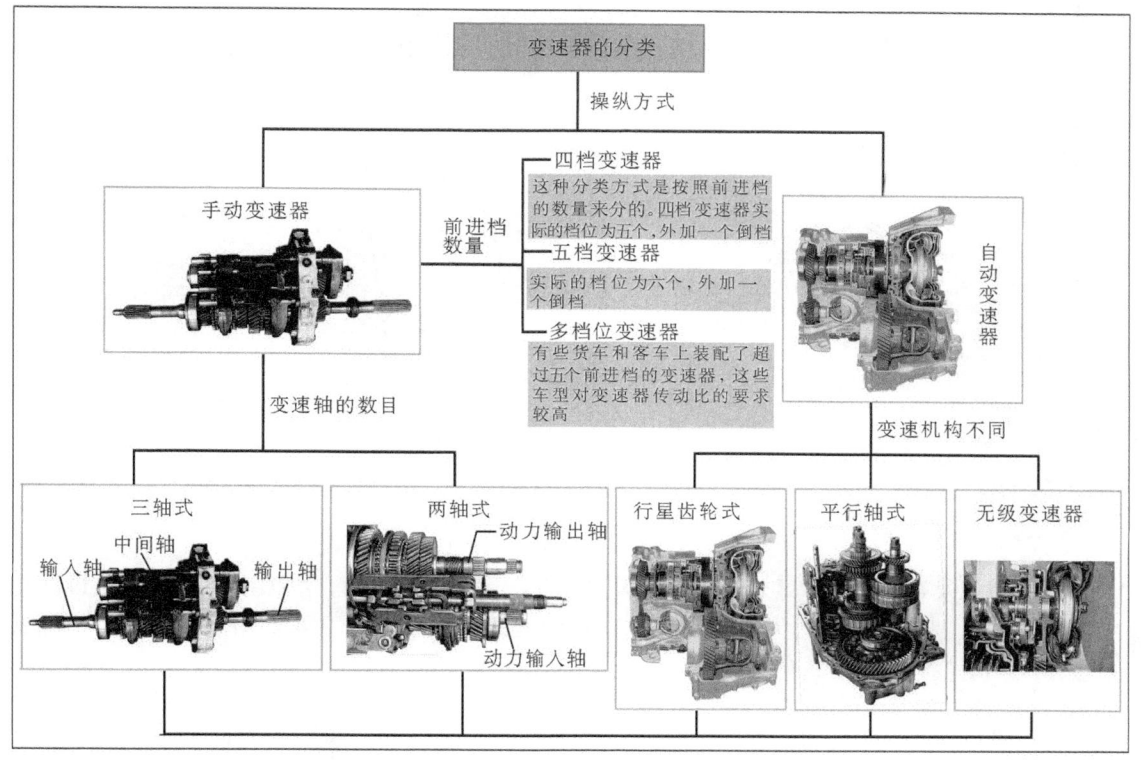

图 2-32　变速器的分类

变速器的作用：

变速器的作用是以不同的转矩去驱动车轮。车辆需要在不同的负载下运行、停车和起步，重负载、高速和轻负载等都是对车辆不同的要求。变速器就是设计成根据不同的要求来改变传递到车轮的转矩。另外，变速器还要用于倒车和空档。通常小转矩用于高速和轻负载。当在重负载和低速情况下时就需要更大的转矩。

重要概念：

齿轮传动比

要想通过输入输出来增加一定的转矩取决于齿轮相关的尺寸。输入和输出转速的比例叫作传动比。表明传动比的最好办法是用齿轮的齿数。图 2-33 所示的一组齿轮，输入齿轮的齿数是 12、输出齿轮的齿数是 24。输入齿轮转两圈时，输出齿轮转一圈，也就是输出齿轮的转速是输入齿轮的一半，而输出的转矩却增加了一倍。这一齿轮传动比就定为 24∶12 或

2∶1。这也就是说输入齿轮转两圈而输出齿轮转一圈。

二、手动变速器的结构与原理

（一）齿轮啮合原理

手动变速器通常采用平行轴式，由齿轮传动的原理可知，一对齿数不同的齿轮啮合传动时可以变速变矩。如图2-34所示，小齿轮作为主动轮、大齿轮作为从动轮时为减速传动，反之为加速传动。

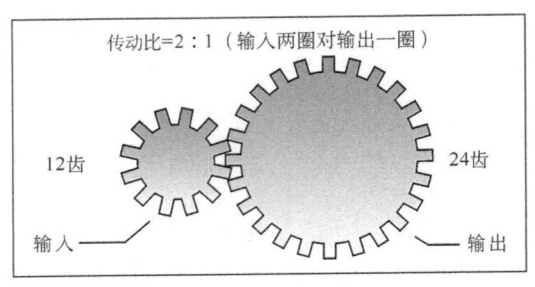

图2-33　齿轮传动比示意图（图中传动比为2∶1）

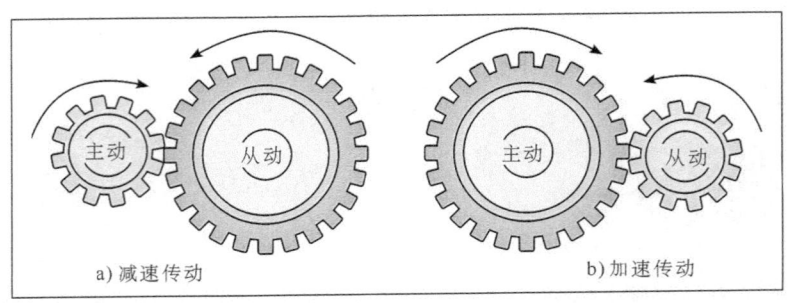

图2-34　齿轮啮合原理

（二）手动变速器的结构

变速器就是通过主、从动齿轮齿数的不同来实现变速变矩的。汽车手动变速器通过多组一对或一对以上不同齿数的齿轮啮合来实现传动比的变化。根据主要轴的数目可分为两轴式和三轴式手动变速器（图2-35）。

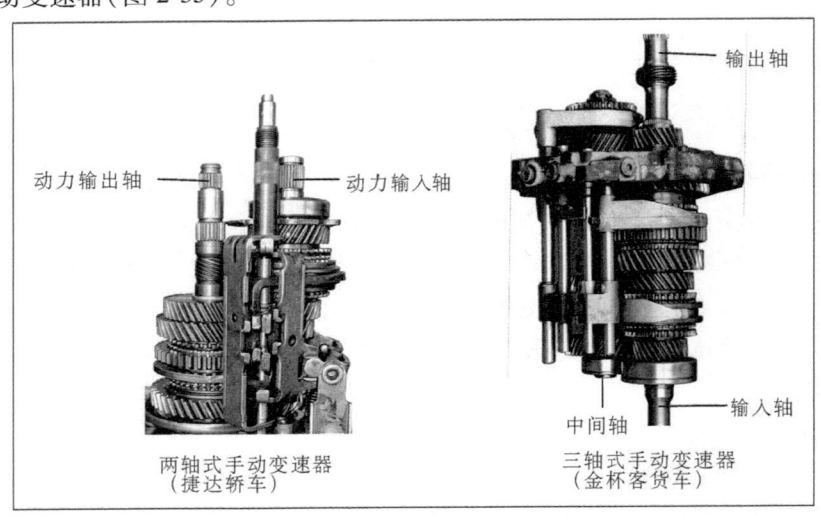

图2-35　两轴式与三轴式手动变速器

图 2-36 所示为典型的两轴五档变速器。输入轴与 1 档、倒档、2 档主动齿轮做成一体。输入轴上还装有 3、4、5 档主动齿轮，3、4、5 档主动齿轮与输入轴之间装有滚针轴承。输入轴上 3、4 档主动齿轮之间装有 3、4 同步器。5 档同步器安装在输入轴末端。同步器齿毂与输入轴上的花键采用的是过盈配合结构。

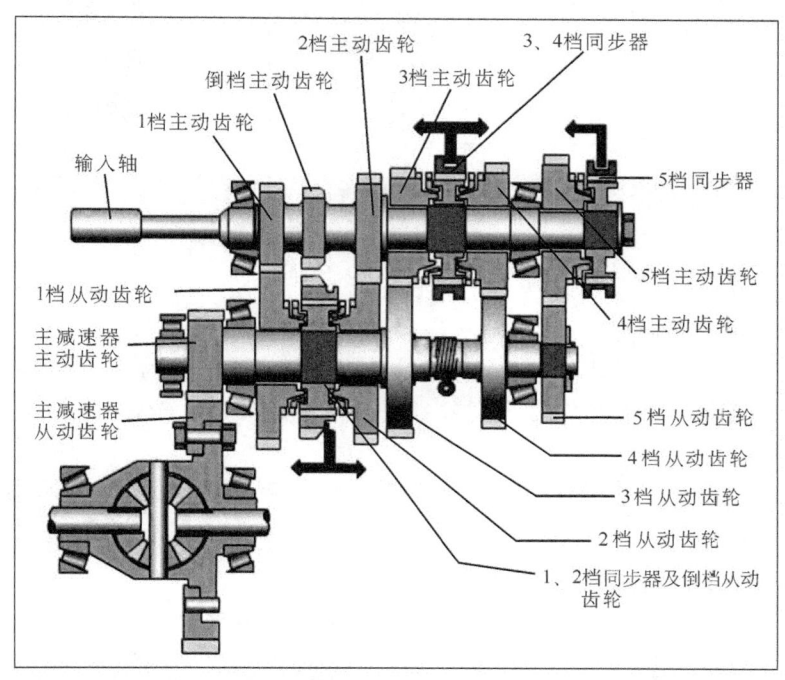

图 2-36　典型的两轴五档变速器

输出轴与主减速器主动齿轮制成一体，两端采用圆锥滚子轴承支承。输出轴上装有五个前进档和倒档的从动齿轮。1、2 档从动齿轮与输出轴之间装有滚针轴承，1、2 档从动齿轮之间装有 1、2 档同步器，倒档从动齿轮兼起滑动换档啮合套的作用。1、2 档同步器齿毂与输出轴上的花键为过盈配合。3、4、5 档从动齿轮与输出轴四位一体，与输出轴一同旋转。

（三）变速器齿轮的类型

斜齿轮（图 2-37）在现代变速器中广泛采用，比起老式变速器中的直齿圆柱齿轮，这种齿轮的优点：相互啮合的齿轮接触面积大，齿的强度加强，啮合更平顺，传动噪声小。

塔形齿轮（图 2-38）是一根轴上装有不同尺寸的齿轮，所有齿轮都一同旋转。手动变速器中的中间轴采用的就是这种塔形齿轮。

图 2-37　斜齿轮

内齿轮（图 2-39）是在齿轮内圈上加工上齿，如手动变速器中的同步器内齿圈、自动变速器中的行星齿轮内齿圈等。

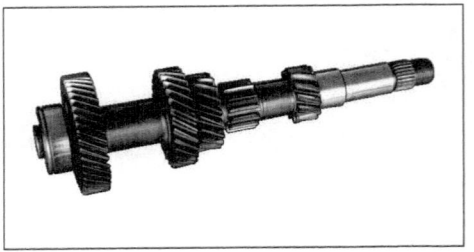

图 2-38 塔形齿轮

图 2-39 内齿轮

(四) 同步器

1. 同步器的结构与原理

在简单的变速器中换档是靠变速器齿轮的啮合和分开来实现的,但是这种简单的变速器有一个缺点是容易引起变速齿轮打齿现象,因为各变速齿轮的转速不同,还存在换档噪声问题。

现代轿车变速器中都安装了同步器来实现齿轮的转速同步换档。同步器的分解图如图 2-40 所示。现代汽车中采用了不同形式的同步器,但其工作原理是相同的。

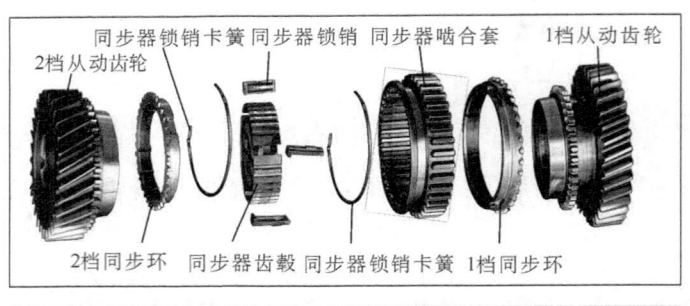

图 2-40 同步器的分解图

2. 同步器换档的工作原理

同步器按结构分为锁环式和锁销式两种。锁环式同步器的工作原理如图 2-41 所示,花键毂 7 与第二轴用花键连接,并用垫片和卡环做轴向定位。在花键毂两端与齿轮 1 和 4 之间,各有一个青铜制成的锁环(也称同步环) 9 和 5。锁环上有短花键内齿圈,花键齿的断面轮廓尺寸与齿轮 1、4 及花键毂 7 上的外花键齿均相同。在两个锁环上,花键齿对着接合套 8 的一端都有倒角(称锁止角),且与接合套齿端的倒角相同。

锁环具有与齿轮 1 和 4 上的摩擦面锥度相同的内锥面,内锥面上制出细牙的螺旋槽,以便两锥面接触后破坏油膜,增加锥面间的摩擦。三个滑块 2 分别嵌合在花键毂的三个轴向槽 11 内,并可沿槽轴向滑动。在两个弹簧圈 6 的作用下,滑块压向接合套,使滑块中部的凸起部分正好嵌在接合套中部的凹槽 10 中,起到空档定位作用。滑块 2 的两端伸入锁环 9 和 5 的三个缺口 12 中。只有当滑块位于缺口 12 的中央时,接合套与锁环的齿才可

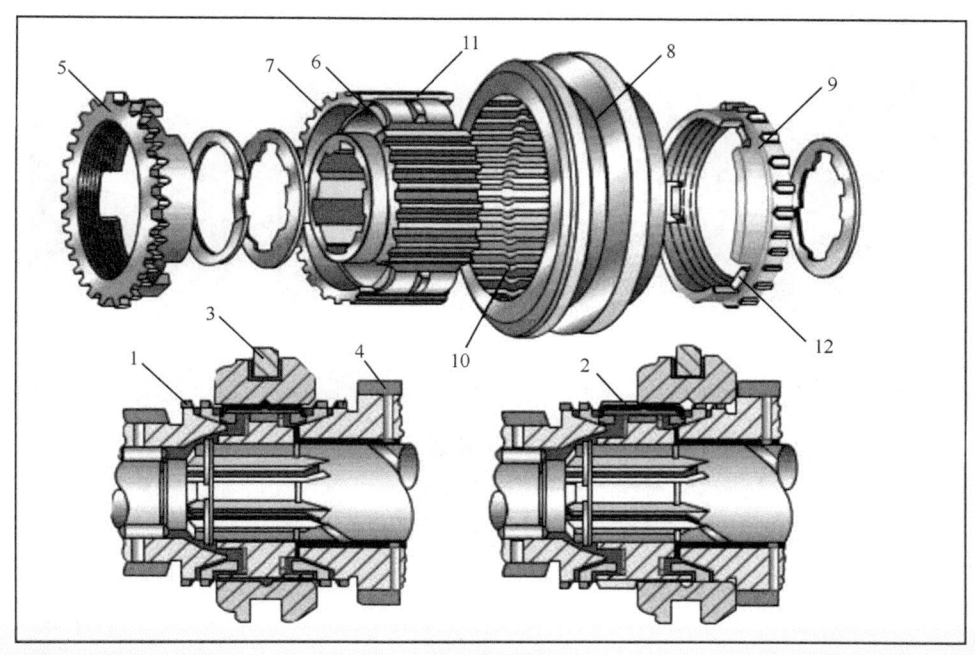

图 2-41 锁环式同步器的工作原理

1、4—齿轮　2—滑块　3—拨叉　5、9—锁环　6—弹簧圈　7—花键毂
8—接合套　10—接合套凹槽　11—花键毂轴向槽　12—锁环缺口

能接合。

换档时，驾驶人通过变速杆使拨叉 3 推动接合套连同滑块一起向左（或向右）移动，滑块又推动锁环移向齿轮，使锥面接触。驾驶人作用在接合套上的轴向推力使两锥面有正压力 N，又因两者有转速差，所以产生摩擦力矩。通过摩擦作用，齿轮 1 带动锁环相对于接合套向前转动一个角度，使锁环缺口靠在滑块的另一侧（上侧）为止，此时接合套的内齿与锁环上错开了约半个齿宽，接合套的齿端倒角面与锁环的齿端倒角面互相抵住。

驾驶人的轴向推力使接合套的齿端倒角面与锁环的齿端倒角面之间产生正压力，形成一个企图拨动锁环相对于接合套反转的力矩，称为拨环力矩。这样在锁环上同时作用着方向相反的摩擦力矩和拨环力矩，同步器的结构参数可以保证在同步前（存在摩擦力矩）拨环力矩始终小于摩擦力矩，所以在同步之前无论驾驶人施加多大的操纵力，都不会挂上档，即产生锁止作用。

随着驾驶人施加于接合套上的推力加大，摩擦力矩不断增加，使齿轮 1 的转速迅速降低。当齿轮 1、接合套 8 和锁环 9 达到同步时，作用在锁环上的摩擦力矩消失。此时在拨环力矩的作用下，锁环 9、齿轮 1 以及与之相连的各零件都对于接合套反转一角度，滑块 2 处于锁环缺口的中央，键齿不再抵触，锁环的锁止作用消除。接合套压下弹簧圈继续左移（滑块脱离接合套的内环槽而不能左移），与锁环的花键齿圈进入啮合，进而再与齿轮 1 进入啮合换入 3 档。

3. 同步器的检查与故障排除

同步器的检查如图 2-42、图 2-43 所示。

图 2-42　测量同步环背面与齿轮花键的间隙　　图 2-43　塞尺测量输入轴 4 档同步环背面与齿轮花键的间隙

4. 同步器故障：行驶中难挂上 3 档并且难摘档

一辆北京 BJ2020S 越野车，行驶中很难挂上 3 档；一旦用力挂上又很难摘下，只有停车后，双手用力推拉或用锤子敲击变速杆才能摘下。

故障分析与排除：

从车上拆下变速器（已挂上 3 档），放掉其中的齿轮油；打开变速器盖，把变速器齿轮机构清洗干净，用铜质冲子顶住 2、3 档换档啮合套，从 3 档齿轮向着 2 档齿轮的方向用锤子敲击，使啮合套从 3 档啮合位置退到空档位置。分解变速器，拆下 2、3 档同步器，对各零件进行检查，发现同步器与 3 档齿轮的接合齿端面相接触后，锁环内锥面与齿轮外锥面之间还有间隙。靠近 3 档齿轮的同步器弹簧圈弹力很弱，几乎没有弹性。三个滑块靠着 3 档齿轮的一端已磨成片状。标准滑块和磨损后滑块的截面形状分别如图 2-44a、b 所示。

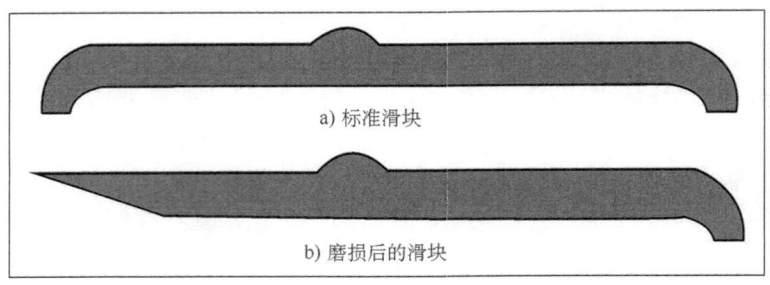

图 2-44　同步器滑块磨损前后对照图

造成上述故障的根本原因是靠近 3 档齿轮的同步器弹簧圈弹力太弱。挂 3 档时，拨叉拨动接合套向 3 档齿轮靠近，接合套内凹槽推动滑块移动顶住锁环缺口。当锁环压紧 3 档齿轮锥面时，由于靠近 3 档齿轮外锥面产生滑动摩擦而逐步磨损，致使滑块端部越磨越薄而成片状。同时 3 档锁环与 3 档齿轮锥面压紧后，锁环端面与 3 档齿轮接合面之间的间隙越来越小，直到两端面相接触而失去同步作用。三个滑块靠近 3 档齿轮方向的一端磨成片状后，当由 2 档挂 3 档时，拨叉拨动 2、3 档接合套向 3 档方向运动，磨成片状的三个滑块端头顶不住 3 档锁环的三个缺口，因而直接插进锁环内锥面与 3 档齿轮外锥面之间，造成卡滞现象，使 3 档锁环与 3 档齿轮的转速迅速达到一致。此时，接合套内齿倒角顶住锁环的外齿倒角，虽然接合套、锁环和3档齿轮已达到同步，但由于锁环与3档齿轮及滑块的卡滞，作用在锁环上的正常拨环力矩已不能拨动锁环使其相对于接合套转过一个角度，只有在变速杆上施加很大的推力，将接合套作用在锁环上的拨环力矩增大到一定程度，才能使锁环相对于接合套强行转过一个角度，让接合套与锁环接合后向3档齿轮的接合齿靠近。如果此时接合套的内齿刚好与3档齿轮的接合齿倒角相抵触，则还需要再次强行使3档齿轮相对于接合套转过一个角度，才能完成挂档过程，这就是很难挂上3档的原因。当挂上3档后，上述卡滞现象并没有消除，而且比挂档时更严重，这就是挂上3档后很难摘下的原因。

根据以上分析，更换三个滑块、一个3档锁环和靠近3档齿轮的同步器弹簧圈，变速器的上述故障全部消除。

5. 同步器故障：变速器3档、4档同步器挂档位不灵活

最初这辆车是因为变速器3档同步器齿环磨损进厂进行维修的，修理工在进行了分解更换后，试车故障排除，就交车了

↓

可是没过几天，车主就找回来了，反映变速器漏油

↓

车辆行驶中从5档换入4档时，十分困难，但是从4档换5档却正常

↓

经过检查发现漏油部位是右半轴油封，因为档位也有问题，于是修理工将变速器从车上拆下来进行分解，又更换了4档的同步器齿环，同时更换了左右两侧的半轴油封，装复后试车，结果4档倒是好挂了，但是在行驶过程中，从4档降3档时，又出现了换档难的现象，由于车主急着用车，所以就将车开走了

↓

过了几天车主又来了，说又漏油了，同时4档降3档还是困难

↓

于是修理工又将变速器进行了分解，这次更换了两个半轴法兰盘和右侧的油封支架，将以前更换的3档、4档的同步器齿环统统换成原厂的，因为总是半轴油封漏油，并且都是右侧，所以又更换了两盘差速器轴承，可是最后装复行驶了几天，结果还是老样子

↓

面对着这台已经被分解的变速器，又仔细地做了检查，发现变速器的两个壳体的接合面上有一层厚厚的纸质垫片，快要有1mm厚了

↓

应该是因为这个密封纸垫过厚，导致差速器的轴承间隙过大，造成半轴法兰盘的轴向跳动量过大。这就是半轴油封屡次更换失败的原因

↓

那么3档、4档的问题呢？因为配件已经换了新的，并且是原厂的，现在只有3档、4档的同步器骨架和同步器滑套没有更换了，所以先检查这两个部件

↓

结果发现了一个意想不到的情况，因为3档、4档的同步器与5档的外形基本一样，所以修理工竟然将5档的同步器滑套错装在了3档、4档的同步器骨架上

↓

如果是细心的修理工，一定会发现这个错误的，因为3档、4档的同步器滑套的两侧都有坡口，但是5档的同步器滑套却只有一侧有坡口

↓

在错把5档的同步器滑套装在3档、4档的同步器骨架上时，没有坡口的一侧就会出现挂档困难的故障

↓

将密封纸垫抛弃不用，直接用密封胶密封变速器壳体，将变速器重新装好后，经过几天的试车，故障完全排除

三、手动变速器换档原理与动力传递

(一) 两轴五档变速器换档原理与动力传递

输入轴与离合器的从动盘通过花键相连,动力通过离合器从动盘进入变速器。在输入轴上从左向右分别装有1档、倒档、2档、3档、4档和5档主动齿轮。其中1档、倒档和2档主动齿轮与输入轴花键相连,与输入轴一起旋转,而3档、4档和5档主动齿轮通过滚针轴承与输入轴相连,可以在输入轴上自由转动;与之相反,在输出轴上从左向右分别装有1档、倒档、2档、3档、4档和5档从动齿轮,在从动齿轮中1档、倒档、2档齿轮与输出轴通过滚针轴承相连,而3档、4档和5档齿轮则采用与花键过盈配合,同时在1档、2档从动齿轮间装有同步器。两轴式变速器如图2-45所示。

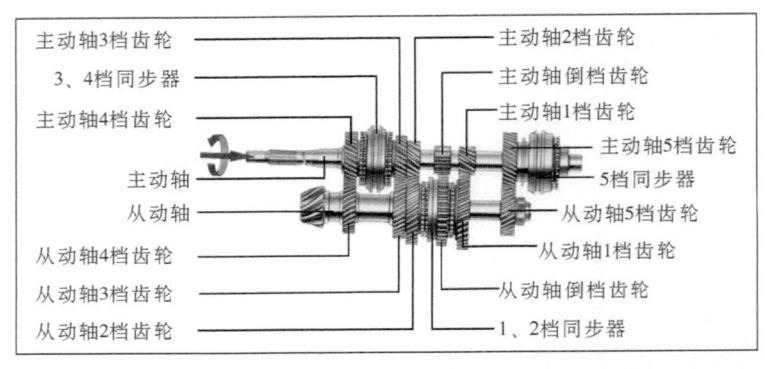

图 2-45 两轴式变速器

1档主动齿轮与输入轴啮合在一起,1档从动齿轮与输出轴通过滚针轴承装在输入轴上,主、从动齿轮相互啮合,正常情况下从动齿轮在输出轴上空转。

选择1档时操纵机构通过1、2档拨叉将1、2档同步器啮合套左移,经过同步后,同步器啮合套将1档从动齿轮和同步器齿毂连为一体。离合器传递过来的动力经输入轴上的1档主动齿轮及与之啮合的1档从动齿轮传给1、2档同步器和同步器齿毂,再通过齿毂花键传给输出轴。1档动力流程图如图2-46所示。

2档主动齿轮与输入轴啮合在一起,2档从动齿轮与输出轴通过滚针轴承装在输入轴上,主、从动齿轮相互啮合,正常情况下从动齿轮在输出轴上空转。

选择2档时操纵机构通过1、2档拨叉将1、2档同步器啮合套右移,经过同步后,同步器啮合套将2档从动齿轮和同步器齿毂连为一体。离合器

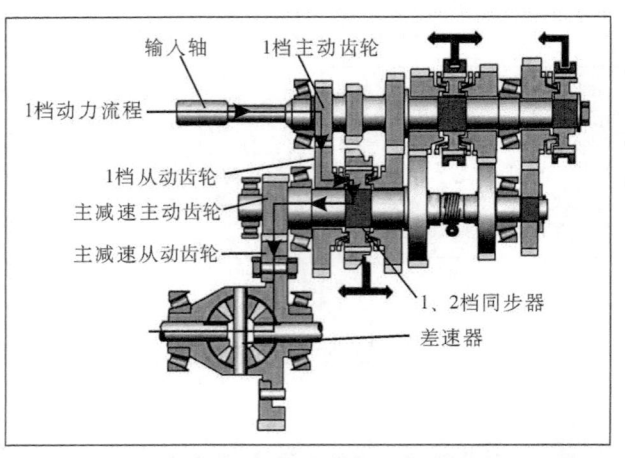

图 2-46 1档动力流程图

传递过来的动力经输入轴上的 2 档主动齿轮及与之啮合的 2 档从动齿轮传给 1、2 档同步器和同步器齿毂，再通过齿毂花键传给输出轴。2 档动力流程图如图 2-47 所示。

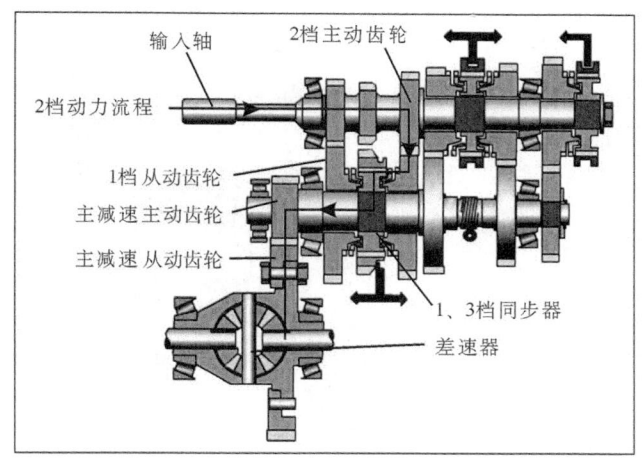

图 2-47　2 档动力流程图

3 档主动齿轮与输入轴间装有滚针轴承，输入轴转动时 3 档主动齿轮不与输入轴一同旋转，3 档从动齿轮与输出轴装在一起并随输出轴一起旋转，主、从动齿轮相互啮合。

选择 3 档时操纵机构通过 3、4 档拨叉将 3、4 档同步器啮合套左移，同步器将 3 档主动齿轮与输入轴锁为一体，发动机动力经输入轴的花键传给 3、4 档同步器齿毂，再经 3、4 档同步器的啮合套传给 3 档主动齿轮，然后由与 3 档主动齿轮常啮合的从动齿轮通过花键传给输出轴。3 档动力流程图如图 2-48 所示。

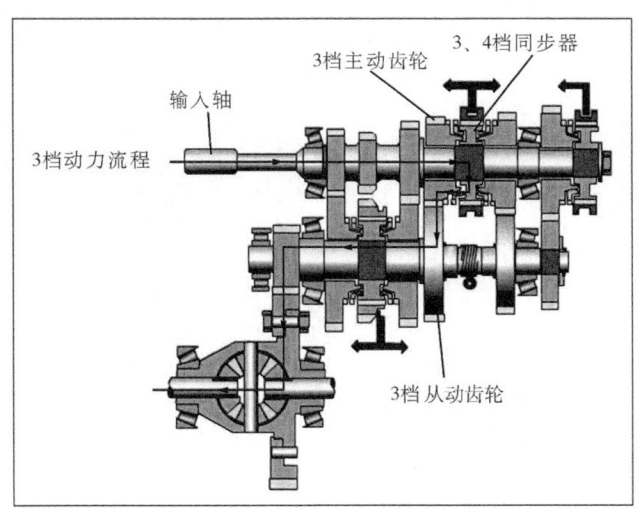

图 2-48　3 档动力流程图

4 档主动齿轮与输入轴间装有滚针轴承，输入轴转动时 4 档主动齿轮不与输入轴一同旋转，4 档从动齿轮与输出轴装在一起并随输出轴一起旋转，主、从动齿轮相互啮合。

选择 4 档时操纵机构通过 3、4 档拨叉将 3、4 档同步器啮合套右移，同步器将 4 档主动齿轮与输入轴锁为一体，发动机动力经输入轴的花键传给 3、4 档同步器齿毂，再经 3、4 档同步器的啮合套传给 4 档主动齿轮，然后由与 4 档主动齿轮常啮合的从动齿轮通过花键传给输出轴。4 档动力流程图如图 2-49 所示。

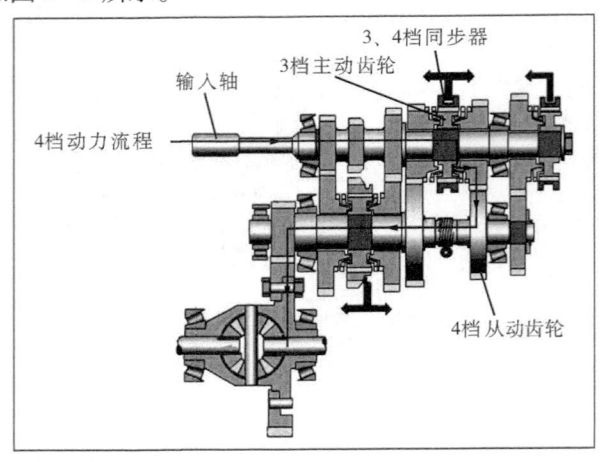

图 2-49　4 档动力流程图

5 档主动齿轮与输入轴间装有滚针轴承，输入轴转动时 5 档主动齿轮不与输入轴一同旋转，5 档从动齿轮与输出轴装在一起并随输出轴一起旋转，主、从动齿轮相互啮合。

选择 5 档时操纵机构通过 5 档拨叉将 5 档同步器啮合套右移，同步器将 5 档主动齿轮与输入轴锁为一体，发动机动力经输入轴的花键传给 5 档同步器齿毂，再经 5 档同步器的啮合套传给 5 档主动齿轮，然后由与 5 档主动齿轮常啮合的从动齿轮通过花键传给输出轴。5 档的传动比小于 1，也就是常说的超速档。5 档动力流程图如图 2-50 所示。

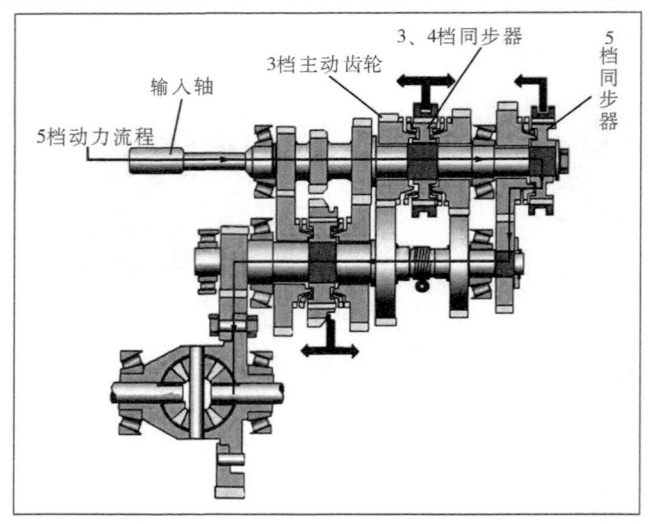

图 2-50　5 档动力流程图

实现汽车倒档，就变速器而言，只要使输出轴反向旋转，为此在变速器输入轴与输出轴之间增设了一个倒档轴和一个倒档中间齿轮即倒档惰轮。倒档惰轮空套在倒档轴上，并可在操纵机构的作用下滑动。

变速器挂倒档时,汽车必须处于静止状态,此时变速器不输出动力。拨叉推动倒档齿轮与倒档主动齿轮啮合,发动机动力经过与输入轴制为一体的倒档主动齿轮传给倒档惰轮,惰轮再将动力传给从动齿轮,然后经与输出轴用花键过盈配合的1、2档同步器齿毂将动力传递给输出轴,实现汽车倒档。倒档动力流程图如图2-51所示。

两轴五档变速器因其结构限制,多应用于前置前驱的轿车中,发动机和变速器横置于发动机室内,驱动轮和变速器输出轴平行布置,如捷达、桑塔纳、伊兰特和索纳塔等轿车。图2-52、图2-53所示分别为捷达轿车发动机变速器布置图和连接图。

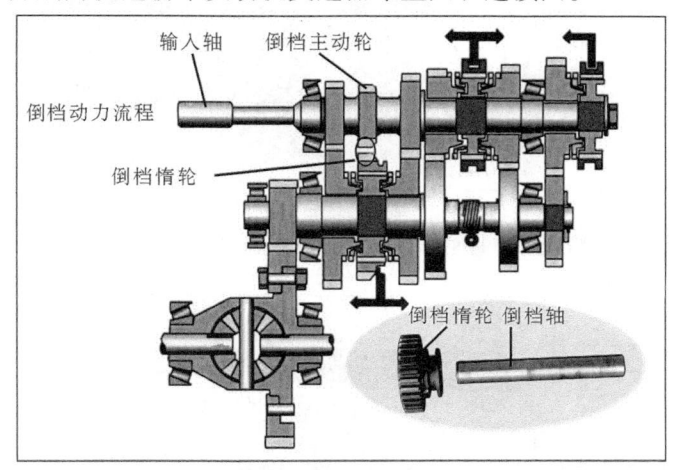

图 2-51 倒档动力流程图

图 2-52 捷达轿车变速器在发动机舱内的布置图

(二) 三轴五档变速器的原理与动力传递

三轴五档变速器由第一轴(输入轴)、第二轴(输出轴)和中间轴以及在各轴上的齿轮组成。第一轴和第二轴在一条直线上。第一轴通过中间轴驱动第二轴以达到输出动力的目的。

图 2-53 捷达轿车发动机与变速器的连接图

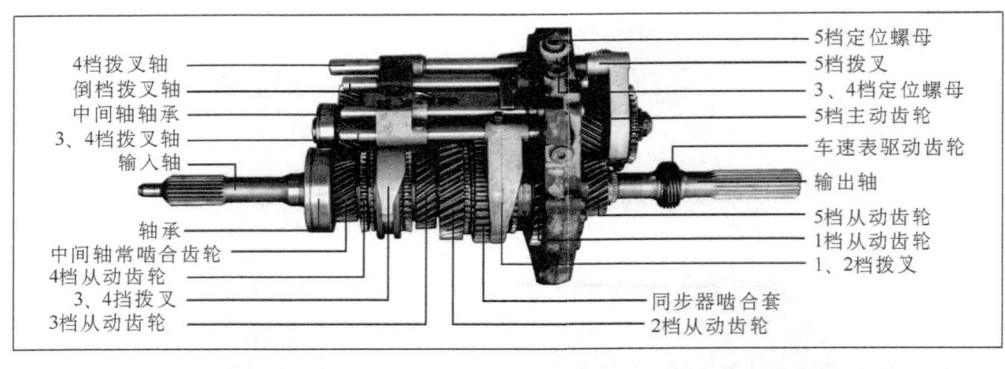

图 2-54 三轴式变速器

注：5 档为直接档。图 2-54 中同步器向左滑动将第一轴与第二轴锁为一体，实现动力的直接传动。

图 2-55 所示为典型的三轴五档变速器的内部构造图。输入轴与输出轴在一条直线上，中间轴与输入输出轴平行。发动机动力经过输入轴上的中间轴常啮合齿轮传递到中间轴上。中间轴上装有 1、2、3、5、倒档主动齿轮。这些齿轮与中间轴采用花键过盈配合，与中间轴一起旋转。中间轴上的这些主动齿轮将动力传递给输出轴上与之相啮合的各档位的从动齿轮上，这些从动齿轮均与输出轴之间安装有滚针轴承，在输出轴上空转，选择某一档位时，通过同步器啮合套将同步器齿毂与该档齿轮啮合在一起，动力通过同步器齿毂花键传递到输出轴。

图 2-55 所示的变速器中 4 档为直接档。3、4 档离合器 3 左移将输入轴与输出轴锁为一体，动力直接通过输入轴传递给输出轴，此时的传动比为 1，该档位为直接档。

图 2-55 所示的变速器中 5 档为超速档，传动比小于 1。

这种变速器因为其结构限制只能应用于前置后驱或者四轮驱动的汽车中，四轮驱动要在变速器的后端加装分动器。

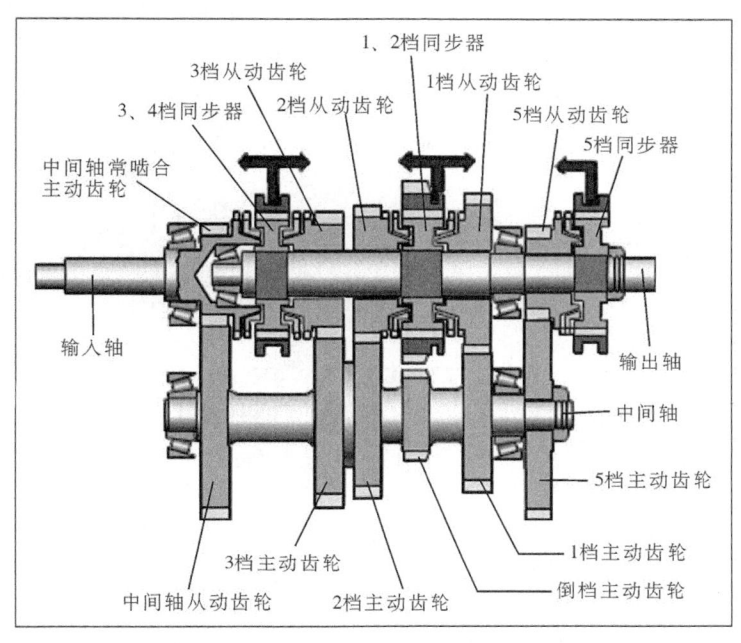

图 2-55　1、2 档动力流程图

国产微型车和客货车如长安之星、五菱之光及金杯海狮等变速器均采用这种结构，如图 2-56、图 2-57 所示。

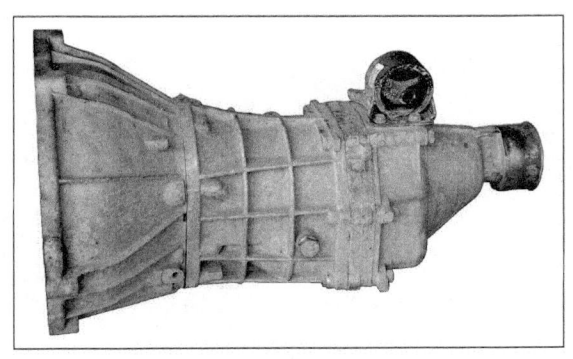

图 2-56　金杯海狮客货车三轴五档变速器

图 2-57　五菱之光微型车三轴五档变速器

1 档主动齿轮与中间轴采用花键过盈配合，从动齿轮与输出轴间装有滚针轴承，从动齿轮在输出轴上空转。

选择 1 档时操纵机构通过 1、2 档拨叉将 1、2 档同步器啮合套右移，经过同步后，同步器啮合套将 1 档从动齿轮和同步器齿毂连为一体。离合器传递的动力经输入轴上的中间轴常啮合主动齿轮、中间轴上的常啮合从动齿轮传递到中间轴上的 1 档从动齿轮。1 档主动齿轮将动力传给 1 档从动齿轮。1 档从动齿轮再将动力传递给 1、2 档同步器和同步器齿毂，通过同步器齿毂花键将动力传递给输出轴。

2、3档的换档原理与1档基本相同，只是动作元件不同。这里不再赘述，下面来看4、5档和倒档的换档原理。1档换档原理与动力流程如图2-58所示。

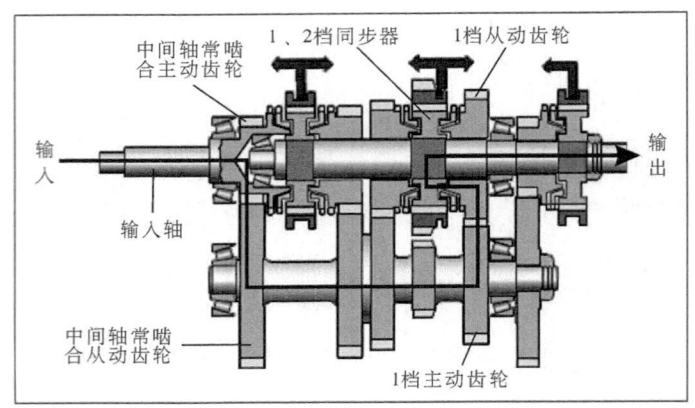

图2-58　1档换档原理与动力流程

4档齿轮在输入轴末端与输入轴制为一体，如图2-59所示。

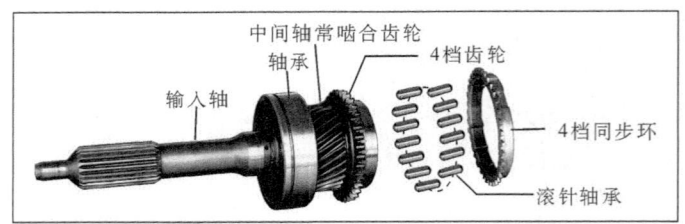

图2-59　4档齿轮安装位置

选择4档时，3、4档拨叉推动同步器啮合套向左移动，推动4档同步环与4档齿轮锥面接触，两者达到同一转速后，啮合套在拨叉的作用下继续向左移动，将4档同步环与4档齿轮锁为一体。动力通过主动轴4档齿轮传递给3、4档同步器啮合套，再传递给同步器齿毂，经同步器齿毂花键传递给输出轴。4档的目的是通过同步器将输入轴与输出轴锁为一体，实现动力的直接输出。4档的传动比等于1。4档换档原理与动力流程如图2-60所示。

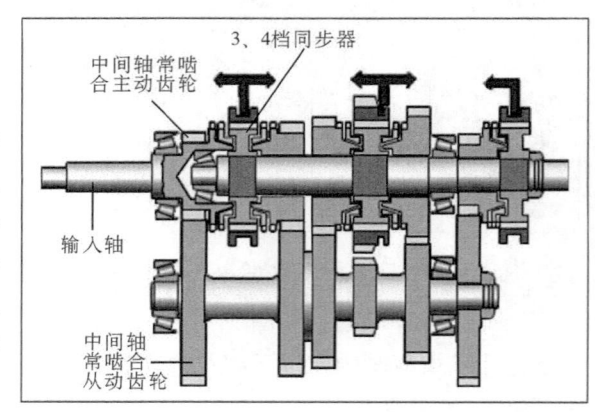

图2-60　4档换档原理与动力流程

5档主动齿轮与中间轴制为一体，从动齿轮与输出轴之间装有滚针轴承。从动齿轮在输出轴上空转。

选择5档时拨叉推动同步器啮合套向左移动，啮合套推动同步环向左移动并与5档齿轮锥面接触产生摩擦，同步环和5档齿轮的转速相同，此时5档齿轮和同步环与啮合套相对静止,这时拨叉继续推动啮合套向左移动,啮合套将同步环与5档从动齿轮啮合在一起,动力通过同步器齿毂花键传递给输出轴。5档的传动比小于1,属于超速档。5档换档原理与动力流程如图2-61所示。

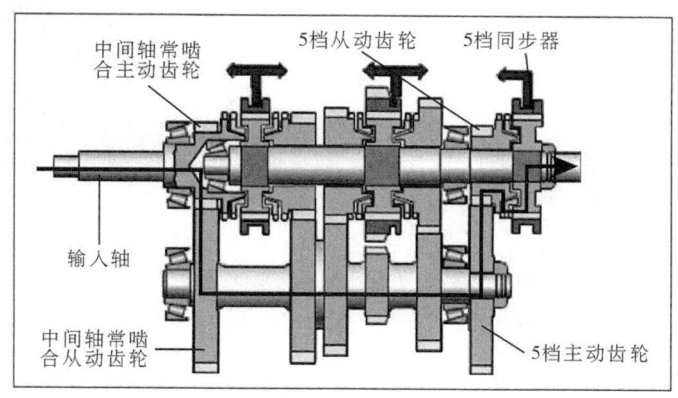

图 2-61　5档换档原理与动力流程

实现汽车倒档,就变速器而言,只要使输出轴反方向旋转,为此在变速器输出轴与中间轴之间增设了一个倒档轴和一个倒档中间齿轮即倒档惰轮。倒档惰轮空套在倒档轴上,并可在操纵机构的作用下滑动。

变速器挂倒档时,汽车必须处于静止状态,此时变速器不输出动力。拨叉推动倒档齿轮与倒档主被动齿轮啮合,发动机动力经过与中间轴制为一体的倒档主动齿轮传给倒档惰轮,惰轮再将动力传给从动齿轮,然后经与输出轴用花键过盈配合的1、2档同步器齿毂将动力传递给输出轴,实现汽车倒档。倒档换档原理与动力流程如图2-62所示。

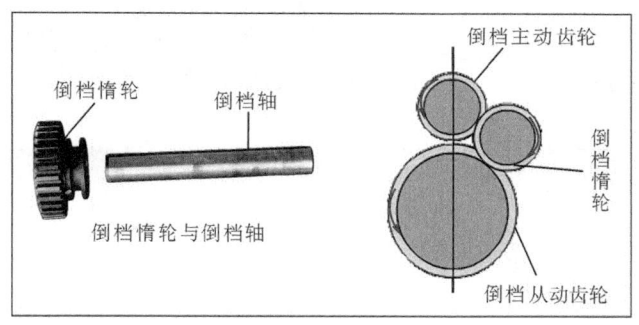

图 2-62　倒档换档原理与动力流程

四、手动变速器操纵机构

(一) 外部操纵机构

1. 远距离操纵式

根据操纵杆与变速器的相互位置不同,可分为远距离操纵式和直接操纵式两种类型。常见的为远距离操纵式,如图2-63所示。

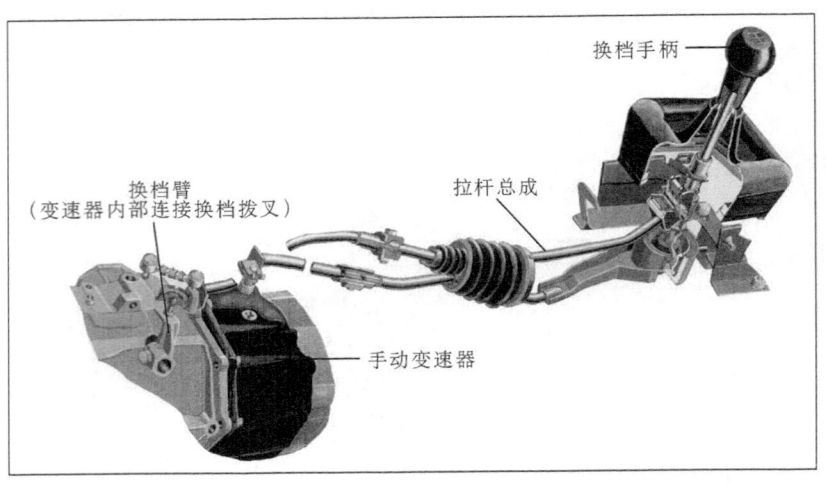

图 2-63 远距离操纵机构

图 2-64 所示为五菱微型车的变速器杠杆式操纵机构,远距离操纵按变速器与操纵手柄之间加装了传动元件的不同可分为杠杆式、拉索式和变速杆安装在转向管上的三种形式。

换档用两根拉索分别控制。当换档操纵手柄左右摆动时,便操纵选档拉索,当换档操纵杆前后移动时,便操纵换档拉索。拉索的运动传动到变速器内便进行档位的变换。采用拉索方式后,发动机的振动很难传到变速杆上,换档操作手感好。

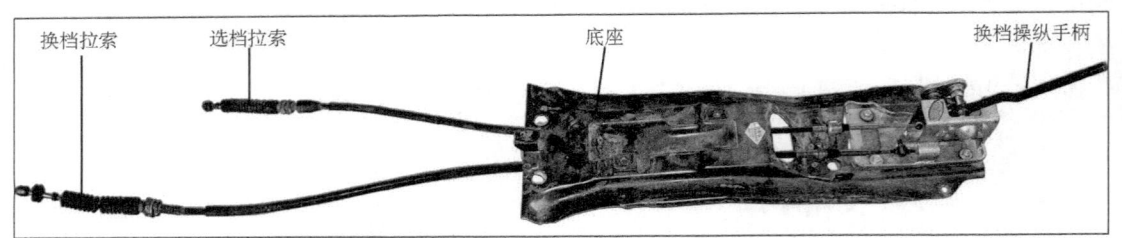

图 2-64 变速器杠杆式操纵机构

2. 直接操纵式

图 2-65 所示为四档变速器直接操纵机构,三根拨叉轴的两端位于变速器盖的相应孔中,可以轴向滑动。1、2 档拨叉和 3、4 档拨叉均以螺钉直接固定在相应的拨叉轴上。拨叉的顶部具有凹槽。倒档拨叉的中部空套于固定的导向杆上,上端借螺钉与倒档拨叉轴固定。该拨叉轴上另装一个顶部有凹槽的拨块。

变速器处于空档时,1、2 档拨叉和 3、4 档拨叉以及倒档拨叉三者顶部的凹槽在横向平面内对齐。变速杆下端的球头即伸入这些凹槽中。

选档时可使变速杆绕其中部支点横向摆动,以其下端球头对准与所选档位相应的拨叉向前或向后移动,即实现挂档。例如,横向扳动变速杆使其下端球头伸入拨叉顶部凹槽中,再纵向拨动变速杆,拨叉连同其轴即沿纵向向前移动一定距离,便挂入 2 档;若向后移动一定距离,则挂入 1 档。

第二章 传动系统

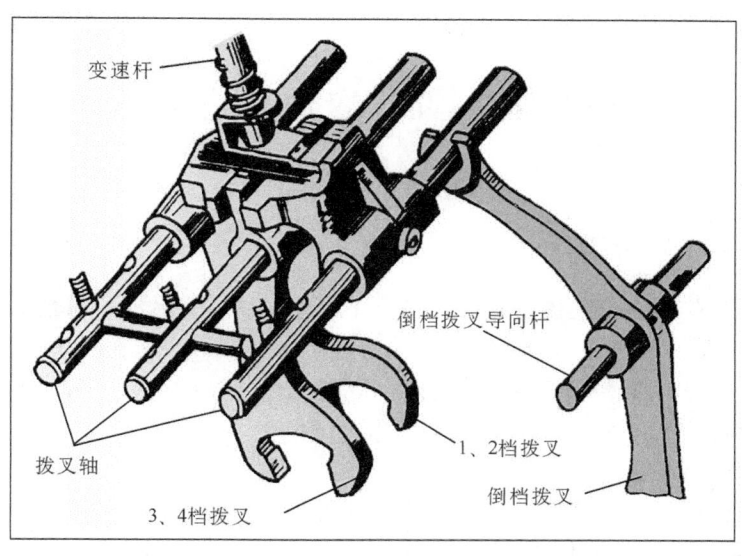

图 2-65 四档变速器直接操纵机构

(二) 内部操纵机构

拨叉与拨叉轴

变速器的换档手柄和选换档拉索用来操纵变速器内部的换档拨叉，从而实现换档。图 2-66 所示为典型的五档变速器换档拨叉与拨叉轴。

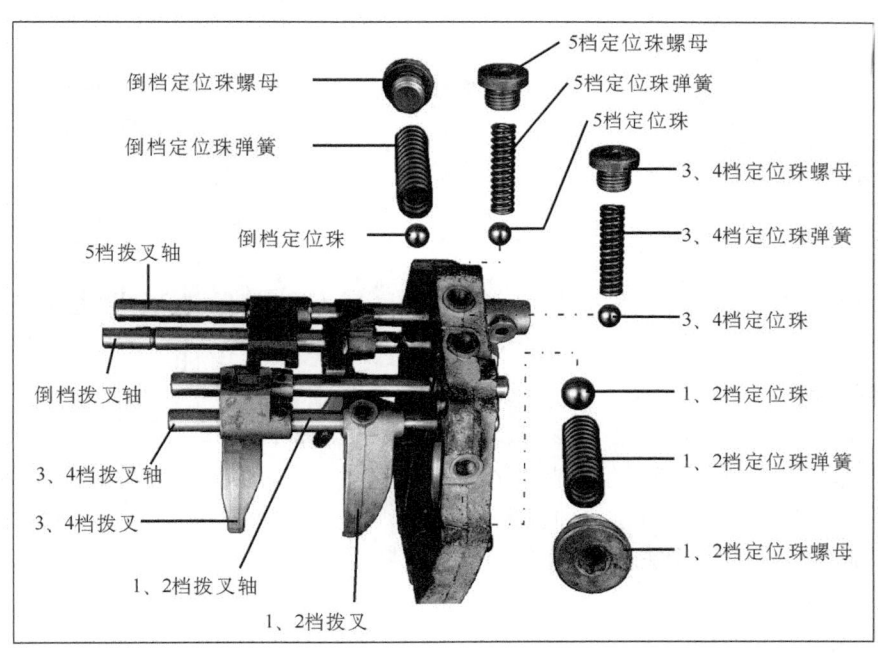

图 2-66 典型的五档变速器换档拨叉与拨叉轴

37

在变速器拨叉轴上安装有换档锁定机构，分为自锁、互锁和倒档锁。这些装置的作用有：

① 防止变速器自行挂档或挂档后自行脱档，并能保持传动齿轮全齿常啮合。

② 防止同时挂入两个档。

③ 防止误挂入倒档。

（三）手动变速保护装置

变速器操纵机构要保证变速器在任何情况下都能准确、安全和可靠地工作，应满足下列要求：

①防止变速器自行挂档或挂档后自行脱档，并能保持传动齿轮全齿常啮合。

②防止同时挂入两个档。

③防止误挂入倒档。

为了达到上述要求，在变速器操纵机构中设置了自锁装置、互锁装置和倒档锁装置，分别如图 2-67、图 2-68、图 2-69 所示。

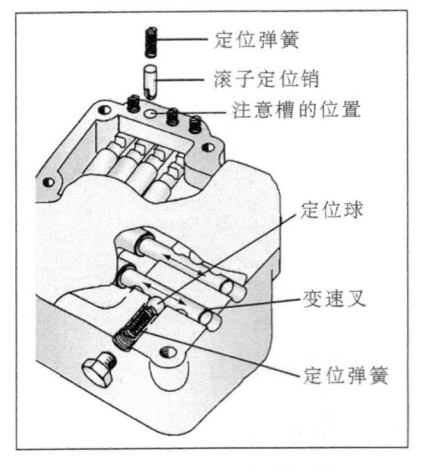

图 2-67　自锁装置

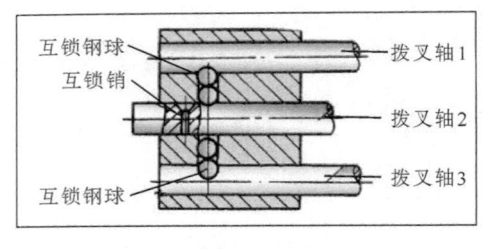

图 2-68　互锁装置

1. 自锁装置

在挂档过程中，若操纵杆推动拨叉前移或后移的距离不足时，则滑动齿轮（或接合套）与相应的齿轮（或接合内齿圈）将不能在全齿宽上啮合，因而降低齿轮的使用寿命。即使达到全齿宽啮合，也可能由于汽车振动或其他原因，使滑动齿轮或接合套自行轴向移动，因而使啮合宽度减小，甚至完全脱离啮合，即自动脱档。采用自锁装置就是用来防止自动脱档并保证齿轮以全齿宽啮合的。

2. 互锁装置

互锁装置有钢球式、锁销式和钳口式等，汽车上应用广泛的是钢球式互锁装置。自锁和互锁装置如图 2-70 所示。

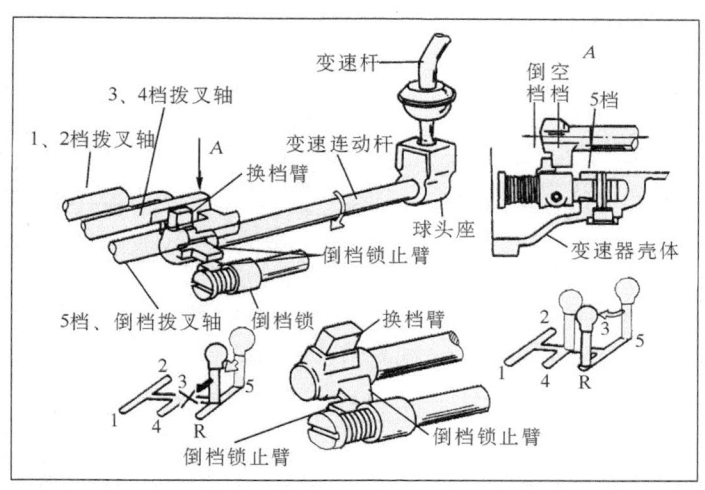

图 2-69 倒档锁装置

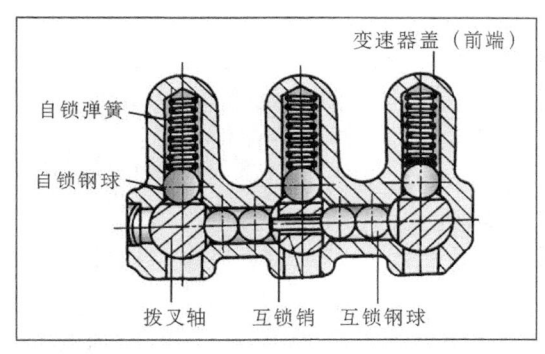

图 2-70 自锁和互锁装置

(1) 钢球式互锁装置　一般与自锁装置在一起，由互锁钢球和互锁销组成。每根拨叉轴朝向互锁钢球的侧面都有一个深度相等的凹槽，任一拨叉轴处于空档位置时，其侧面凹槽都正好对着互锁钢球。两个互锁钢球的直径之和正好等于相邻两拨叉轴表面之间的距离加上一个凹槽的深度。中间拨叉轴上两个侧面凹槽之间有孔相通，孔中有一根可以滑动的互锁销，销的长度等于拨叉轴的直径减去一个凹槽的深度。

每次换档时只允许移动一根拨叉轴，同时自动地锁住其他拨叉轴。当变速器处于空档时，所有拨叉轴的侧面凹槽同互锁钢球，互锁销均处在一条直线上。当移动中间拨叉轴 2 时，拨叉轴 2 两侧的内钢球从其侧凹槽中被挤出，而两外钢球则分别嵌入拨叉轴 1、3 的侧面凹槽中，将拨叉轴 1、2 刚性地锁止在空档位置(图 2-71a)。欲移动拨叉轴时，则应先将拨叉轴退回空档位置。在移动拨叉轴 3 时，钢球从轴的侧凹槽中被挤出，同时通过互锁销和其他钢球将拨叉轴 1、2 锁止在空档位置上(图 2-71b)。同理，移动拨叉轴 1 时，拨叉轴 2、3 被锁止在空档位置(图 2-71c)。

(2) 钳口式互锁装置　钳形板用销轴固定在变速器盖内，钳形板可以绕销轴转动，变

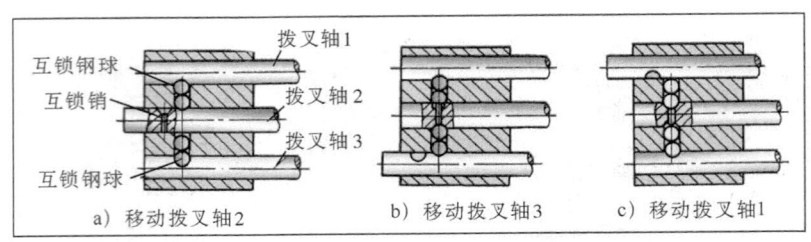

图 2-71　钢球式互锁装置的工作原理

速操纵杆下端的头部位于钳形板的钳口中，三个换档拨块分别固定在三根拨叉轴上。当变速杆头部进入某一换档拨块的凹槽内时，钳形板的一个钳爪或两轮钳爪将挡住其余换档拨块的凹槽，使之不能移动而起互锁作用。钳口式互锁装置如图2-72所示。

3. 倒档锁装置

汽车在行驶时，为了防止将手动变速器从5档（与倒档同一拨叉的前进档）直接误挂入倒档，对变速器造成巨大损害，手动变速器都设有倒档锁装置。不论是在停车还是行驶中，变速器的倒档锁只能防止从5档直接进入倒档，但可以从1、2、3、4档经过空档再进入倒档。

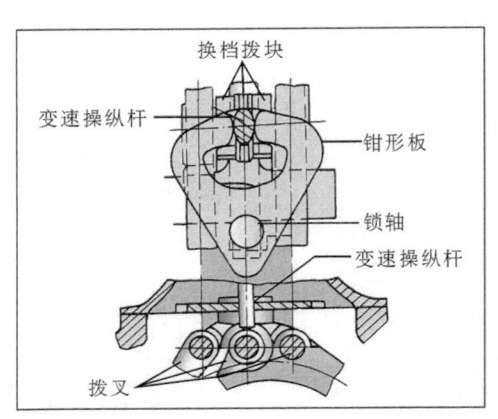

图 2-72　钳口式互锁装置

倒档锁装置有弹簧锁销式、锁片式、扭簧式及锁簧式等形式，应用较多的是弹簧锁销式，其结构如图2-69所示。弹簧锁销式的工作原理是驾驶人要挂倒档时，必须要用较大的力使变速杆的下端压缩倒档弹簧后，才能挂入倒档；有的是要用较大的力使变速杆的下端压缩锁销弹簧，才能使变速杆的下端进入倒档拨块的凹槽内，拨动倒档拨叉挂入倒档，以起到提醒作用。

五、手动变速器的拆装与检修

（一）手动变速器传动部分的拆装

1. 变速器总成的分解

1）将变速器固定在装配台上，取出离合器推杆，放出变速器油。
2）用专用工具装配输入轴，旋紧螺母直至输入轴被固定，如图2-73所示。
3）拆下选档、换档止动螺栓和倒档止动螺栓。
4）用专用工具拉出驱动法兰盘，如图2-74所示。
5）卸下离合器后端壳体。
6）取下5档同步器锁紧螺母和5档调节螺栓，同时挂入倒档和5档，以锁住输入轴和输出轴，如图2-75所示。

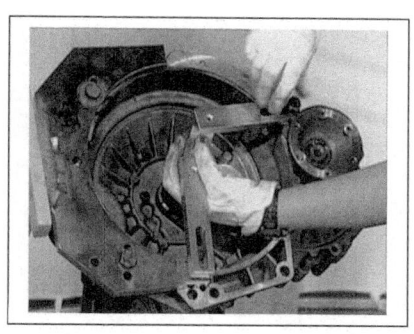

图 2-73　用专用工具固定输入轴

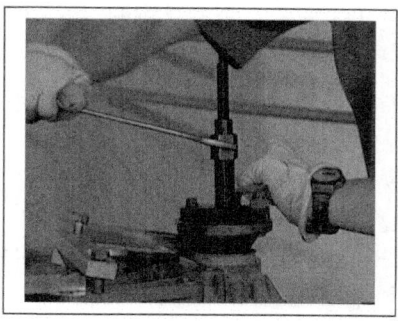

图 2-74　用专用工具拉出驱动法兰盘

7）将 5 档同步器总成和 5 档同步器齿轮、换档拨叉一同取下。

8）用专用工具分离变速器壳体，并取下变速器壳体，取下时注意不要碰落拨叉，如图 2-76 所示。

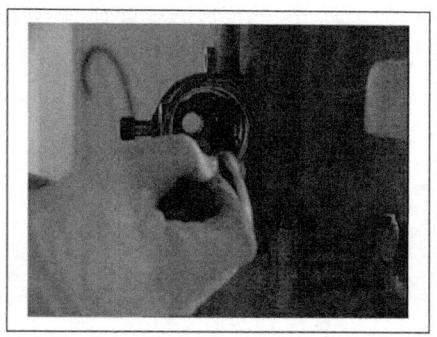

图 2-75　同时挂入倒档和 5 档

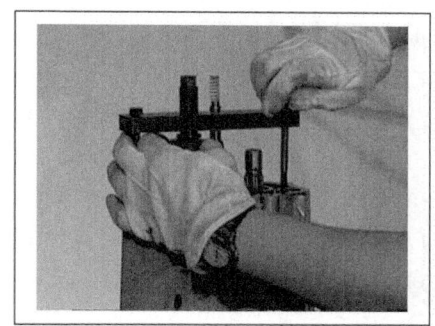

图 2-76　用专用工具分离变速器壳体

9）取下拨叉和拨叉轴。

10）取下 4 档卡簧，并取下 4 档从动齿轮。

11）拔出输入轴总成。

12）取下 3 档从动齿轮卡簧和倒档轴。

13）用专用工具拉出 3 档和 2 档从动齿轮。

14）取下 1 档从动齿轮和同步器总成。

15）拆下输出轴盖板并取下输出轴，如图 2-77 所示。

2. 变速器输入轴总成的分解与组装

1）输入轴总成的分解。拆下挡圈，取下 4 档齿轮，用压床压出 3、4 档同步器齿毂。

2）输入轴总成的组装。

① 组装好 3 档齿轮和轴承，压入 3、4 档齿毂齿套，齿毂内花键的倒角朝向 3 档齿轮的方向；最后装

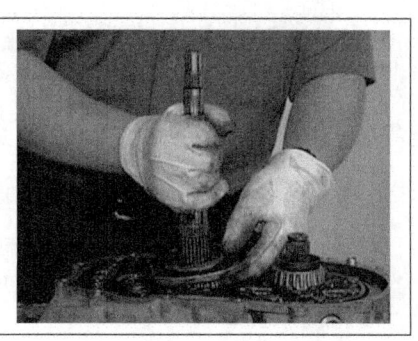

图 2-77　取下输出轴

入5档齿轮。

②　压入1、2档齿毂齿套，齿毂和齿套安装时，槽应对着1档齿轮。

③　安装滑块弹簧时，其开口错开120°，弹簧弯曲端须固定在滑块内。

3. 变速器输出轴总成的分解与组装

1）先取出5、4、3档从动齿轮，再取出1、2档、倒档同步器和从动齿轮。

2）输出轴总成的组装。

①　压入5档齿轮时，齿轮的凸肩应朝向轴承。

②　4档齿轮的挡圈与挡圈槽的间隙应尽量小些，可通过选择厚度合适的挡圈来达到。

③　将3档齿轮通过加热板加热至120°后压入，凸肩朝向4档齿轮。

④　同步器的组装。1档同步环有三个位置缺齿，这种同步环只能用于1档，更换时，也可以使用不缺齿的，备件号为014311295D。组装1、2档同步器时，齿毂上有槽的一面朝向1档，即朝向齿套拨叉环这一侧。

⑤　将1、2档同步器总成压入到轴上，齿毂有槽的一面朝向1档齿轮（即朝后）。然后再装入1档齿轮中的滚针轴承，套上1档齿轮后，最后压入双列滚针轴承。

⑥　如果要更换输出轴前后轴承，那么应从变速器前后壳体中分别压出和压入轴承外座圈，应当平整地压入。

4. 变速器的装配

1）装入输出轴盖板和输出轴（含轴承）。

2）装入1档、倒档从动齿轮和同步器。

3）安装倒档拨叉并旋紧其紧固螺栓，如图2-78所示。

4）安装倒档轴及倒档齿轮，并检查拨叉的工作情况。

5）装入2档轴套和滚针轴承，并装入同步环和2档从动齿轮，轴套可用橡皮锤轻击到位。

6）安装3档从动齿轮，注意齿轮的凸缘向下，用专用工具和橡胶锤轻击到位，并装入3档从动齿轮的卡簧，如图2-79所示。

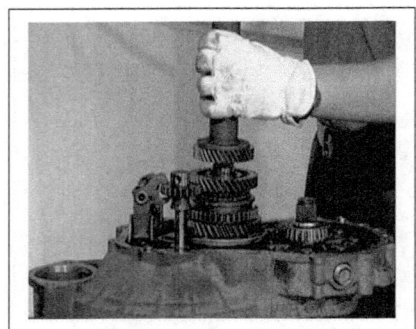

图2-78　装入倒档拨叉并旋紧紧固螺栓　　　　图2-79　压入3档从动齿轮

7）装入输入轴并检查齿轮的啮合情况。

8）装入4档从动齿轮，注意齿轮的凸缘向上，并装入齿轮的卡簧，如图2-80所示。

9）装入拨叉，并小心地插入拨叉轴。

10）装上变速器壳体，并旋入紧固螺栓。

第二章 传动系统

11) 转入 5 档主动齿轮和同步器,锁片要同时装入,旋紧 5 档同步器的紧固螺栓,并放入离合器分离轴承。

12) 装入变速器的后端壳体。

13) 装入选档杆和变速器的外部装置,如倒档开关等。

14) 在输入轴中插入离合器推杆。

5. 注意事项

1) 严格拆装程序并注意操作安全。

2) 注意各零件、部件的清洗和润滑。

图 2-80 装入 4 档从动齿轮

3) 分解变速器时不能用锤子直接敲击零件,必须采用铜棒或硬木垫进行冲击。

(二) 手动变速器的检修

1. 变速器分解工作中的检修

用塞尺测量各轴齿轮的止推间隙是否在标准范围内,否则更换。如北京切诺基吉普车(AX5)型手动变速器中间轴第 5 档齿轮止推间隙的检查(图 2-81)及输出轴齿轮止推间隙的检查(图 2-82)。

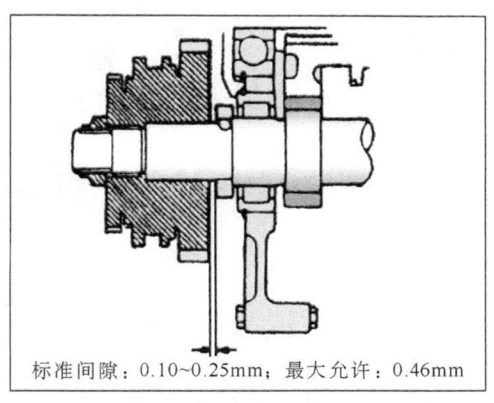

标准间隙:0.10~0.25mm;最大允许:0.46mm

图 2-81 检查中间轴 5 档止推间隙

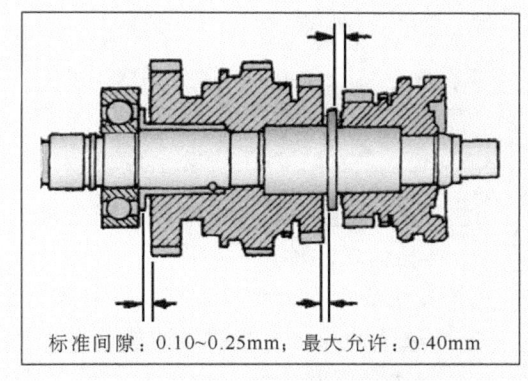

标准间隙:0.10~0.25mm;最大允许:0.40mm

图 2-82 检查输出轴上齿轮止推间隙

2. 变速器零部件的检修

操纵横杆的检修

① 检查变速器横杆有无变形,在拨动外横杆时有无发卡,横杆轴与锁紧螺栓及锁紧钢丝能否锁紧,否则应更换外横杆或钢丝。若外横杆变形,可校正修复。

② 检查变速器外横杆轴与衬套磨损情况,如磨损严重,则应更换。

变速叉的检查

变速叉的损坏现象是其弯曲和扭曲,叉上端导动块以及叉下端端面磨薄成沟槽,从而影响齿轮正常啮合,导致"跳档"的故障。变速叉弯扭后,可用敲击法校正。导动块和端面磨损严重,应进行焊修或更换。变速叉轴弯曲、锁销及定位球磨损,定位弹簧变软和折断均会引起"跳档"。

输出轴和轴承内座圈的检查,如图 2-83~图 2-86 所示。

分别用游标卡尺测量输出轴凸缘的厚度和内座圈外径。

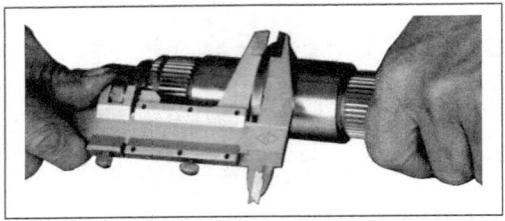

图 2-83　用游标卡尺测量输出轴凸缘厚度

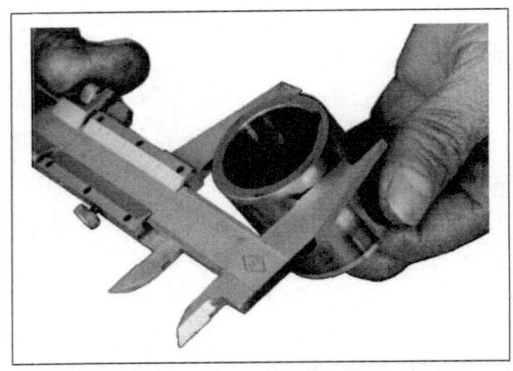

图 2-84　用游标卡尺测量内座圈外径

用外径千分尺检查各轴的轴颈及用百分表检查各轴的径向圆跳动。

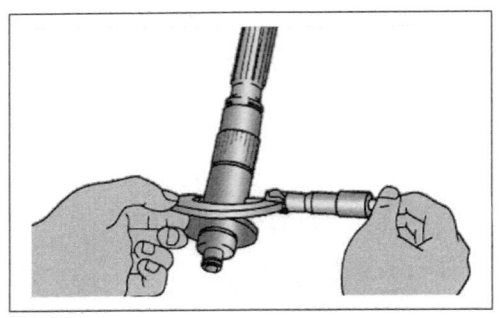

图 2-85　用千分尺测量输出轴轴颈外径

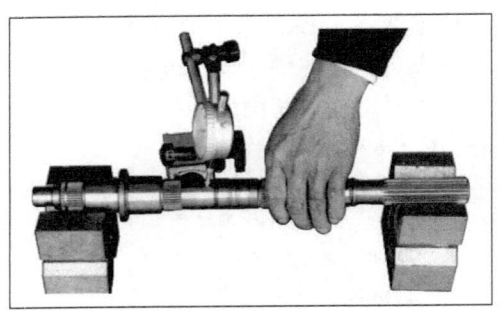

图 2-86　用百分表测量输出轴的径向圆跳动

注：以上测量如超过极限值，则更换。

3. 各档齿轮的检修

① 目视法检查齿轮轮齿有没有裂缝、打坏、齿面剥落、齿端毛刺或剥落。齿面有轻微斑点，或边缘有破损，在不影响质量的情况下可用磨石修磨。

② 用专用测量工具，如塞尺、百分表等工具测量同步环及各档齿轮的游隙，如图2-87、图 2-88 所示。

图 2-87　检查同步环的磨损或损坏

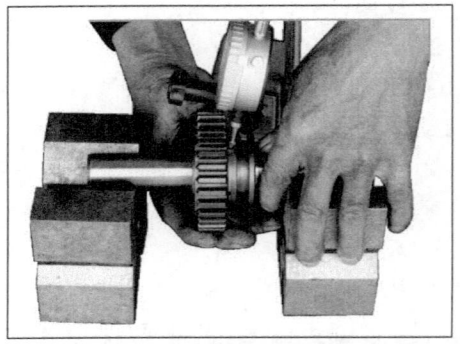

图 2-88　千分表检查倒档惰轮的游隙

③ 检查同步器齿毂的花键部位和同步器滑块的滑槽是否损坏或磨损，如图2-89所示。把齿毂装配到齿套里，检查齿毂和齿套在上、下方向是否过松及齿毂、齿套是否歪斜，如图2-90所示。

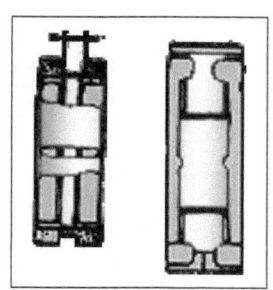

图2-89 检查齿毂是否有严重损坏或磨损

④ 目视法及配合使用专用工具检查同步器滑块和同步器弹簧的磨损情况，是否在极限值范围内，如果不在则应更换，如图2-91所示。

⑤ 用塞尺测量齿轮各部位的端隙是否符合要求，如超过极限值，则应更换，如图2-92所示。

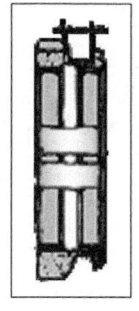

图2-90 检查齿毂和齿套是否歪斜

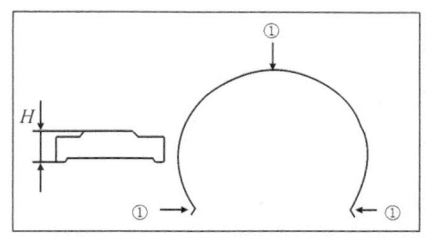

图2-91 检查滑块和弹簧

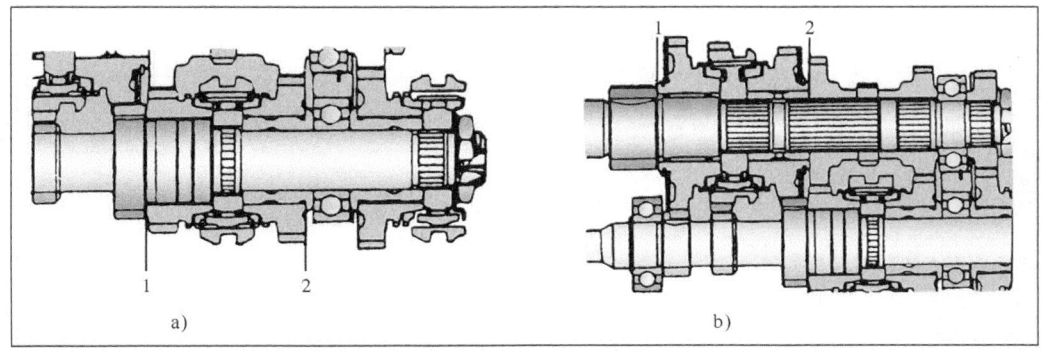

图2-92 测量齿轮各部位的端隙是否符合要求

1—输入轴上齿轮端隙　2—输出轴上齿轮端隙

六、变速器常见故障排除方法与维修实例

1. 变速器异响的诊断方法

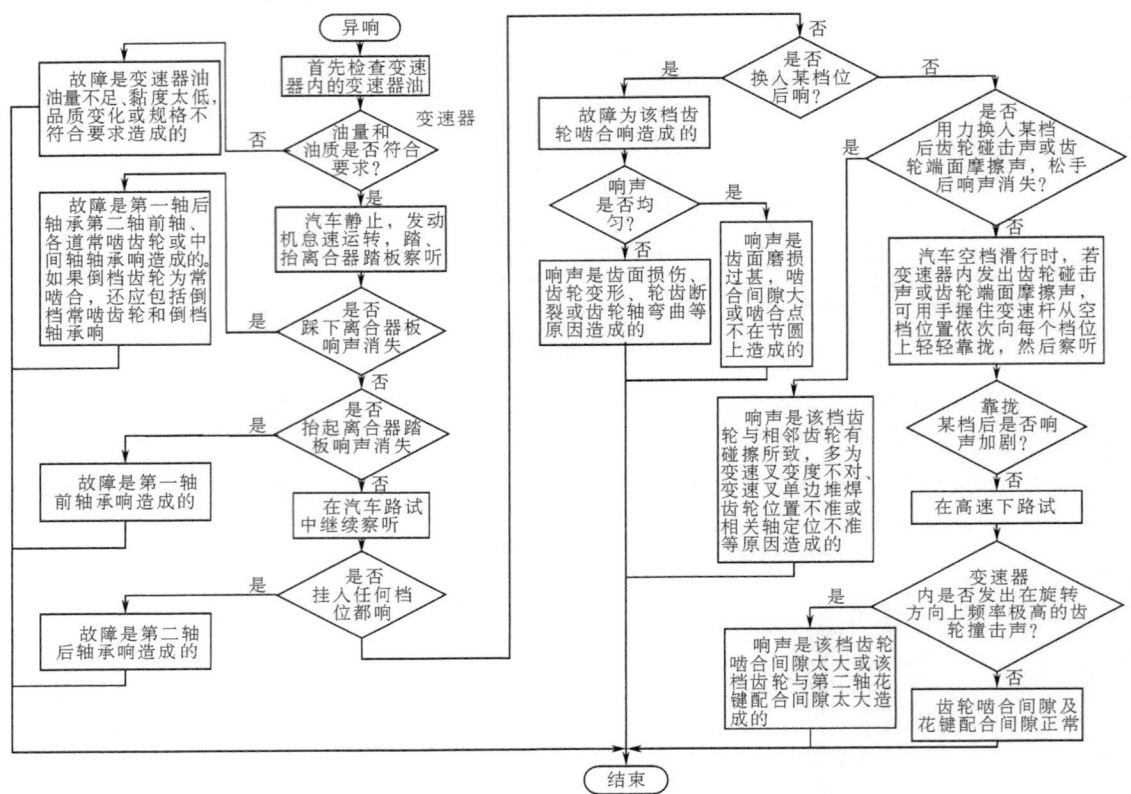

2. 变速器乱档的诊断方法

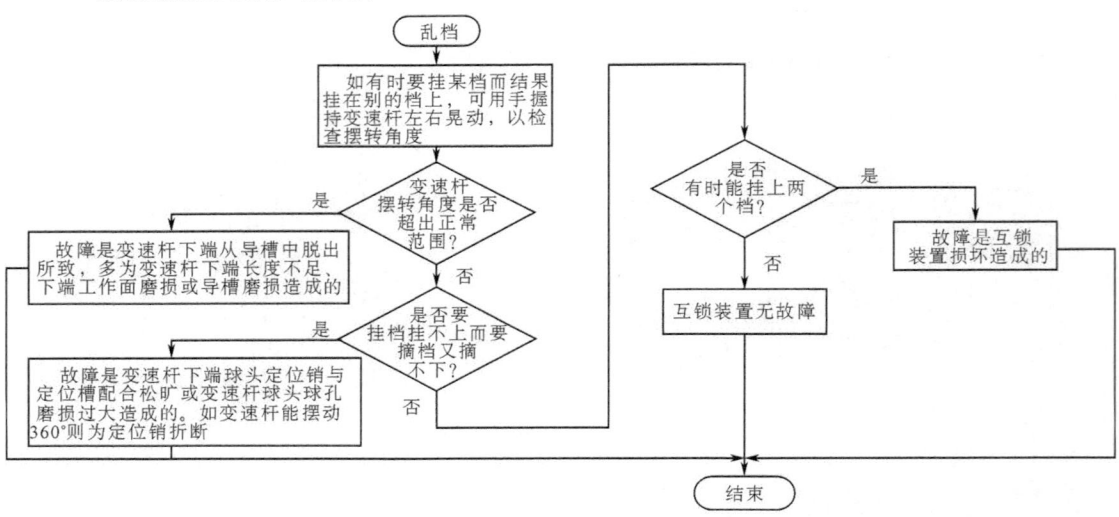

3. 变速跳档的诊断方法

第二章 传动系统

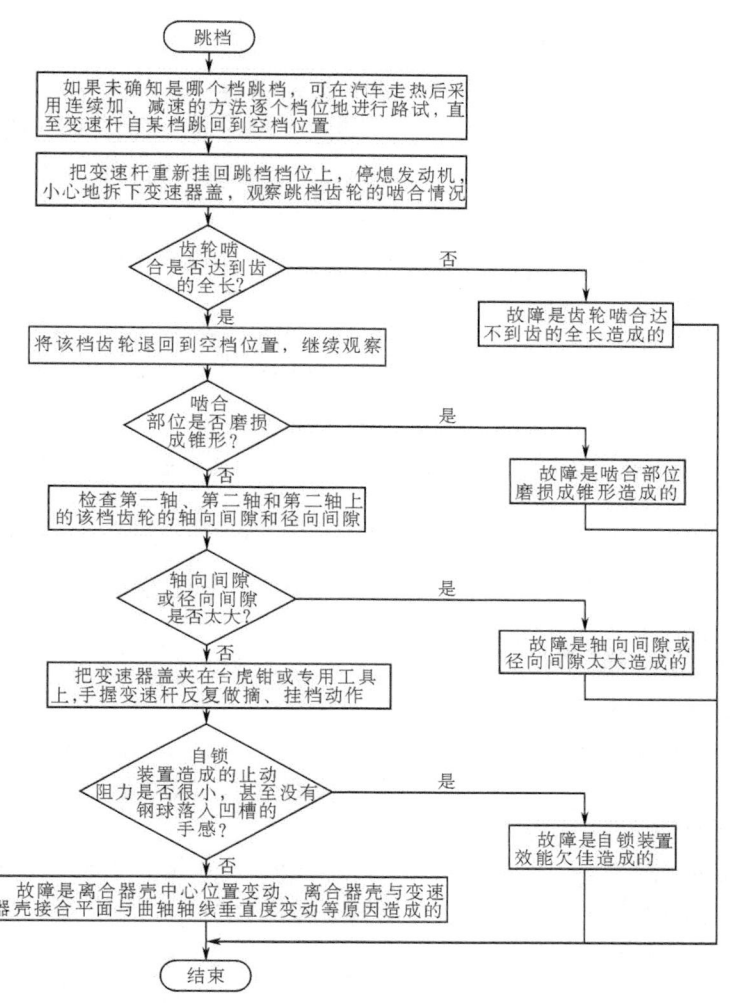

4. 变速器漏油的诊断方法

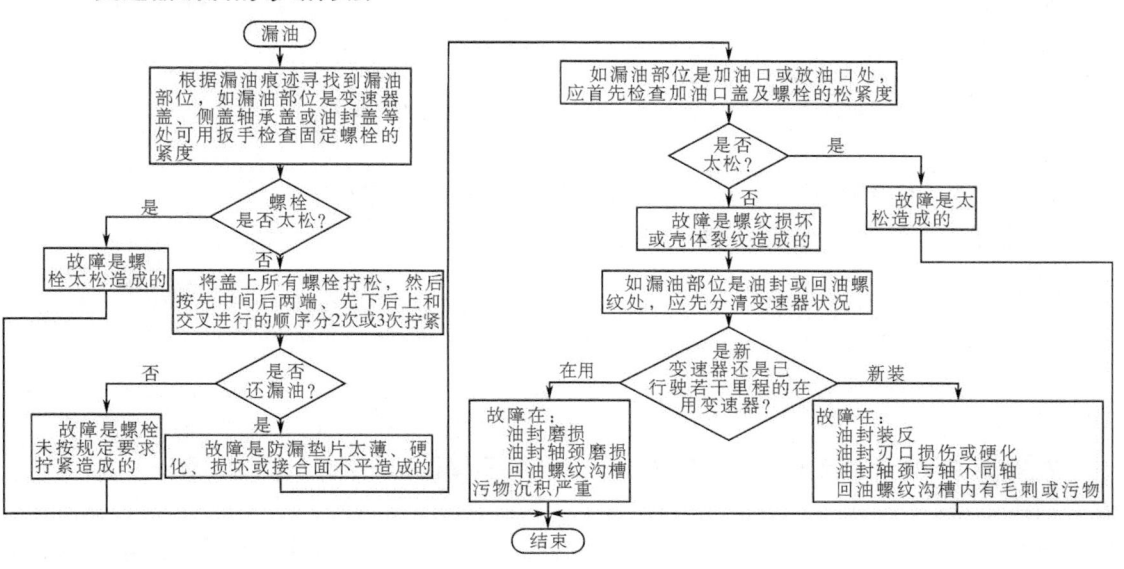

5. 昌河北斗星变速器异响

一辆新北斗星 K 系微型车变速器有异响，在空档起动发动机 3~10min 后变速器内就发生"哗啦、哗啦"的响声，踩下离合器踏板后，响声消失，松开离合器踏板，声音再次出现

↓

发动机温度上升后响声变小或消失

↓

在不分解变速器的情况下进行彻底清洗后故障依旧

↓

分解变速器后发现，输入轴 3、4、5 档齿轮滚针轴承和中间轴 1、2 档齿轮滚针轴承异常磨损

↓

新车出现这种情况很少。对换下的轴承进行检查，并非轴承质量问题，而是由于变速器油的黏度不够引起的

↓

对输入轴 3、4、5 档齿轮滚针轴承和中间轴 1、2 档齿轮滚针轴承进行更换

↓

再加入规格为 GL-5 的变速器油后故障排除

6. 长安奥拓变速器异响

一辆重庆长安奥拓轿车变速杆置于空档位置，发动机起动后，即听到车辆中部有"嘎吱、嘎吱"的异常响声。在车辆行驶中，当将变速杆置入空档后滑行时，仍能听到这种异常响声，同时变速杆还会出现急剧抖动的现象。

在空档位置时，变速器发响的原因大多为：轴承磨损松动，轴向或径向间隙过大；轴承润滑不良；第二轴磨损或弯曲；止推垫片或垫片损坏等。

拆开该车变速器盖检查，发现第一轴后轴承烧蚀并有碎裂状

↓

由于变速器后油封盖处缺少一只螺钉，润滑油从此处全部漏掉，导致上端轴承无油润滑

↓

当第一轴旋转时，该轴承烧坏了滚道和滚子，并导致轴承破碎

↓

轴承破碎散架后，第一轴齿轮失去了应有的支撑，即不是正常的圆周运动，而是上下左右摆动，故此造成各齿轮的相互撞击，从而发出"嘎吱、嘎吱"的异响

↓

同时由于第一轴的剧烈摆动和缺油润滑，又导致了第二轴导向轴承的损坏，使第二轴也随之上下摆动，反映到变速杆上便是严重的发抖现象

↓

更换了第一轴后轴承和第二轴导向轴承，并按工艺规范修复后，故障排除

7. 桑塔纳 99 新秀轿车手动变速器在 3~4 档间易掉档

故障现象：

一辆桑塔纳 99 新秀轿车，手动变速器在 3~4 档间易掉档，若踩下加速踏板掉 3 档，若

抬起加速踏板掉4档。

故障检修与排除：

经分析认为这是因变速器输入轴轴向窜动量过大造成的

↓

根据以往的经验，若输入轴轴向窜动量超过1mm时就会出现掉档现象。当输入轴后轴承磨损时，轴向窜动量就会变大，而且无法调整，遇到这种故障时，只能更换轴承

↓

更换输入轴后轴承，故障排除

该轴承由两个轴承共用一个外圈组成，左边为滚柱轴承只承受径向力；右边为球轴承，承受全部的轴向力，当球轴承磨损过度时，输入轴的轴向间隙就会变大，因3～4档主动齿轮均为斜齿轮，在加、减速时，会受到轴向分力而使输入轴沿轴向窜动，导致掉档

8. 桑塔纳时代超人轿车难挂档

故障现象：

一辆已行驶3万km的桑塔纳时代超人轿车，发现原地起步时，踩下离合器挂1档，感觉吃力；若踩下离合器等待片刻后，挂1档轻松。挂倒档时与上述情况相似。但乘用车一旦起步，挂档操作就正常。

故障检修与排除：

根据上述故障现象分析，车辆原地起步时1档和倒档难挂，一般是离合器分离不彻底造成的。但该车离合器并不是一直分离不开，只是等待时间较长，大约需要20s。若踩下离合器等约20s后，挂1档或其他档则非常平顺。如果松开离合器再重新挂档起步，上述现象又重复出现

↓

该车型离合器采用如图2-93所示的离合器液压操纵系统。常见引起上述故障的主要原因有：变速器外部换档操纵机构调整不当；离合器压盘磨损异常；离合器的主缸、工作缸和管路有漏油现象；变速器输入轴的前轴承（导向轴承）有故障等

↓

检修时，首先调整了变速器的换档操纵机构，故障依旧

↓

接着拆下变速器，检查离合器压盘，没有发现异常现象，也没有发现离合器液压操纵机构有任何漏油痕迹

现代轿车的手动变速器除倒档外都有同步器，操作舒适性大大提高，但有的驾驶人不能正确操作离合器，如换档时频繁使用离合器的半接合（似接合似分离）的状态，这样就会加速变速器输入轴前端和导向轴承的不规则磨损，导向轴承内的润滑脂与金属碎屑掺杂在一起，引起变速器输入轴运转发卡，当车辆原地起步时，虽然离合器已经被完全踩到底了，变速器的输入轴在发动机曲轴的带动下，要转动较长时间才能停下来，致使1档和倒档难挂

↓

检查导向轴承和变速器输入轴的前端，也无异常损坏，但发现变速器输入轴前端有少量的金属碎屑。原来这些金属屑是由导向轴承和变速器输入轴前端不规则磨损产生的，导致该车挂档不正常的故障

↓

将导向轴承座孔清洗干净，把变速器输入轴前端用水砂纸进行打磨，清理干净后涂上一层润滑脂，然后装配试车，故障彻底消除

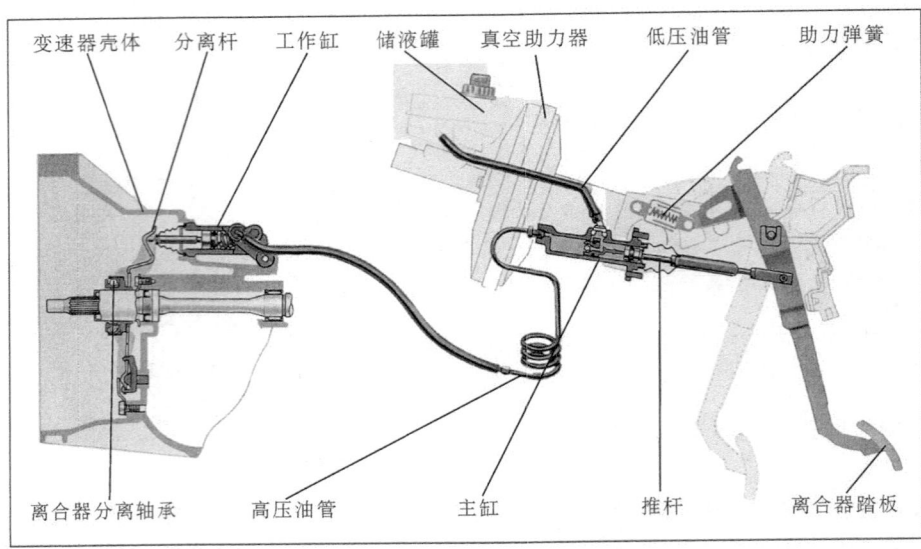

图 2-93 离合器液压操纵系统

第四节 自动变速器

一、自动变速器的分类

自动变速器是指在汽车在行驶过程中，变速器的操纵和换档全部或部分实现自动化控制的变速器。自动变速器能在行驶过程中根据发动机的转速、汽车的负荷情况、路况以及驾驶人的意愿实现自动换档。

自动变速器按照内部换档机构的不同可分为行星齿轮式（图 2-94）、平行轴式（图 2-95）和无级变速器（图 2-96）三类。

1. 行星齿轮变速器

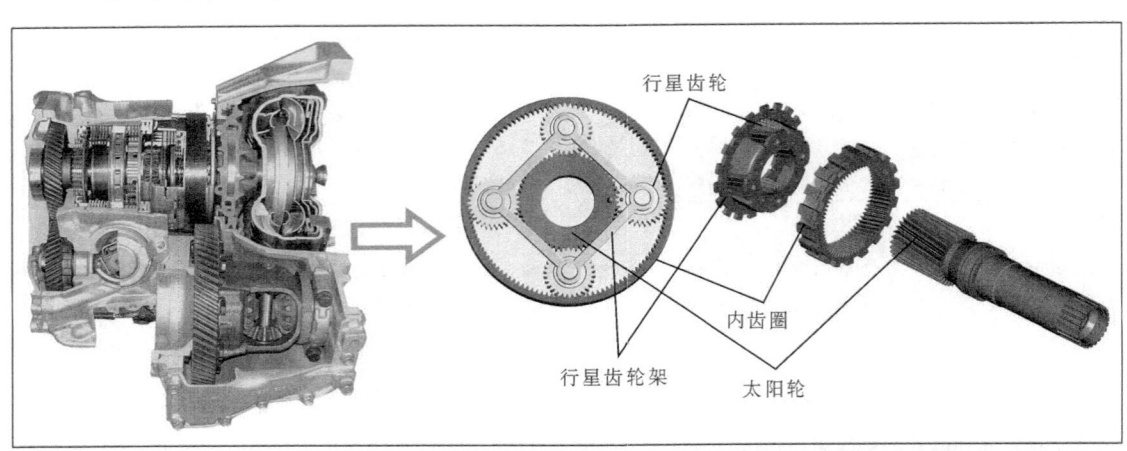

图 2-94 行星齿轮式变速器

2. 平行轴式自动变速器

平行轴式自动变速器与行星齿轮式自动变速器一样，也是由机械传动部分和电控液压部分组成的。平行轴式自动变速器由三根相互平行的轴，即输入轴、输出轴和中间轴组成，轴上分别安装着几对常啮合的齿轮。

3. 无级变速器的工作原理

轿车无级变速器最核心的部分就是无级变速装置。无级变速装置由两个带轮和钢带组成，钢带套在两个带轮上。带轮由两块呈八字形的轮壁组成，两片轮壁中间的凹槽形成一个V形，其中一边的轮壁由液压控制机构操纵。工作时发动机输出轴输出的动力首先传递到无级变速器的主动轮，然后通过V形传动钢带传递到从动轮，最后经减速器、差速器传递给车轮来驱动汽车。工作时通过主动轮与从动轮的可动盘做轴向移动来改变主动轮、从动轮锥面与V带之间的啮合工作半径，从而达到改变传动比的目的。两个带轮可以实现反向调节，即当其中一个带轮凹槽逐渐变宽时，另一个带轮凹槽就会逐渐变窄。由于主动轮和从动轮的工作半径可以实现连续调节，从而实现了无级变速功能。

图 2-95 平行轴式自动变速器

图 2-96 无级变速器

二、行星齿轮自动变速器

由于单排行星齿轮机构不能满足汽车行驶中变速变矩的需要。为了增加传动比的数目，可以通过增加行星齿轮机构来实现。在自动变速器中，两排或多排行星齿轮机构组合在一起，可实现满足汽车行驶需要的多种传动比。目前，常见的复合式行星齿轮机构有辛普森（Simpson）式行星齿轮机构和拉维娜（Ravigneaux）式行星齿轮机构。

（一）辛普森式行星齿轮机构

辛普森式行星齿轮机构是双排行星齿轮机构，由两个内啮合式单排行星齿轮机构组合而成，能提供三个前进档和一个倒档。其结构特点是：前后两行星排的太阳轮连接为一个整体，称为共用太阳轮组件；前行星排的行星架与后行星排的内齿圈也连接在一起，称为前行星架后内齿圈组件，作为机构的输出，动力可以从前排内齿圈或共用太阳轮输入（图 2-97）。

如图 2-98 所示，辛普森式行星齿轮机构由 4 个独立的元件组成：前排内齿圈，前、后太阳轮组件，后行星架，前行星架后排内齿圈组件。

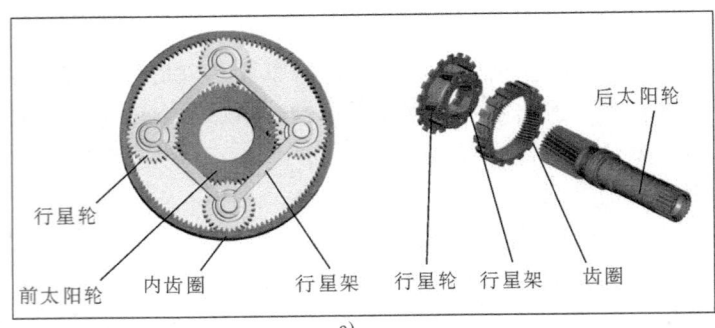

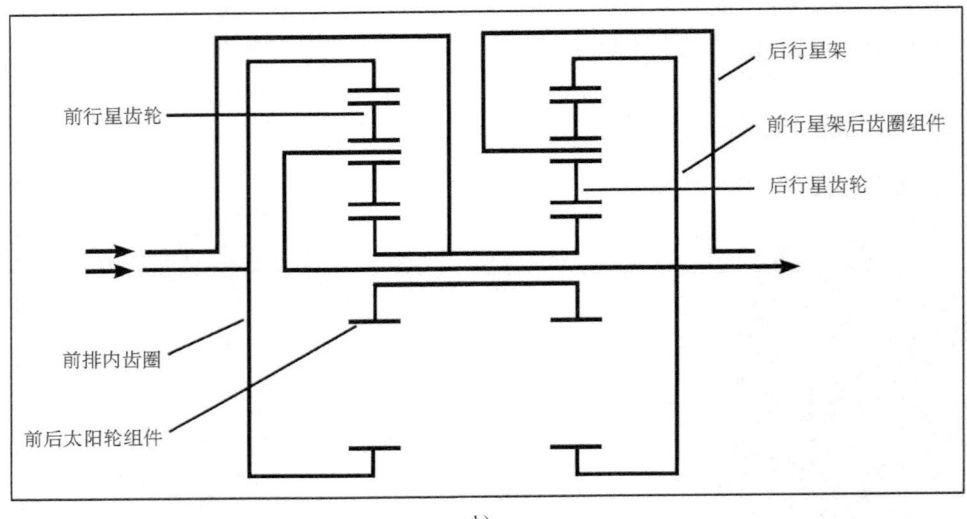

图 2-97 辛普森式行星齿轮机构

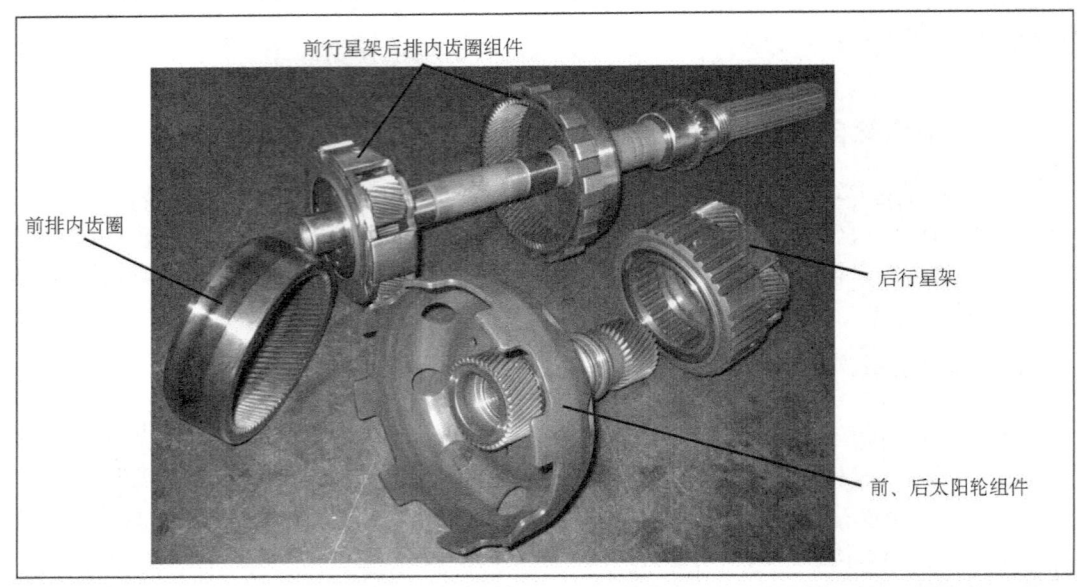

图 2-98 辛普森式行星齿轮机构部件图

（二）拉维娜式行星齿轮机构

拉维娜式行星齿轮机构是一种复合式行星齿轮机构。它由一个单行星轮式行星排和一个双行星轮式行星排组合而成：后太阳轮和长行星轮、行星架和内齿圈共同组成一个单行星轮式行星排；前太阳轮、短行星排、长行星轮、行星架和内齿圈共同组成一个双行星轮式行星排。两个行星排共用一个内齿圈和一个行星架。因此，它只有4个独立元件，即前太阳轮、后太阳轮、行星架和内齿圈。可以组成有3个前进档或4个前进档的行星齿轮机构。拉维娜式行星齿轮机构如图2-99所示。

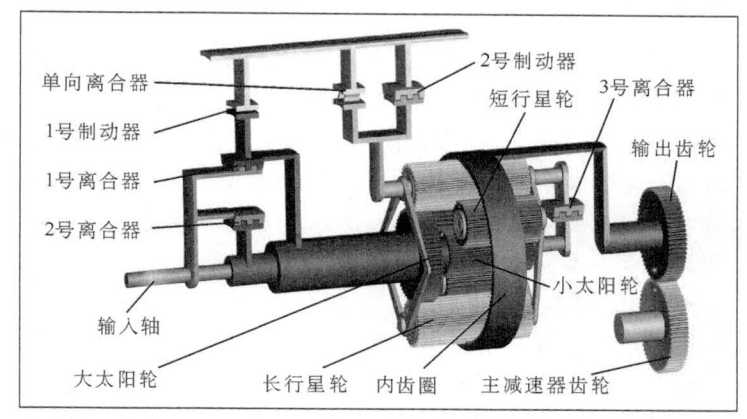

图 2-99　拉维娜式行星齿轮机构

（三）换档执行机构

换档执行机构由离合器、制动器和单向离合器3种不同的执行元件组成，它有3个基本作用，即连接、固定和锁止。

1. 换档离合器

作用——连接，即将行星齿轮机构的输入轴和行星排的某个元件连接，或将行星排的某两个基本元件连接在一起，使之成为一个整体，以实现直接传动。

组成——换档离合器是一种多片湿式离合器，它通常由活塞、回位弹簧、弹簧座、一组钢片、一组摩擦片、调整垫片、离合器毂及几个密封圈组成，如图2-100所示。

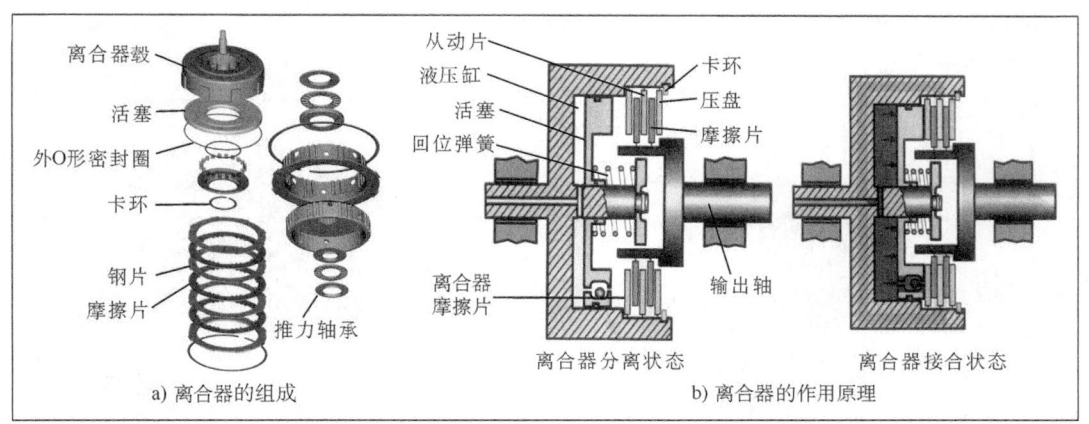

图 2-100　换档离合器

离合器片的摩擦工作面上有粗糙的摩擦材料，而钢片的工作面是光滑的而且没有摩擦材料。油液压力使离合器毂内的活塞把离合器的摩擦片压紧在一起，使离合器处于接合状态。如油液被排出，回位弹簧使活塞回位，从而使离合器处于分离状态。

原理——多片离合器既可用作驱动元件，也可用作锁止元件。

2. 换档制动器

目前最常见的是湿式多片制动器和带式制动器。

作用——将行星排中的太阳轮、内齿圈和行星架这3个基本元件之一加以固定。

组成——湿式多片制动器由壳体、活塞、回位弹簧、钢片、摩擦片及制动毂等组成。

原理——它的结构和工作原理与湿式多片离合器基本相同，只是其钢片通过外花键齿安装在变速器壳体的内花键内齿圈上，摩擦片则通过内花键齿和制动毂上的外花键槽连接。制动毂与行星齿轮机构的元件相连。当液压缸中没有压力油时，制动毂可以自由旋转。当压力油进入制动器的液压缸后，通过活塞将钢片和摩擦片压紧在一起，制动毂以及与其相连的行星齿轮机构的某一元件被固定住而不能旋转。

◆ 制动器

常见的制动器有带式制动器和片式制动器两种，其作用是：将行星排中太阳轮、行星齿轮和行星架三个基本元件之一加以固定，使之不能旋转，产生不同的传动方向或速比。

带式制动器，又称制动带，主要由制动带、制动毂、液压缸及活塞等组成，如图2-101所示。

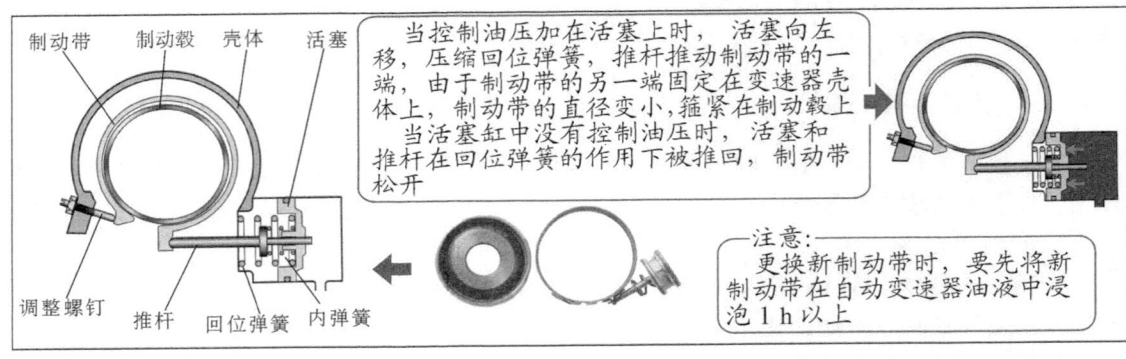

图 2-101 带式制动器总成

带式制动器的制动带夹紧驱动装置常见的有三种类型：直杆式（图2-102）、杠杆式（图2-103）和钳形杆式（图2-104）。

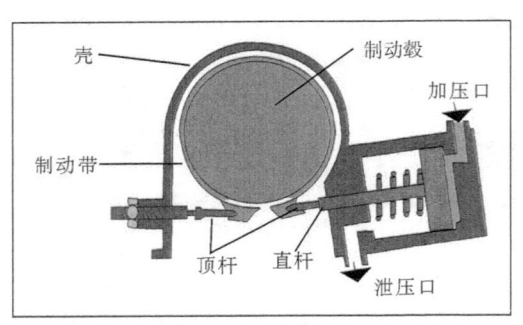

图 2-102 直杆式驱动带式制动器

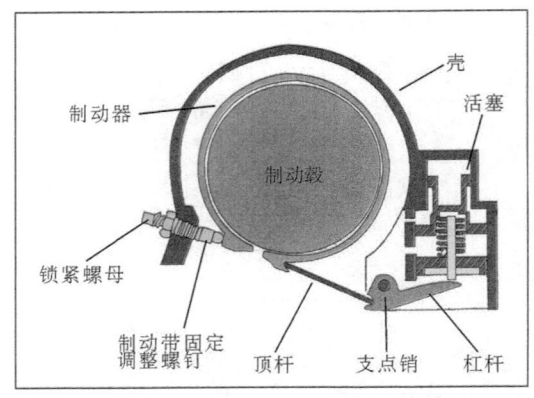

图 2-103 杠杆式驱动带式制动器

① **直杆式**：直杆式驱动装置由活塞推动直杆，直杆带动顶杆夹紧制动带。

② **杠杆式**：杠杆式驱动装置由活塞推动杠杆，直杆带动顶杆夹紧制动带。

③ **钳形杆式**：钳形杆式驱动装置由活塞推动顶杆，顶杆又下压摇臂，摇臂带动推杆，推杆带动钳形杆，钳形杆弯曲收紧制动带的两个活动端，夹住制动毂。

片式制动器由制动毂、制动器活塞、回位弹簧、钢片和摩擦片等组成，如图2-105所示。

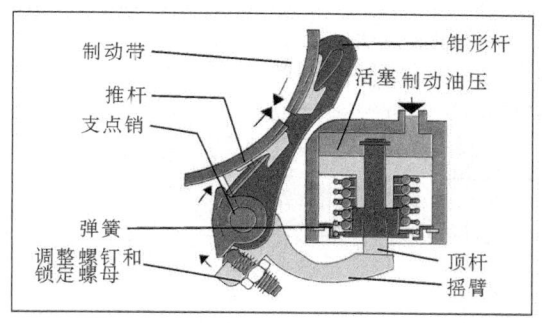

图2-104 钳形杆式驱动带式制动器

片式制动器的制动毂（相当于离合器毂）通过钢片的外花键固定在变速器壳体上，其工作原理与多片湿式摩擦片离合器基本相同。

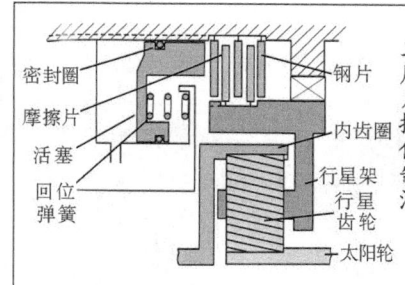

工作原理：当活塞受到控制油压的作用时，活塞在活塞缸内运动，使摩擦片与钢片相互接触，结果在每个摩擦片与钢片之间产生很大的摩擦力，使行星架锁定在变速器壳体上；当控制油压降低时，由于回位弹簧的作用，活塞回至原位，使制动解除。

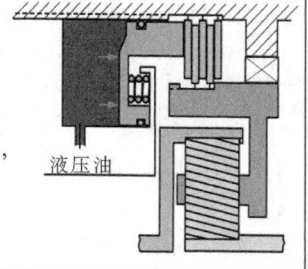

图2-105 片式制动器工作原理

3. 单向离合器

单向离合器广泛应用在行星齿轮机构及综合式液力变矩器中。单向离合器在行星齿轮机构中的作用和离合器、制动器相同，也用于固定或连接几个行星排中的某些太阳轮、行星架和内齿圈等基本元件，让行星齿轮机构组成不同传动比的档位。因此，它也是行星齿轮机构的换档元件之一。不同之处在于，它是依靠其单向锁止原理来发挥固定或连接作用的，其连接和固定也只能是单方向的。当与之相连接的元件的受力方向与锁止方向相同时，该元件即被固定或连接；当受力方向与锁止方向相反时，该元件即被释放或脱离连接。

单向离合器分为滚柱式和楔块式两种。滚柱式单向离合器示意图如图2-106所示；楔块式单向离合器示意图如图2-107所示。

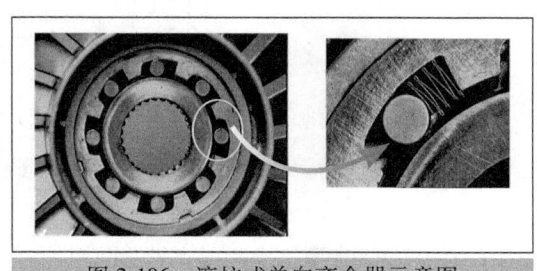

图2-106 滚柱式单向离合器示意图　　图2-107 楔块式单向离合器示意图

知识链接： 行星齿轮的传动方式

这里，我们来研究一下行星齿轮的传动方式与档位的关系，行星齿轮机构按不同的组合形式可有 8 种传动方式，详见表 2-1，具体分析如下文。

表 2-1 单排单级行星齿轮传动方式

方案	主动件	从动件	锁定件	备注	适用
1	太阳轮	行星齿轮架	内齿圈	减速增矩	低档
2	内齿圈	行星齿轮架	太阳轮		
3	太阳轮	内齿圈	行星齿轮架		
4	行星齿轮架	内齿圈	太阳轮	增速减矩	高档
5	行星齿轮架	太阳轮	内齿圈		
6	内齿圈	太阳轮	行星齿轮架		
7	任意两个连成一体			直接传动	直接档
8	既无任一元件制动又无任二元件连成一体			不传递动力	空档

1. 锁定内齿圈

锁定内齿圈后，可以有两种传动方式：**一种是以太阳轮为主动、行星齿轮架为从动；另一种是以行星齿轮架为主动、太阳轮为从动。** 显然这两种方式的传动比互为倒数。

锁定内齿圈时，行星齿轮既绕太阳轮公转，同时也自转，并且公转与自转方向相反。

1）当太阳轮按顺时针方向旋转时，行星齿轮则按逆时针方向旋转，并试图使内齿圈也按逆时针方向旋转，但因内齿圈被锁定，故使行星齿轮架按顺时针方向旋转，如图2-108a所示。

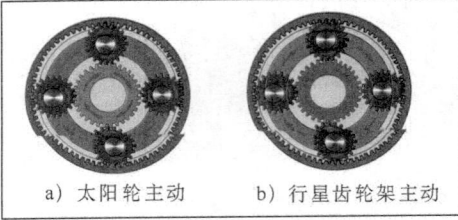

a）太阳轮主动　　b）行星齿轮架主动

图 2-108 内齿圈锁定示意图

2）当行星齿轮架按顺时针方向旋转时，行星齿轮试图带动内齿圈和太阳轮一起顺时针转动，但由于内齿圈已锁定，所以行星齿轮开始逆时针旋转，结果使太阳轮按顺时针方向旋转，如图 2-108b 所示。

2. 锁定太阳轮

锁定太阳轮后，也可以有两种传动方式：**一种是以内齿圈为主动、行星齿轮架为从动；另一种是以行星齿轮架为主动、内齿圈为从动。** 锁定太阳轮后，行星齿轮既绕太阳轮公转同时也自转，并且公转与自转方向相同。

1）当内齿圈按顺时针方向旋转时，行星齿轮也按顺时针方向转动，并试图使太阳轮按逆时针方向转动，但因太阳轮已被锁定，故使行星齿轮架按顺时针方向旋转，如图2-109a所示。

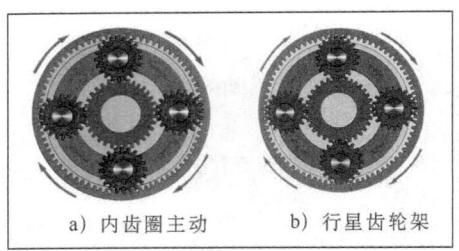

a）内齿圈主动　　b）行星齿轮架

图 2-109 太阳轮锁定示意图

2）当行星齿轮架按顺时针方向旋转时，行星齿轮试图带动内齿圈和太阳轮一起顺时针转动，但由于太阳轮已锁定，所以行星齿轮顺时针旋转，结果使内齿圈也按顺时针方向旋转，如图 2-109b 所示。

3. 锁定行星齿轮架

锁定行星齿轮架后，同样可以有两种传动方式：**一种是以太阳轮为主动、内齿圈为从动；另**

一种是以内齿圈为主动、太阳轮为从动。这两种方式传动比不仅互为倒数,而且旋转方向相反。锁定行星齿轮架时,行星齿轮只有自转没有公转。

1)当太阳轮按顺时针方向转动时,因行星齿轮架被锁定,行星齿轮逆时针旋转,进而带动内齿圈也逆时针转动,如图2-110a所示。

2)当内齿圈按顺时针方向旋转时,因行星齿轮架锁定,行星齿轮按顺时针方向转动,并带动太阳轮逆时针方向旋转,如图2-110b所示。

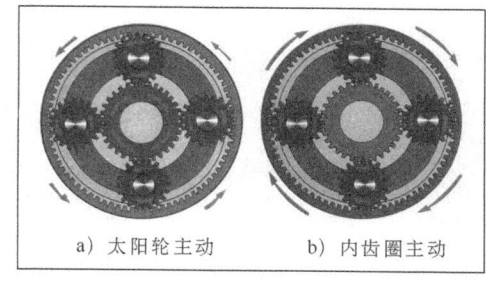

a) 太阳轮主动　　b) 内齿圈主动

图2-110　行星齿轮锁定示意图

4. 将任意两元件连接在一起

连接任意两元件,就会使行星齿轮不再有自转,此时三元件合为一体,三元件之间的传动比均为1,即为直接档传动。

例:如图2-111所示,将太阳轮与内齿圈连接在一起成为一体,并作为主动件,按顺时针方向转动,此时因行星齿轮上下两边受到相同方向的力,所以不能转动。因而就带动行星齿轮架一起按顺时针方向转动。传动比$i=1$,且同方向。

5. 不锁定任何元件

如图2-112所示,不锁定任何元件时,三元件可以随意转动,此时为空档。

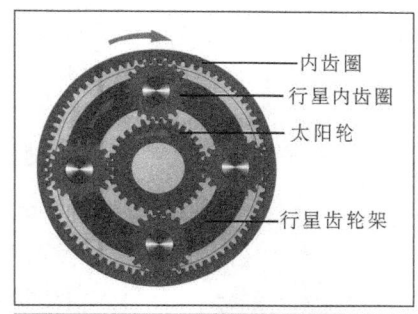

图2-111　太阳轮与内齿圈锁为一体时的传动情况

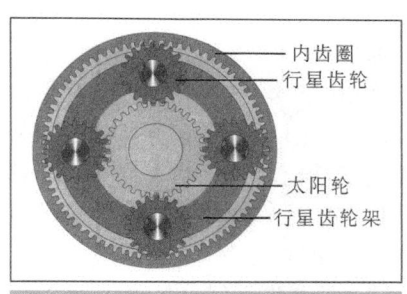

图2-112　不锁定任何元件的动力传动情况

三、平行轴自动变速器

平行轴式自动变速器与行星齿轮式自动变速器一样,也由机械传动部分和电控液压部分组成。平行轴式自动变速器由三根相互平行的轴,即输入轴、输出轴和中间轴组成,轴上分别安装着几对常啮合的齿轮。图2-113所示是两平行轴式自动变速器的结构示意图;图2-114所示是三平行轴式自动变速器的结构示意图。

图2-113　两平行轴式自动变速器的结构示意图

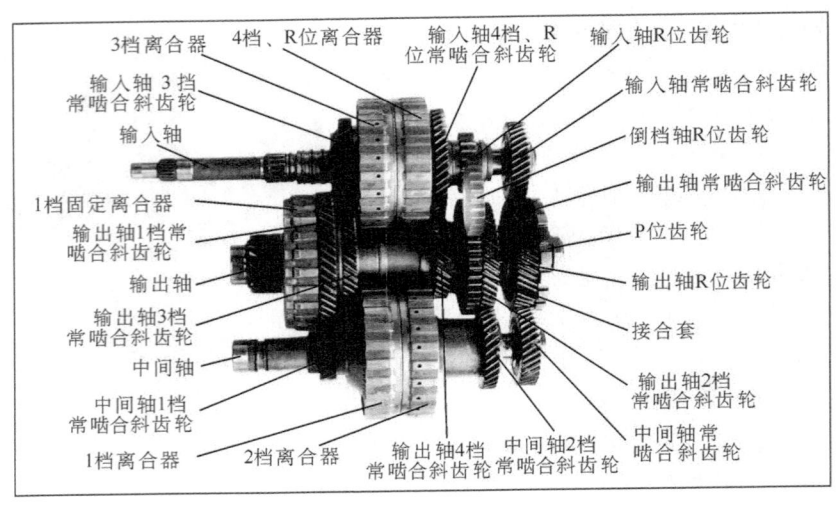

图 2-114 三平行轴式自动变速器的结构示意图

平行轴式自动变速器的特点：

平行轴式自动变速器的机械传动部分的最大特点，是在变速器壳体上装着两根或三根相互平行的轴，每根轴上都装着几个常啮合的齿轮，常啮合齿轮的动力传递是通过离合器或单向离合器完成的。

1. 输入轴（主轴）

输入轴通过轴上的花键与涡轮键配合，液力变矩器的涡轮旋转时，输入轴便旋转，它是自动变速器的动力输入元件，轴上键配合着主动轴惰轮，它与输出轴上的惰轮常啮合。

2. 输出轴（第二轴/副轴）

输出轴通过常啮合齿轮或通过主动轴驱动中间轴，再由中间轴通过常啮合齿轮把主动轴动力传递给输出轴，再由输出轴传递给驱动轮，该轴上套装着一个输入轴惰轮，它既与主动轴惰轮常啮合，又与中间轴上的惰轮常啮合，主动轴惰轮旋转，输出轴上的惰轮也一同旋转，于是便带动中间轴上的惰轮一同旋转，因中间轴与中间轴惰轮配合，于是中间轴便顺时针旋转。由此可知，只要主动轴旋转，中间轴便旋转。

3. 中间轴（辅助轴）

中间轴上花键配合一中间惰轮。只要发动机运转，该齿轮便通过与之常啮合的输出轴惰轮在主动惰轮的带动下做与主动轴旋转方向相同的旋转运动，于是带动中间轴旋转。

各档位动力传递流程：

各档位动力传递流程如图 2-115 所示。

1 档：输入轴→输入轴常啮合齿轮→输出轴常啮合齿轮→1 档离合器→中间轴常啮合齿轮→中间轴 1 档常啮合齿轮→输出轴 1 档常啮合齿轮→输出轴

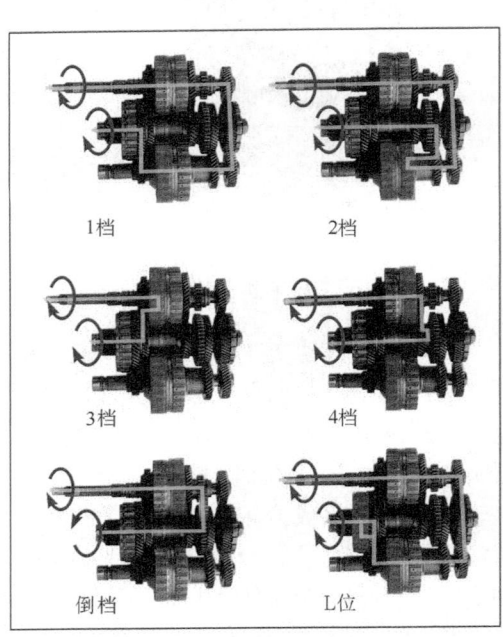

图 2-115 动力传递流程

2档：输入轴→输入轴常啮合齿轮→输出轴常啮合齿轮→中间轴常啮合齿轮→2档离合器→中间轴2档常啮合齿轮→输出轴2档常啮合齿轮→输出轴。

3档：输入轴→3档离合器→输入轴3档常啮合齿轮→输出轴3档常啮合齿轮→输出轴。

4档：输入轴→4档、倒档离合器→输入轴4档、倒档常啮合齿轮→输出轴4档常啮合齿轮→输出轴。

倒档：输入轴→4档、倒档离合器→输入轴4档、倒档常啮合齿轮→倒档轴R位齿轮→输出轴4档常啮合齿轮→输出轴。

L位：输入轴→输入轴常啮合齿轮→输出轴常啮合齿轮→1档离合器→中间轴1档常啮合齿轮→输出轴1档常啮合齿轮→1档固定离合器→输出轴。

知识链接： 平行轴式自动变速器与全同步式手动变速器的对比

平行轴式齿轮变速机构（图2-116）是利用平行轴之间不同齿数的齿轮啮合，进行两轴间动力传递的。

主动齿轮小，从驱动齿轮大，输入轴对输出轴是减速增矩传递，即汽车变速器的低档运行状态，如图2-117所示。

主动齿轮与从驱动齿轮一样大，输入轴对输出轴是等速传递，即汽车变速器的直接档运行状态，如图2-118所示。

图2-116 平行轴式齿轮变速机构

主动齿轮大，从驱动齿轮小，输入轴对输出轴是增速减矩传递，即汽车变速器的超速档运动状态，如图2-119所示。

如果在主动轴、从动轴中间加一惰轮改变传动方向，就可获得倒档，这些都与手动档变速器相同，如图2-120所示。

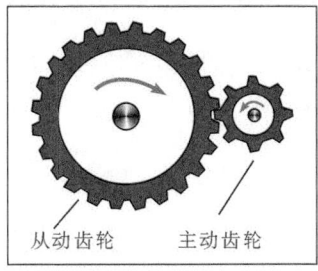

图2-117 低档动力传递

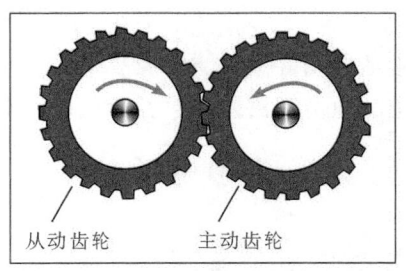

图2-118 直接档动力传递

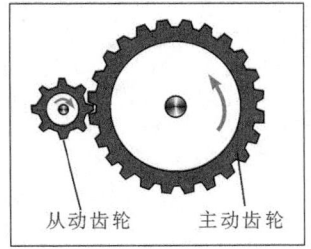

图2-119 超速档动力传递

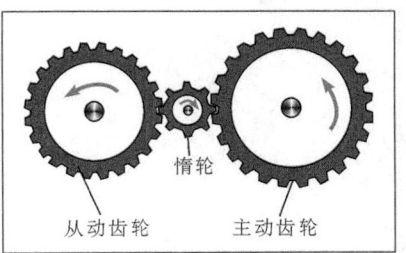

图2-120 倒档动力传递

> **对比** 在液力自动变速器中，采用的是平行轴式齿轮变速机构，与手动变速器中的平行轴式齿轮变速机构相比，最大的差别在于：自动变速器中的齿轮与轴的连接通过多片式离合器实现，而手动变速器中的齿轮与轴是通过花键或齿套连接的。因此手动变速器要通过齿轮在轴上的滑动或齿套啮合来实现换档，而自动变速器则通过多片式离合器的接合与分离来实现换档。

四、无级变速器

机械式无级自动变速器（Continuously Variable Transmission，简称CVT）是根据车速和节气门开度来改变机械式V带带轮的作用半径，实现无级变速的。目前机械式无级自动变速器以金属带式为主。

（一）CVT 基本结构

图 2-121 所示为日本富士重工业公司使用的 TB-40 金属带式机械式无级自动变速器，它将轿车传动系的离合器、变速器、主减速器及差速器等装配成一个整体结构。

（二）CVT 基本工作原理

1. 动力传递路线

发动机→电磁离合器→主动带轮→金属传动带→从动带轮→主减速器→差速器→半轴→驱动轮。

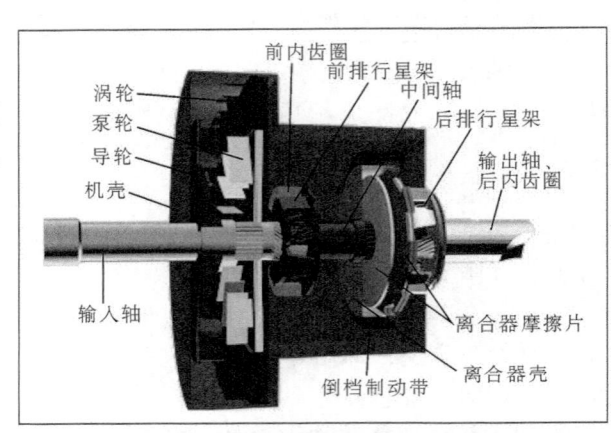

图 2-121 CVT 结构图

2. 变速原理

CVT 变速原理如图2-122所示，通过同时改变主动带轮和从动带轮的作用半径来改变传动比。传动比的变化范围为 0.497~2.503，最大传动比与最小传动比的比值为 5.036，这个值与手动换档五档变速器的值相当。这样的传动比变化范围还不能满足轿车行驶的需要，因此常与其他传动机构（液力耦合、电磁离合器等）配合使用。

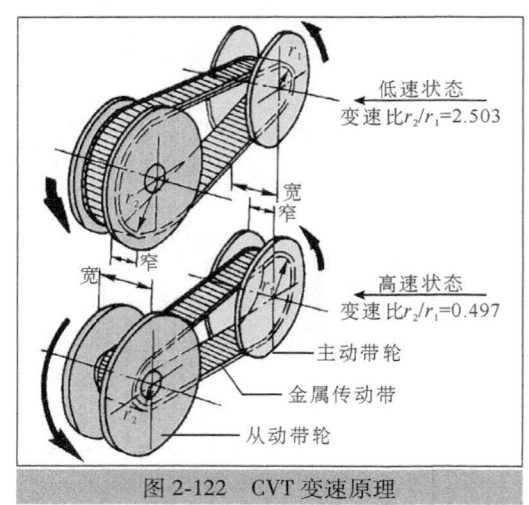

图 2-122 CVT 变速原理

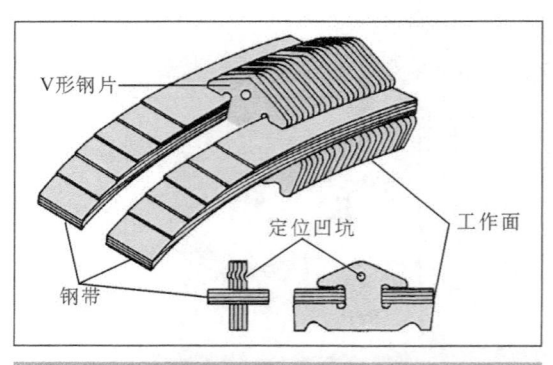

图 2-123 金属带结构

CVT 使用的金属带是用多层钼合金薄钢带串上 V 形钢片制成的(图 2-123)。这种金属带可承受很大的拉力和侧向压力,钢带装在工作半径可变的带轮上,靠液压力改变带轮的半径来改变传动比。

3. 控制原理

CVT 的控制系统由两部分组成,即电磁离合器控制系统和变速控制系统,如图 2-124 所示。

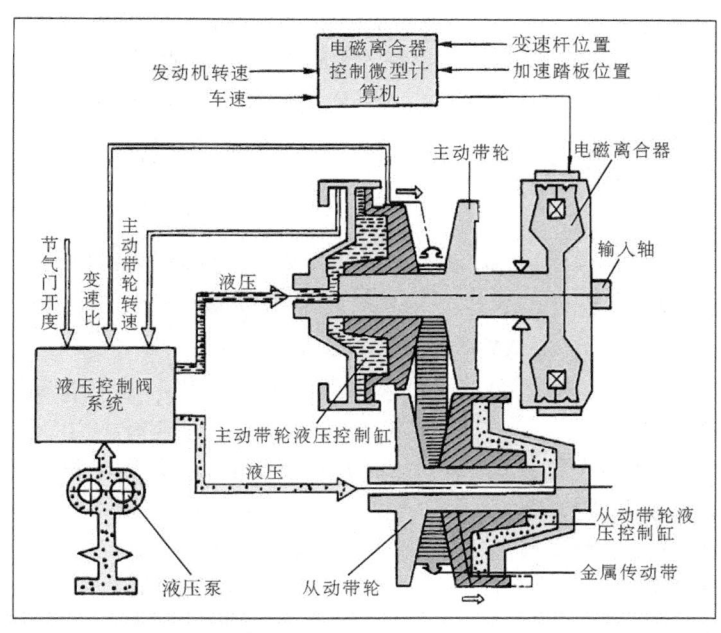

图 2-124 CVT 控制系统原理

电磁离合器控制原理是当汽车起步、换档或停车时,由计算机控制离合器实现分离和接合。发动机转速、车速、操纵杆位置及加速踏板位置等信息输入计算机,经过运算处理后,可以确定当前所处的运行工况,然后从计算机的只读存储器中读取相应的控制参数,输出给电磁离合器,使之处于预先设定的工作状态。电子控制系统还具有失效保险、故障自诊断等功能。

变速控制采用液压系统控制金属传动带传动机构,即通过主动带轮和从动带轮 V 形槽宽度的变化,来控制带轮可动锥面盘的轴向位置。液压控制系统根据发动机节气门开度、发动机转速及传动比等输入信号来控制供给主、从动带轮液压室的油压,调整液压室油压分别用换档控制阀和压力调节阀来进行。

此外,还有金属带润滑用的保压阀、将换档控制阀的动作限定在高转速范围内的 Ds 档位阀(又称发动机辅助制动阀)、变速锁止阀等辅助阀。

五、电控机械式自动变速器

AMT(机械自动变速器)在传统固定轴式手动变速器和干式离合器基础上应用自动变速理论和电子控制技术,通过电控单元控制执行机构实现自动换档,具有传动效率高、油耗低、经济性好等诸多优点。AMT 正在成为自动变速器的最新、最重要的发展方向,特别是对于小排量的经济性轿车更是如此。

它是在传统手动变速器的基础上,加装了一套速选器系统,该系统是由电子控制的液压操控系统,变速器的工作依然与原来的手动变速器相同。只不过原来由驾驶人来完成的踩离合器换档的动作,现在都由速选器来完成了,而且由速选器选择的换档时机要比驾驶人完成得更准确。

电控机械式自动变速器(Automated Mechanical Transmission,简称 AMT)充分利用计算机及控制技术,对传统的机械变速器加以改造,在原有固定轴式齿轮变速器的基础上,把选、换档和离合器及发动机节气门的操纵控制自动化,这样,它不仅保留了传统齿轮变速器效率高、成本低和易于制造的优点,而且具备其他自动变速器所具有的功能,操纵方便,尤其是其省油的特性,受到国内广大用户的欢迎。

特点:

1) 全机电 AMT 方案设计,直流无刷电动机作为选档及换档执行元件,节气门控制采用步进电动机,用电动机-机构方式控制离合器的接合与分离,克服了电液方式液压件加工工艺复杂、易漏油等缺点,对实现 AMT 商品化有很大的意义。

2) 平地、坡地、重载、轻载、起步、变速和制动等各种工况下的良好的起步平稳性及离合器控制平稳性。

3) 换档执行机构和离合器控制执行机构的结构优化设计,保证换档灵活准确、无干涉现象、离合器具有磨损补偿功能。

4) 考虑了电喷内燃机的工作特点,采用 AMT 控制系统与电喷发动机控制系统一体化技术,有利于进一步提高燃油经济性。

奇瑞 QQ AMT(又称 QQ-EZdrive),实际上是一款智能型手自一体版小车。AMT 是当今被广泛应用于 F1 赛车和跑车上的一种变速器。

据资料显示,AMT 比一般的 AT 车型要节油 20%,比 MT 车型也要节油 9%左右,加上微型车本身重量较轻等特点,QQ-EZdrive 的 90km/h 等速百公里油耗仅为 3.9L。在油价节节上涨的情况下,这将成为 QQ-EZdrive 的一大卖点。

AMT 变速器

AMT 自动变速器是在现有机械变速器的基础上,附加一套电控液压装置来实现离合以及换档的自动控制器,如图 2-125 所示。此系统设计通过电子液压动力辅助来自动控制传统手动机械变速器的离合器和变速杆。这样一来就没有了离合器踏板,速度控制被电子接触杆代替,加速踏板通过发动机的电脑与发动机相连,换档的时间就减少了,保证了驾驶人和乘客的舒适性。

(一) AMT 系统与拆装

从变速器上拆取 AMT 系统时,应用专用工具固定 AMT 系统,注意换档控制轴的松动与锁紧,如图 2-126 所示。

第二章 传动系统

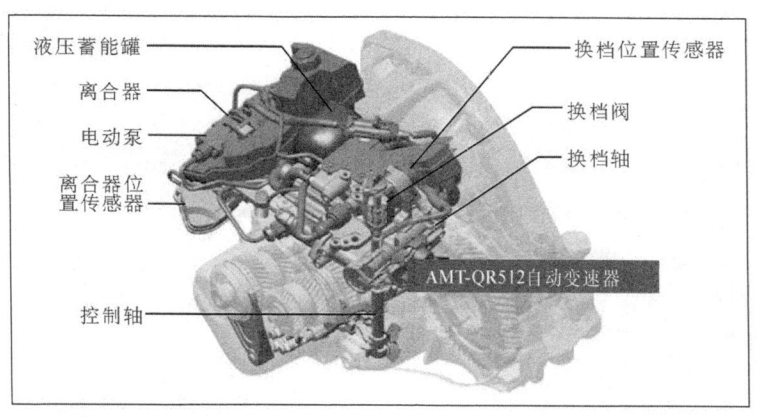

图 2-125　奇瑞 QR512 AMT 自动变速器结构

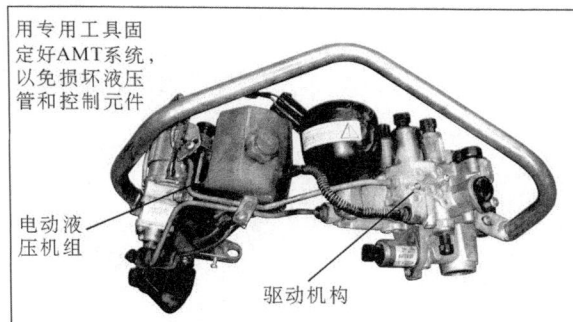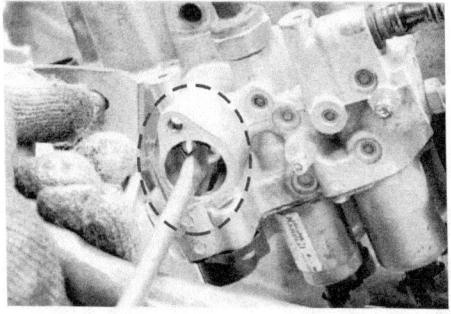

图 2-126　AMT 系统与拆装

（二）电动液压机组

电动液压机组结构如图 2-127 所示。

电动泵（图 2-128）

◆ **组成**：主要由齿轮泵上端盖、齿轮泵、齿轮组、齿轮泵下端盖、密封垫与电动机等组成。

◆ **工作原理**：此系统的工作线性压力范围为 40~52bar（$1bar=10^5 Pa$）当蓄能器压力低于 40bar 时电动泵开始工作，50bar 时关闭。

操作温度为 -30~125℃；在 -30℃也能起动。电动泵采用 12V 电源，压力为 5MPa（50bar），液体温度为 60℃。

◆ **检修**：AMT 系统的电动泵一般不必进行分解，如果电动泵损坏就直接更换。更换时，一定要采用与原型号、原功率相同的电动泵。

更换注意：电动泵组的更换必然会带来自动装置变速器电动泵机组继电器的更换。继电器可能由于频繁打火而损坏，所以在这种情况下必须更换继电器以避免造成新电动泵机组的损坏。

63

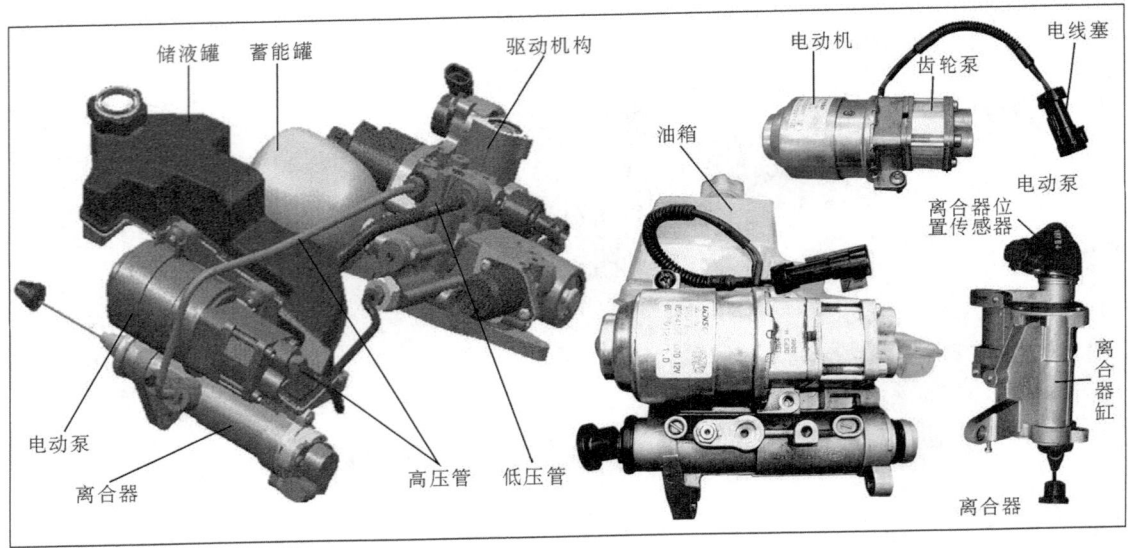

图 2-127　电动液压机组

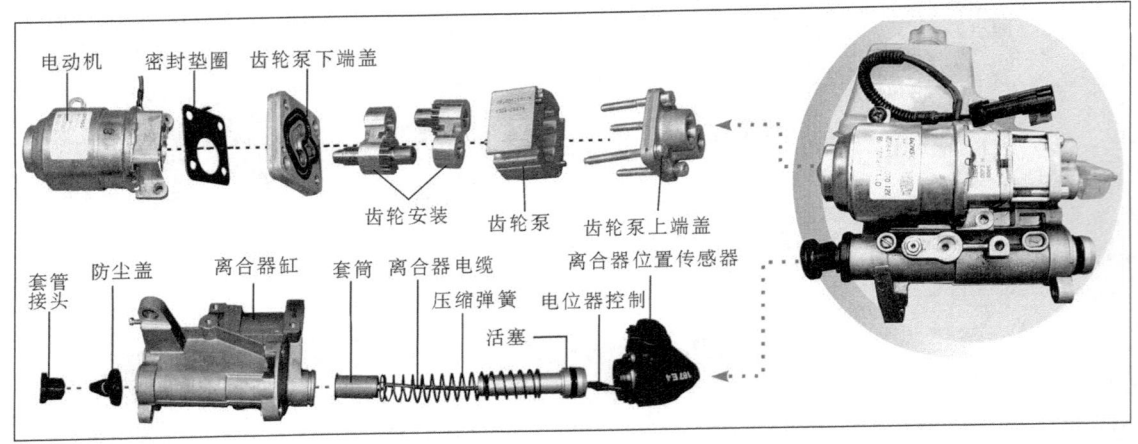

图 2-128　电动泵分解图

（三）驱动机构

驱动机构如图 2-129~图 2-131 所示。

◆ **电磁阀的工作原理**：电磁阀具有以 10bar 为单位，最大为 7L/min 的流量；由控制单元直接控制电流的范围为 0~2.5A，20℃时线圈的电阻为 2.5Ω。

◆ **系统压力**：蓄能罐保证泵的间歇运行；蓄能罐的完全充气保证了使用分离离合器/离合器接合的 3 次换档负载；运行的额定压力：20℃时 45~50bar；-30℃时 35~44bar。

六、电控系统的控制原理

自动变速器计算机除用于控制变速器本身的工作外，还通常与其他系统的计算机相连，如发动机控制系统计算机、巡航控制系统计算机、ABS 系统计算机等。从这些计算机中获取

第二章 传动系统

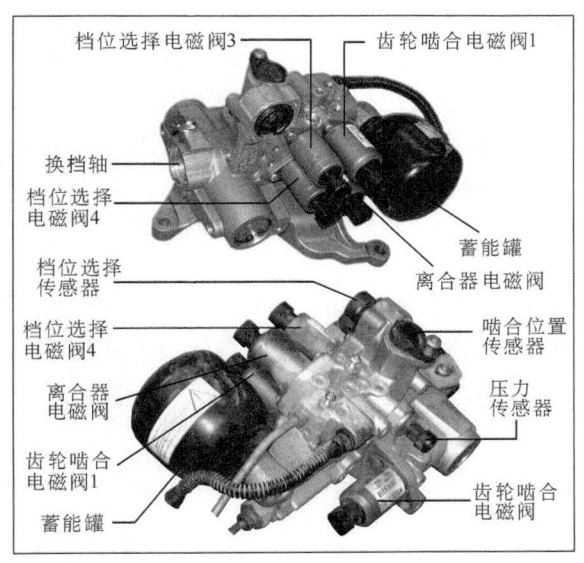

图 2-129 电磁阀

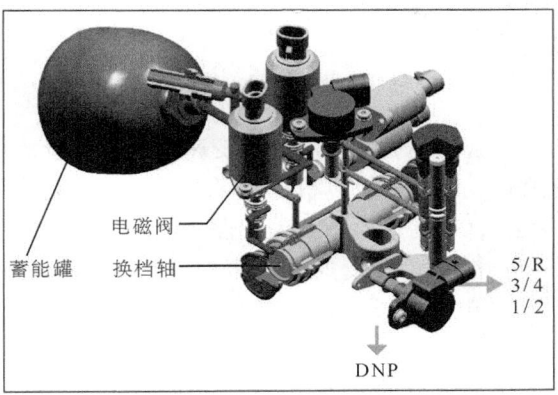

图 2-130 换档驱动机构原理图

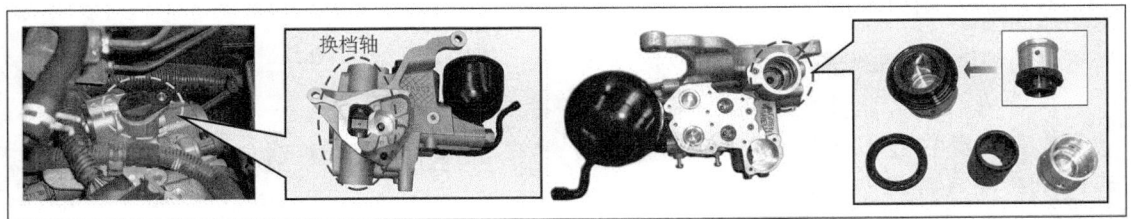

图 2-131 换档轴

与自动变速器有关的信号，或将自动变速器的工作情况通过电信号传给其他系统的计算机，使其他系统的工作与自动变速器相配合。有的车型的自动变速器与发动机共用一个计算机来控制，简化电路，并减少由于连接线路问题所引起的故障。

自动变速器电子控制过程：

在装备自动变速器 ECT 的汽车上，行星齿轮变速机构自动换档和液力变矩器自动锁止只有在汽车前进时才能实现，在"P"和"N"时，变速器为纯机械控制而非电子控制。

自动变速系统在 ECT、ECU 的控制下，当变速杆处于"P"位或"N"位时，起动继电器线圈电路才能接通，发动机才能被起动。当变速杆处于"D"位、"L"位、"2"位、"R"位时，起动继电器线圈不能接通，发动机不能起动。

发动机起动后，当变速杆拨到前进档位时，ECT、ECU 便根据驱动模式选择开关工作状态选择相应的换档规律，并根据节气门开度和车速等信号自动控制变速器换档时机和液力变矩器锁止时机。车速传感器、节气门位置传感器和控制开关信号随时输入 ECT、ECU，输入回路和模数转换电路对这些信号进行处理，转换成 CPU 能够识别的电信号，CPU 按照一定频率对其进行采样，并将采样信号与预先存储在只读存储器 ROM 中的换档参数进行比较运算或逻辑判断，从而确定是否换档和锁止液力变矩器。当采样得到的车速信号、节气门开

65

度信号和控制开关信号与最佳换档参数或锁止参数一致并确定升档或降档以及锁止变矩器时，CPU便向电磁阀发出控制指令，控制换档执行机构换档或锁止液力变矩器。电磁阀控制换档阀动作，换档阀移动就会改变换档离合器和制动器的油路，从而实现自动换档。

各种车型自动变速器的电子控制装置的形式和布置，因计算机和控制程序的不同，以及传感器、执行器和控制开关的不同而有较大的差别，但在控制内容上仍有许多相似之处。

（一）换档控制原理

换档控制即控制自动变速器的换档时刻，也就是在汽车达到某一车速时，让自动变速器升档或降档。计算机控制可以让自动变速器在汽车的任何行驶条件下都按最佳换档时刻进行换档，从而使汽车的动力性和经济性等指标达到最佳。

汽车自动变速器的操纵手柄或模式开关处于不同位置时，对汽车的使用要求不同，换档规律也不同，通常计算机将汽车在不同使用要求下的最佳换档规律以自动换档图的形式储存在存储器中。自动换档控制原理如图2-132所示。

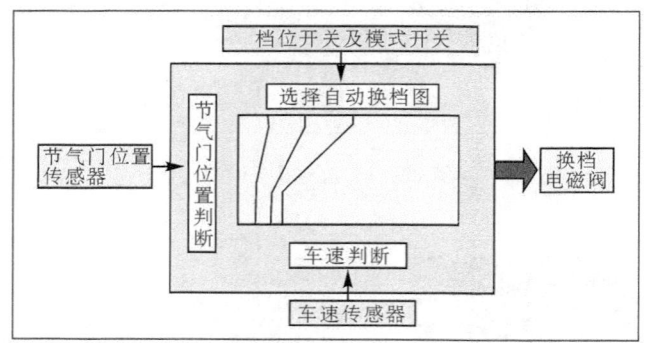

图2-132 自动换档控制原理框图

自动换档控制工作原理：

汽车在行驶时，计算机根据模式开关和变速杆的信号从存储器中选出相应的自动换档图，再将车速传感器、节气门位置传感器测得的车速、节气门开度与所选的自动换档图进行比较。如在一定节气门开度下行驶的汽车达到设定的换档车速时，计算机便向换档电磁阀发出电信号，由电磁阀的动作决定压力油通往各操纵元件的流向，以实现档位的自动变换。

在汽车行驶过程中，ECT、ECU随时接收的信息包括：档位开关提供的变速杆的位置（"D"位、"2"位或"L"位）信号，驱动模式选择开关提供的驾驶人选择的换档规律（"NORM"、"PWR"或"ECON"）信号，节气门位置传感器提供的发动机节气门开度（即发动机负荷）信号，No.1、No.2车速传感器提供的汽车行驶速度信号。除此之外，还要接收发动机ECU和巡航控制ECU输送的解除超速行驶信号。图2-133所示为换档时机控制过程框图。

ECT、ECU首先根据空档起动开关提供的变速杆在前进档（"D"位、"2"位或"L"位）的位置信号和驾驶人选择的驱动模式开关信号选择换档规律；再将节气门位置传感器和车速传感器输入的信号与预先存储在只读存储器（ROM）中的节气门开度和车速数据进行比较，从而确定换档时间。自动变速器中换档离合器和制动器的控制油路使离合器和制动器接合或分离，从而实现自动换档。

当车速和节气门开度达到选定换档规律的最佳换档时机时，立即向No.1、No.2电磁阀发出通电或断电指令，控制阀体中的换档阀动作；换档阀阀芯移动时，就会接通或关闭行星齿轮变速器中换档离合器和制动器的控制油路，使离合器和制动器接合或分离，从而实现自动换档。

汽车最佳换档车速主要取决于汽车行驶时的节气门开度。不同节气门开度下的最佳换档车速可以用自动换档图来表示，如图2-134所示。由图2-134可知，节气门开度越小，汽车

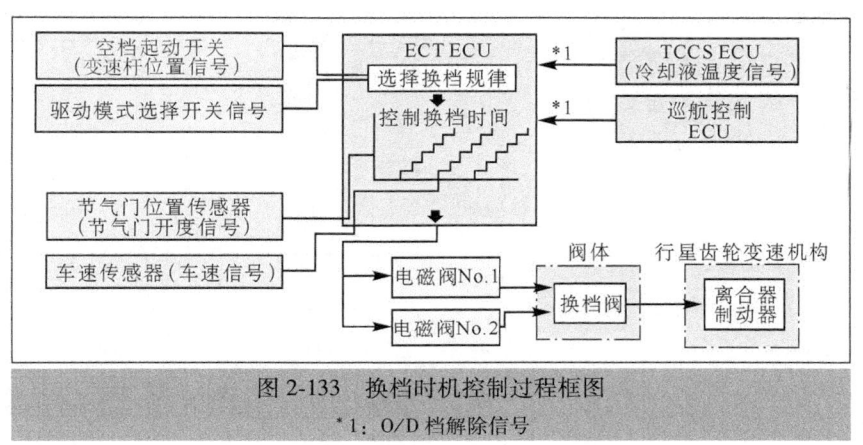

图 2-133 换档时机控制过程框图
*1：O/D 档解除信号

的升档车速和降档车速越低；反之，汽车升档和降档车速越高。

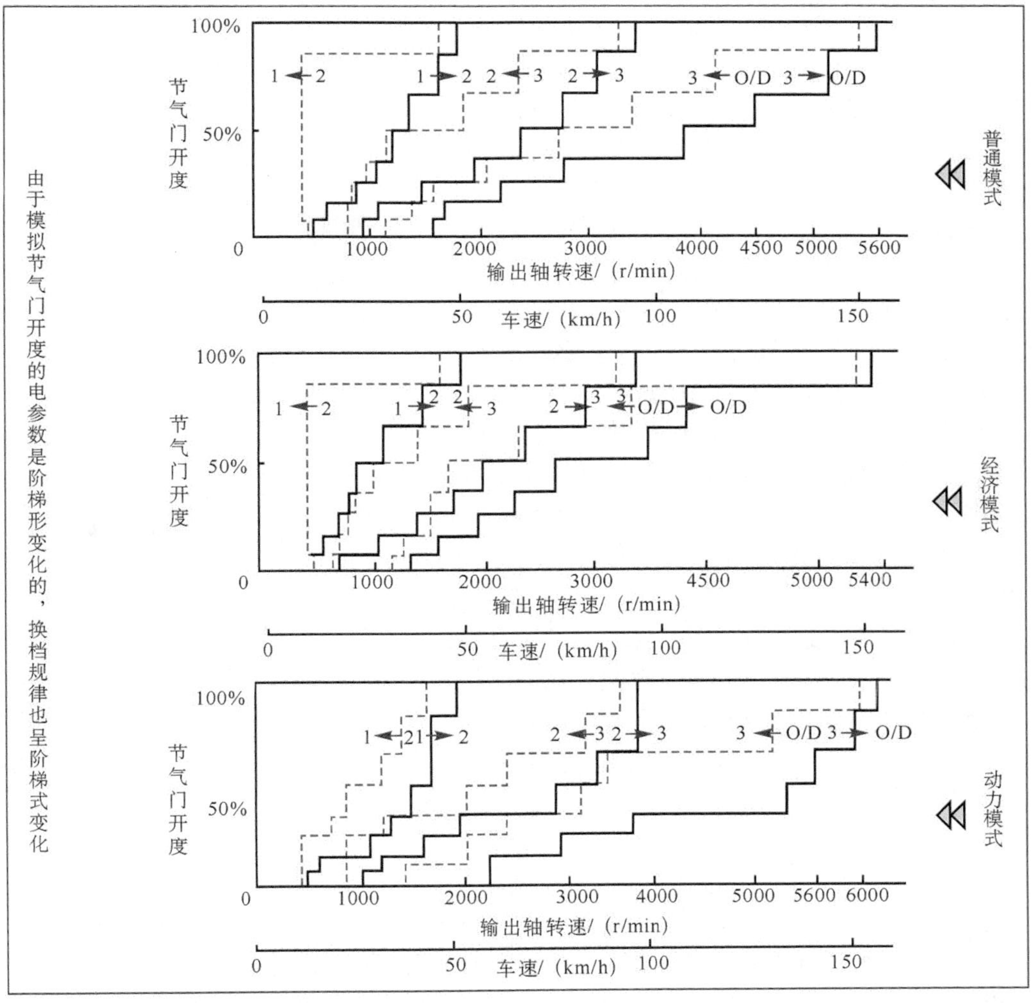

图 2-134 自动变速器在"D"位时的换档规律

节气门开度相同时，动力模式的各档升档车速及降档车速都要比经济模式各档升档车速及降档车速高，升档车速越高，加速动力性能越好；反之，升档车速低，则燃油经济性就越好。

图2-135所示为变速杆在"S"位时的换档规律。此时无超速档，2档使用车速达110km/h以上，且2档升3档及3档降2档与节气门无关，若使用动力模式换档规律，则只能在1档工作，没有升档。

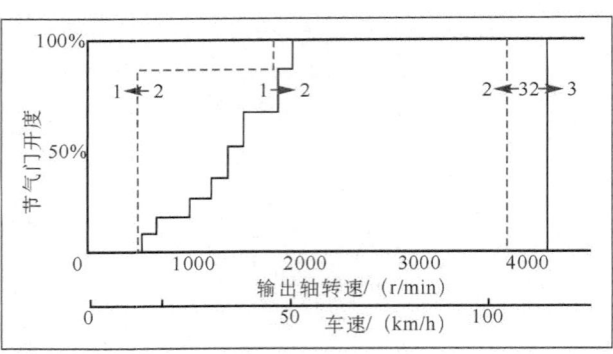

图2-135　自动变速器在"S"位时的换档规律

（二）车速控制原理

电子车速控制系统能自动控制车速，使汽车按选定的速度稳定行驶，无需驾驶人反复调节节气门开度。当然，在必要时也可脱开这种自动方式，转而由驾驶人控制车速。

电子车速控制系统由电子控制单元（ECU）和真空执行机构组成，后者包括真空调节器、节气门驱动伺服膜盒、车速控制开关和制动踏板上的真空解除开关等部分，如图2-136所示。

正常行驶时，在发动机进气管负压和真空调节器供给定量空气的共同作用下，伺服膜盒内保持一定的真空度，控制汽车按预定速度稳定行驶。

当汽车以巡航方式在超速档行驶时，若实际行驶车速低于标准车速4km/h以上，巡航控制单元将向ECU发出信号，要求自动退出超速档。这种控制功能还可以防止自动变速器在发动机冷却液温度低于60℃时进入超速档工作。

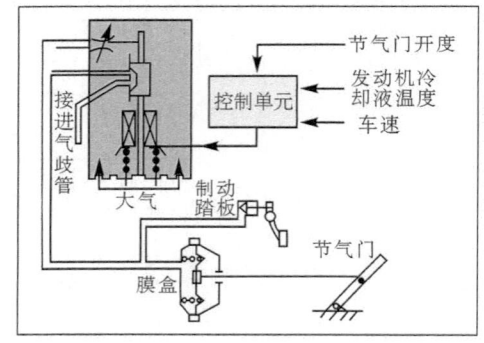

图2-136　电子车速控制系统

计算机按车速传感器提供的车速信号控制真空机构工作。根据计算机的输出信号，电磁阀可调节控制进入该机构的新鲜空气量，从而能控制作用于伺服膜盒内的真空度。当车速低时，真空调节器供给的空气量减少，使伺服膜盒内的真空度增加，通过膜片的移动，使节气门开大。反之，当车速高于控制车速时，真空调节器供给的空气量就会增加，伺服膜盒内的真空度降低，使节气门开度减小。

（三）自动模式控制原理

在有模式开关的电子控制自动变速器上，驾驶人可以通过该开关来改变自动变速器的控制模式，目前一些新型的电子控制自动变速器由于采用了新型的计算机，具有很强的运算和控制功能，并具有一定的智能控制能力，因此这种自动变速器可以取消模式开关，由计算机进行自动模式选择控制。计算机通过各个传感器测得汽车行驶状况和驾驶人的操作方式，经过运算分析，自动选择采用经济模式、动力模式或普通模式进行换档控制，以满足不同的行驶要求。

① 当变速杆位于前进低档（"S"位或"2"位、"L"位或"1"位）时，计算机只选择动力模式。

② 在前进档（"D"位）：当加速踏板被踩下的速率较低时，计算机选择经济模式；当加速踏板被踩下的速率超过控制程序中所设定的速率时，计算机由经济模式转变为动力模式。

③ 在前进档（"D"位）：计算机选择动力模式时，一旦节气门开度低于12.5%，换档规律即由动力模式转换为经济模式。

（四）锁止离合器控制原理

计算机内储存有不同行驶模式下控制锁止离合器工作的程序，根据车速传感器和节气门位置传感器发出的信号，计算机可以控制锁止电磁阀的开和关，从而控制锁止离合器的接合或分离。

计算机在以下几种情况下可强制解除锁止：当汽车采取制动或节气门全闭时，为防止发动机熄火好一点，计算机切断通向锁止电磁阀的电路，强行解除锁止。在自动变速器升降档过程中，计算机暂时解除锁止，以减小换档冲击。如果发动机冷却液的温度低于60℃，锁止离合器应处于分离状态，加速变速器预热，提高总体驾驶性能。

目前许多新型电子控制自动变速器采用脉冲式电磁阀作为锁止电磁阀，计算机在控制锁止离合器接合时，通过改变脉冲电信号的占空比，让锁止电磁阀的开度逐渐增大，以减小锁止离合器接合时产生的冲击，使锁止离合器的接合过程变得柔和。

（五）换档品质控制原理

在自动变速器换档时，计算机发出延迟发动机点火的信号，通过控制发动机转矩保证换档平顺。另外，计算机还可通过调压电磁阀调节行星齿轮系统执行机构的工作压力，使执行元件柔和地接合，进一步提高换档质量。

（六）油压控制原理

电液式控制系统中的主油路油压也是由主油路调压阀调节的。并且主油路油压应随发动机负荷增大而增高，以满足传递大功率时对离合器、制动器等执行元件液压缸工作压力的要求。

目前不少新型电控式自动变速器的电液式控制系统已完全取消了由节气门拉索或节气门真空阀控制的节气门阀，而以一个油压电磁阀来产生节气门油压。油压电磁阀是脉冲式电磁阀，计算机根据节气门位置传感器测定的节气门开度，控制发往油压电磁阀的脉冲信号的占空比，以改变油压电磁阀排油孔的开度，使主油路油压随节气门开度而变化。节气门开度越大，脉冲电信号的占空比越小，油压电磁阀的排油孔开度越小，节气门油压也就越大。节气门油压被作为控制油压反馈到主油路调压阀，使主油路调压阀随着节气门开度的变化调节主油路压力的高低，以获得不同发动机负荷下主油路压力的最佳值，并将驱动油泵所需的动力减少到最小。

(七) 发动机制动控制原理

现在一些新型电控式自动变速器的强制离合器或强制制动器(为利用发动机的制动作用而设置的执行元件)的工作也是由计算机通过电磁阀来控制的,计算机按照设定的控制程序,在变速杆位置、车速及节气门开度等满足一定条件时,向强制离合器电磁阀或强制制动器电磁阀发出电信号,打开强制离合器或强制制动器的控制油路,使之接合或制动,让自动变速器具有反向传递动力的能力,从而在汽车滑行时可以实现发动机制动。

(八) 故障自诊断和失效保护

电控自动变速器一般在计算机内设有专门的故障自诊断电路。它在汽车行驶过程中不停地监测自动变速器电子控制装置中所有传感器和部分执行器的工作。一旦发现故障,计算机将故障信息以故障码的形式储存在计算机的存储器内,只要不拆除汽车蓄电池,被测到的故障码就不会消失。大部分汽车是以超速档指示灯作为故障警告灯的,若超速档指示灯亮起后,按动超速档开关也不能将它熄灭,即说明电子控制装置发生故障。检修人员可用专用仪器,从诊断插座处读出故障码,找到发生故障的部件。故障排除后,必须通过特定的程序清除故障码。

车速传感器和电磁阀是 ECT 电控系统的重要部件。当电磁阀或车速传感器及其电路出现故障时,ECT、ECU 将利用其备用功能,配合变速杆和手控阀工作,使汽车继续行驶到维修站进行维修,此功能称为失效保护功能。

1. 电磁阀电路失效保护的控制

当 No.1、No.2 电磁阀正常时,在汽车行驶过程中,ECT、ECU 通过控制 No.1 和 No.2 电磁阀通电或断电,即可控制换档阀切换换档元件油路,使变速器从 1 档升到 O/D 档或从 O/D 档降到 1 档。

当 No.1、No.2 电磁阀中的某一只电磁阀电路发生短路或断路故障时,ECT、ECU 仍能继续控制另一只电磁阀通电或断电,使变速器进行部分档位变换。电磁阀的失效保护功能见表 2-2。

表 2-2 ECT 换档电磁阀 No.1、No.2 失效保护功能

档位	正常状态			No.1 电磁阀故障			No.2 电磁阀故障			No.1、No.2 电磁阀故障
	传动档位	电磁阀		传动档位	电磁阀		传动档位	电磁阀		手动操纵时换档执行元件的排档
		No.1	No.2		No.1	No.2		No.1	No.2	
D	1档	通电	断电	×	通电	3档	通电	×	1档	O/D档
D	2档	通电	通电	×	通电	3档	断电	×	O/D档	O/D档
D	3档	断电	通电	×	断电	3档	断电	×	O/D档	O/D档
D	O/D档	断电	断电	×	断电	O/D档	断电	×	O/D档	O/D档
2 或 S	1档	通电	断电	×	断电	3档	通电	×	1档	3档
2 或 S	2档	通电	通电	×	通电	3档	断电	×	3档	3档
2 或 S	3档	断电	通电	×	通电	3档	断电	×	3档	3档
L	1档	通电	断电	×	断电	1档	通电	×	1档	1档
L	2档	通电	通电	×	通电	2档	通电	×	1档	1档

注:"×"号表示失效。

如果No.1电磁阀电路发生短路或断路，ECT、ECU将继续控制No.2电磁阀通电或断电，使变速器按表中"No.1电磁阀故障"时所示的档位换档；如果No.2电磁阀电路发生短路或断路，ECT、ECU将继续控制No.1电磁阀通电或断电，使变速器按表中"No.2电磁阀故障"时所示的档位换档；如果No.1和No.2电磁阀都发生故障，则电控系统不能自动控制换档，此时只能由手动操纵换档。手动换档时，变速杆将操纵手控阀按表中"No.1、No.2电磁阀故障"时所示的档位换档。

由表可见，当电磁阀或其电路故障时，多数排档都比电磁阀正常时偏高。例如，当两只电磁阀都发生故障时，如果变速杆拨到"D"位，排档则为O/D档；如果拨到"2（或S）"位，排档则为3档。因为排档越高，传动比越小，车速越快，所以在使用中，必须根据行驶条件（平坦路面、坡道弯道、城市道路或野外公路等等）慎重选择变速杆位置，以免车速过高而导致发生事故。

2. 车速传感器电路失效保护的控制

自动变速器中一般采用两个（No.1和No.2）车速传感器，No.1车速传感器为备用传感器。当No.1、No.2车速传感器正常时，ECT、ECU只利用No.2车速传感器信号控制换档；当No.2车速传感器或其电路发生故障时，ECT、ECU将利用No.1车速传感器信号控制换档；当No.1和No.2车速传感器都发生故障时，ECT、ECU将无法控制自动换档，汽车只能在一档行驶而无其他档位；ECT、ECU既不会使O/D OFF指示灯闪亮向驾驶人报警，也不会存储任何故障码。

七、电控系统的控制阀

电液式控制系统的控制阀也是采用由各种控制阀组成的阀体，它和液压式控制系统的阀体具有相似的结构。早期的电液式控制系统阀体中的换档阀和变矩器锁止控制阀的工作由计算机通过电磁阀来控制，其余的控制阀（如主油路调压阀、手动阀、节气门阀及强制降档阀等）的结构、工作原理与液压式控制系统基本相同。目前新型电液式自动变速器的阀板除了换档阀和变矩器锁止离合器的锁止控制阀的工作由计算机通过电磁阀来控制之外，还取消了由节气门拉索操纵的节气门阀，而使用由计算机控制的油压电磁阀来产生节气门油压，并让主油路调压阀的工作受控于油压电磁阀。

（一）换档阀

电液式控制系统换档阀的工作完全由换档电磁阀控制。其控制方式有两种：一种是加压控制，即通过开启或关闭换档阀控制油路进油孔来控制换档阀的工作；另一种是泄压控制，即通过开启或关闭换档阀控制油路的泄油孔来控制换档阀的工作。加压控制方式的工作原理如图2-137所示。

有4个前进档的自动变速器通常有3个换档阀。这3个换档阀可以分别由3个换档电磁阀来控制，也可以只用两个电磁阀来控制，并通过3个换档阀之间油路的互锁作用实现4个档位的变换。目前大部分电子控制自动变速器采用由两个电磁阀操纵3个换档阀的控制方式。这种换档控制的工作原理如图2-138所示，它采用泄压控制的方式。由图2-138可知，1~2档换档阀和3~4档换档阀由电磁阀A控制，1~3档换档阀则由电磁阀B控制。电磁阀不通电时关闭泄油孔，来自手动阀的主油路压力油通过节流孔后作用在各换档阀右端，使阀

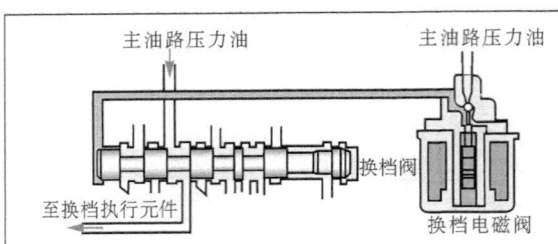
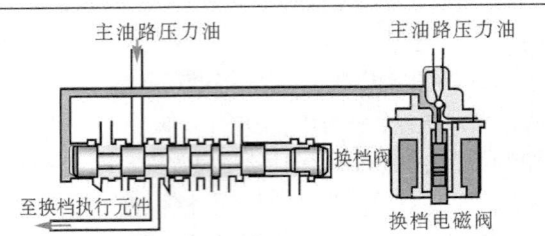

a) 当电磁阀关闭时，没有油压作用在换档阀左端，换档阀在右端弹簧力的作用下移向左端

b) 当电磁阀开启时，压力油作用在换档阀左端，使换档阀克服弹簧力右移，从而改变油路，实现档位变换

图 2-137　电液式控制系统换档阀的工作原理

芯克服弹簧力左移，电磁阀通电时泄油孔开启，换档阀右端压力油被泄空，阀芯在左端弹簧力的作用下右移。

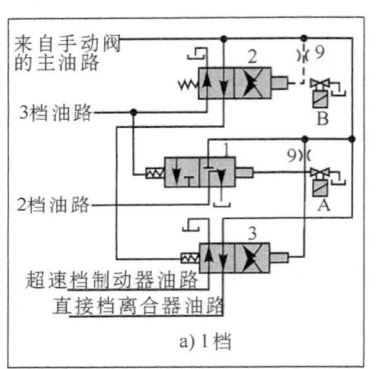
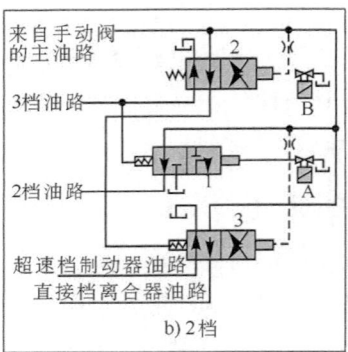

图 a 所示为 1 档，此时电磁阀 A 断电，电磁阀 B 通电，1~2 档换档阀阀芯左移，关闭 2 档油路；2~3 档换档阀阀芯右移，关闭 3 档油路。同时使主油路油压作用在 3~4 换档阀阀芯左端，让 3~4 换档阀阀芯停留在右位

a) 1 档

图 b 所示为 2 档，此时电磁阀 A 和电磁阀 B 同时通电，1~2 档换档阀右端油压下降，阀芯右移，打开 2 档油路

b) 2 档

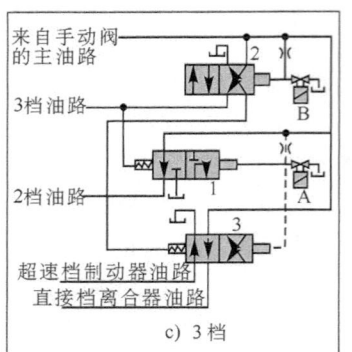
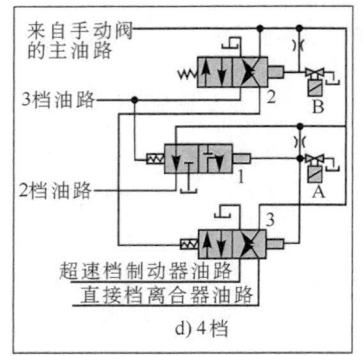

图 c 所示为 3 档，此时电磁阀 A 通电，电磁阀 B 断电，2~3 档换档阀右端油压上升，阀芯左移，打开 3 档油路。同时使主油路压作用在 1~2 档换档阀左端，并让 3~4 换档阀阀芯左端控制压力泄空

c) 3 档

图 d 所示为 4 档，此时电磁阀 A 和电磁阀 B 均不通电，3~4 换档阀阀芯右端控制压力上升，阀芯左移，关闭直接档离合器油路，接通超速档制动器油路。由于 1~2 换档阀阀芯左端作用着主油路油压，虽然右端有压力油作用，但阀芯仍保持在右端不能左移

d) 4 档

图 2-138　电控自动变速器换档液压系统原理
注：A、B 为换档电磁阀，1 为 1~2 档换档阀，2 为 2~3 档换档阀，3 为 3~4 档换档阀

（二）锁止离合器控制阀

电控式自动变速器的锁止电磁阀采用开关式电磁阀，主油路压力油经节流孔作用在锁止离合器控制阀的右端（图2-139），锁止离合器控制阀的左端作用着弹簧力。

接合状态： 当车速、节气门开度等因素满足锁止条件时，计算机向锁止电磁阀发出信号，电磁阀排油孔关闭，作用在锁止离合器控制阀右端的控制油压上升，阀芯在右端控制油压的作用下左移，此时锁止离合器活塞右侧的自动变速器油经锁止离合器控制阀泄压，活塞左侧的变矩器油压将活塞压紧在变矩器壳体上，使锁止离合器处于接合状态。

分离状态： 当车速、节气门开度等因素未达到锁止条件时，锁止电磁阀不通电，电磁阀的排油孔开启，作用在锁止离合器控制阀右端的控制油压下降，使阀芯在弹簧的作用下处于右位，来自变矩器阀的压力油经锁止离合器控制阀同时作用在变矩器内锁止离合器活塞两侧，从而使锁止离合器处于分离状态。

另一种是目前用于一些新型的电控式自动变速器上，锁止电磁阀采用脉冲式电磁阀，使计算机可以利用脉冲电信号占空比大小来调节锁止电磁阀的开度，以控制作用在锁止离合器控制阀右端的油压，由此调节锁止离合器控制阀左移时排油孔的开度，从而控制锁止离合器活塞右侧油压的大小，如图2-140所示。

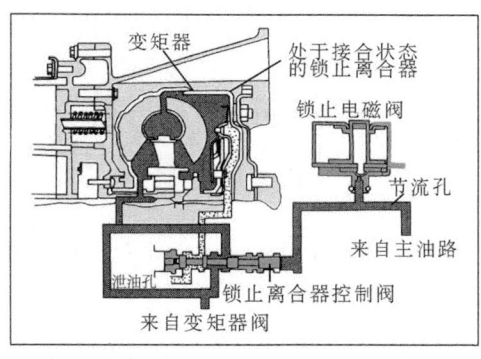

图2-139 接合状态（开关式电磁阀）

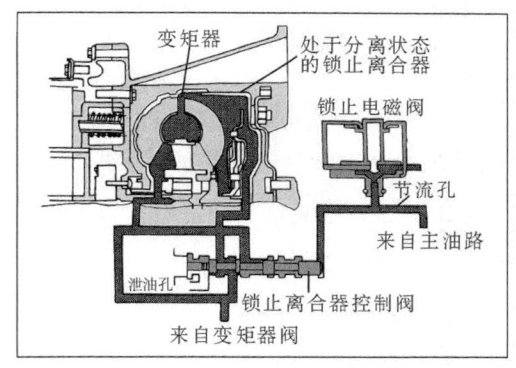

图2-140 分离状态（开关式电磁阀）

当作用在锁止电磁阀上的脉冲电信号的占空比为0时，电磁阀关闭，没有油压作用在锁止离合器控制阀右端，此时锁止离合器活塞左右两侧的油压相同，锁止离合器处于分离状态。

当作用在锁止电磁阀上的脉冲电信号的占空比较小时，电磁阀的开度和作用在锁止离合器控制阀右端的油压以及锁止控制阀左移打开的排油孔开度均较小，锁止离合器活塞左右两侧油压差以及由此而产生的锁止离合器接合力也较小，使锁止离合器处于半接合状态，如图2-141所示。

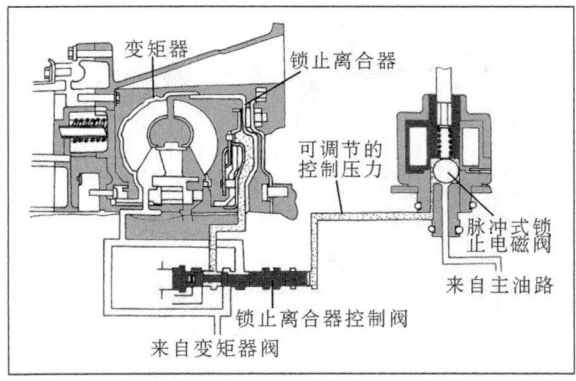

图2-141 电控系统锁止离合器控制阀工作原理（脉冲式电磁阀）

脉冲信号的占空比大，锁止离合器左右两侧的油压差以及锁止离合器的接合力也越大。当脉冲电信号的占空比达到一定数值时，锁止离合器即可完全接合。这样，计算机在控制锁止离合器接合时，可以通过电磁阀来调节其接合速度，让接合力逐渐增大，使接合过程更加柔和。有些车型的自动变速器计算机还具有滑动锁止控制程序，也就是在汽车的行驶条件已接近但尚未达到锁止控制程序所要求的条件时，先让锁止离合器处于磨滑状态（即半接合状态），变矩器处于半机械半液力传动工况。

第五节 驱 动 桥

一、驱动桥的结构形式

驱动桥由主减速器、差速器、半轴和驱动桥壳等组成。 其主要功用是：将万向传动装置传来的发动机动力经过降速，将增大的转矩分配到驱动车轮。

驱动桥按结构形式一般可分为非断开式和断开式两种。

（一）非断开式驱动桥

非断开式驱动桥也称为整体式驱动桥，它由驱动桥壳、主减速器、差速器和半轴组成。

驱动桥壳由中间的主减速器壳和两边与之刚性连接的半轴套管组成，通过悬架与车身或车架相连。两侧车轮安装在此刚性桥壳上，半轴与车轮不可能在横向平面内做相对运动。

输入驱动桥的动力首先传到主减速器主动小齿轮，经主减速器减速后转矩增大，再经差速器分配给左右两半轴，最后传至驱动车轮，如图2-142所示。

（二）断开式驱动桥

为了与独立悬架相适应，驱动桥壳需要分为用铰链连接的几段，更多的是只保留主减速器壳（或带有部分半轴套管）部分，主减速器壳固定在车架或车身上，这种驱动桥称为断开

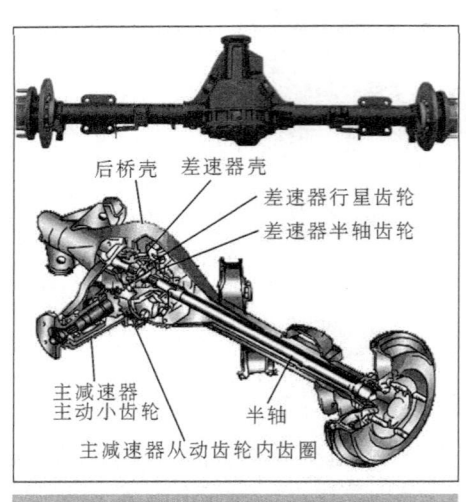

图2-142 非断开式驱动桥

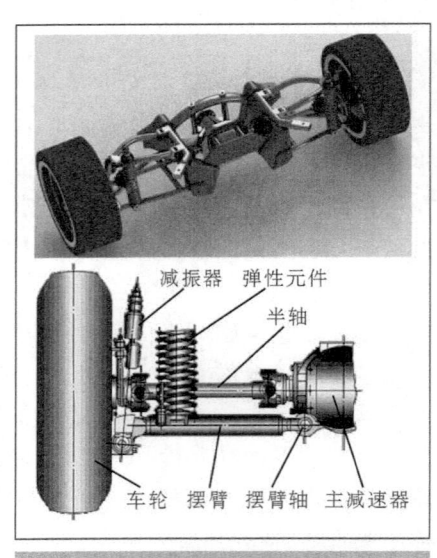

图2-143 断开式驱动桥

第二章 传动系统

式驱动桥。为了适应驱动轮独立上下跳动的需要，差速器与车轮之间的半轴也要分段，各段之间用万向节连接，如图2-143所示。

二、主减速器和差速器

（一）主减速器

主减速器由一对大小啮合斜齿轮构成，小齿轮与输出轴制成一体，大齿轮通过铆钉与差速器的外壳连在一起，如图2-144所示。

工作原理： 主减速器是在传动系中起降低转速、增大转矩作用的主要部件，当发动机纵置时还具有改变转矩旋转方向的作用。它是依靠齿数少的齿轮带齿数多的齿轮来实现减速的，采用锥齿轮传动则可以改变转矩旋转方向。将主减速器布置在动力向驱动轮分流之前的位置，有利于减小其前面的传动部件（如离合器、变速器及传动轴等）所传递的转矩，从而减小这些部件的尺寸和质量。

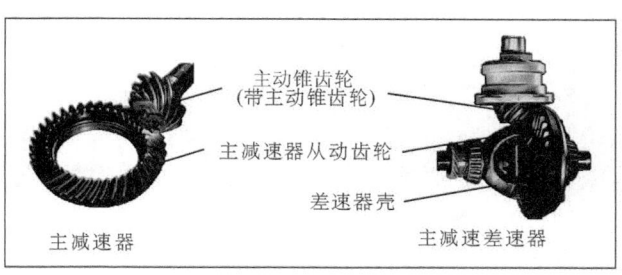

图2-144 主减速器实物与安装位置

主减速器结构种类：

按参加减速传动的齿轮副数，分为单级式主减速器和双级式主减速器。

按主减速器传动比档数，分为单速式和双速式两种。

按减速齿轮副结构形式，分为圆柱齿轮式、锥齿轮和准双曲面齿轮等形式。

（二）差速器

1. 差速器的作用与分类

从图2-145中可见，差速器的作用是把转矩从传动轴传递到半轴和车辆的驱动轮。在前轮驱动的汽车上，差速器布置在变速驱动桥内，成为整个系统的一部分。由发动机发出的转矩通过变速器传递到差速器，然后由差速器把转矩分开，传送到驱动轮。

按照差速器的工作特性可以分为普通齿轮式差速器和防滑限速式差速器。

2. 差速器的结构

（1）普通齿轮式差速器 主减速器的主动锥齿轮用铆钉或螺栓固定在差速器壳的凸缘上。装配时，十字形的行星齿轮轴的四个轴颈嵌在差速器壳相应的孔内，差速器壳的剖分面通过行星齿轮轴各轴颈轴

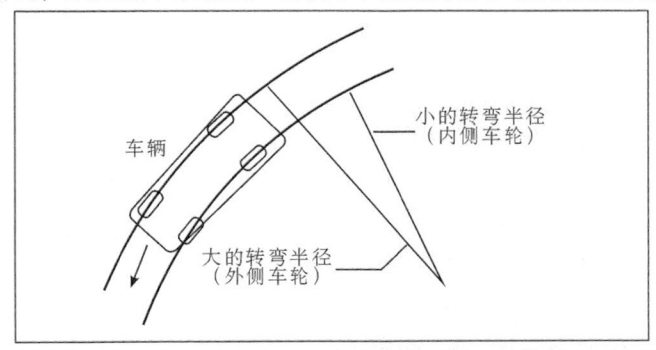

图2-145 当车辆转弯时，后轮转动速度不同，这就需要有差速器

车轮转弯速度不同的原因，内侧后轮转弯半径较外侧小。当两侧后轮以不同的速度转动时，差速器保持把动力相等地传递到两侧后轮

75

线。每个轴颈上浮套着一个行星齿轮，它们均与两个半轴齿轮啮合。而半轴齿轮分别支承在差速器壳相应的左右座孔中，并用花键与半轴相连。动力自主减速器从动锥齿轮依次经差速器壳、十字轴、行星齿轮、半轴齿轮及半轴输出给驱动轮。当两侧车轮以相同转速转动时，行星齿轮绕半轴轴线转动——公转。若两侧车轮阻力不同，则行星齿轮在做上述公转运动的同时，还绕自身轴线转动——自转，因此两半轴齿轮可带动两侧车轮以不同转速转动。对称式锥齿轮式差速器如图2-146所示。

由于行星齿轮和半轴齿轮是锥齿轮传动，在传递转矩时，沿行星齿轮和半轴齿轮的轴线作用着很大的轴向力，而齿轮和差速器壳间又有相对运动，所以为减少齿轮和差速器壳体之间的磨损，在半轴齿轮和差速器壳之间装着止推垫片，而在行星齿轮与差速器壳之间装着球面垫片。当汽车行驶到一定里程时，垫片磨损后可换上新垫片，以提高差速器的使用寿命。垫片通常用铜或者聚甲醛塑料制成。

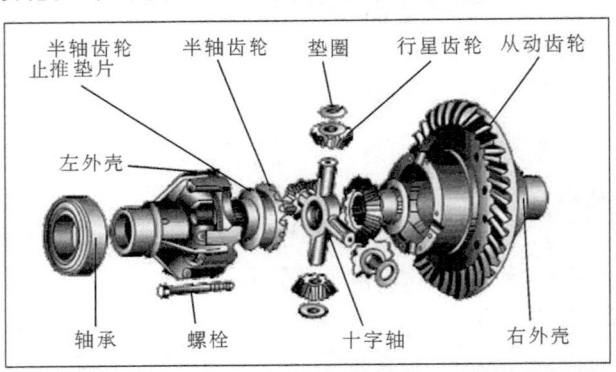

图2-146　对称式锥齿轮式差速器

为保证行星齿轮和十字轴轴颈之间有良好的润滑，在十字轴轴颈上铣出一个平面，并在行星齿轮的齿间钻有油孔。

差速器靠主减速器壳体中的润滑油润滑。在差速器壳体上开有窗口，供润滑油进出。

一般中级以下的轿车，因主减速器输出的转矩不大，故可用两个行星齿轮，因而行星齿轮轴相应为一根直轴，差速器壳也不必分成左右两半而制成整体式的，其前后两侧都开有大窗口，以便拆装行星齿轮和半轴齿轮。

上海桑塔纳轿车差速器即采用这种结构(图2-147)。差速器壳为一整体框架结构。行星齿轮轴装入差速器壳后用止动销定位。半轴齿轮背面也制成球面，其背面的止推垫片与行星齿轮背面的止推垫片制成一个整体，称为复合式止推垫片。螺纹套用来紧固半轴齿轮。

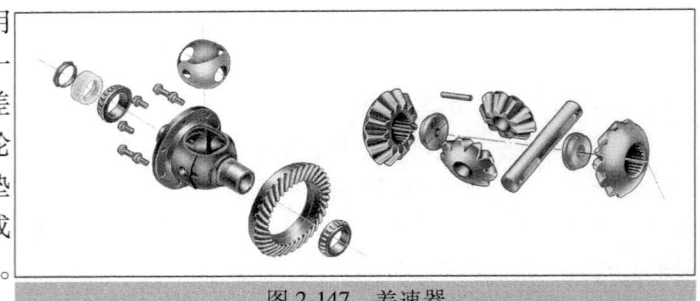

图2-147　差速器

（2）防滑差速器　普通差速器使汽车在通过坏路的行驶能力受到限制，如当一个驱动车轮接触到泥泞或冰雪路面时，即使另一驱动车轮是在附着力较好的路面上，汽车往往也不能行驶，这是由转矩平均分配的特点决定的。因此为了提高汽车的通过能力，某些越野汽车、高级轿车和轻型汽车上装用了防滑差速器。常用防滑差速器可分为人工强制锁止式和自锁式两大类。

强制锁止式差速器是在普通差速器上加装了一个差速锁，当需要时，由驾驶人操纵差速锁，使两半轴成为一个整体，使差速器不起作用，破坏了差速器平分转矩的特性，达到所需要的行驶要求。

自锁式差速器的种类很多，有摩擦片式、滑块凸轮式和变传动比式等。它们的共同点是在两驱动轮(轮间差速器)或两驱动桥(轴间差速器)转速不同时，不需人工操纵，会自动向慢转一方车轮多分配一些转矩，从而提高汽车的通过性和操纵的稳定性。

图 2-148 所示为摩擦片式自锁差速器，它是普通行星齿轮差速器的变形，十字轴的端部均切有凸 V 形斜面，差速器壳上与之相配合的孔较大，有凹 V 形斜面。两行星齿轮轴的 V 形斜面是反向安装的，壳体通过 V 形斜面向行星齿轮轴传递转矩，每个半轴齿轮的背面有压盘和主、从动摩擦片。压盘的内花键与半轴相连，从动盘的内花键与压盘相连，主动摩擦片的外花键与差速器壳相连，压盘与主、从动摩擦片均有微小的轴向移动。

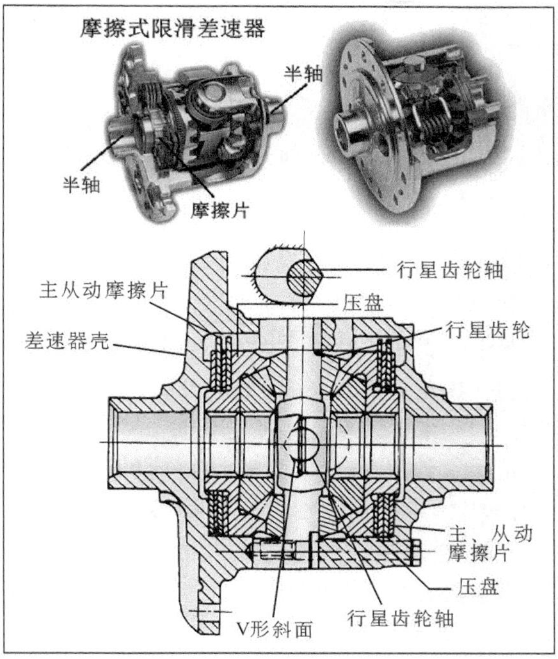

当汽车直线行驶、两半轴转速相等时，转矩平均分配给两半轴。由于差速器通过 V 形斜面驱动行星齿轮轴，便使两行星齿轮轴分别向左、右通过行星齿轮使压盘压紧摩擦片。这就如同离合器一样使摩擦片和压盘可传递转矩。因而，此时转矩是经两路传给半轴的：一路经齿轮传动，即经行星齿轮和半轴齿轮；另一路经摩擦传动，即摩擦片和压盘。

图 2-148 摩擦片式自锁差速器

当汽车一侧驱动车轮在泥泞路面上打滑时，两半轴转速不等，一侧高于差速器壳转速，一侧低于差速器壳转速，于是，经摩擦传给左右两半轴的转矩方向相反，快转一侧转矩与半轴的旋转方向相反，从而减小了对其分配的转矩，慢转一侧与半轴的旋转方向相同，从而加大了对其分配的转矩，即慢转比快转车轮分配转矩加大。

3. 差速器原理

它主要由两个行星齿轮、行星齿轮轴、驱动法兰轴齿轮、整体式差速器摩擦壳、差速器壳与主减速器从动齿轮一起组成的差速器安装壳体、驱动法兰、驱动法兰轴及驱动法兰轴组件的支承轴承和各种辅助连接件等组成。

行星锥齿轮差速器中各元件的工作关系可用图 2-149 来说明。

差速器壳与行星齿轮轴一起构成行星架，由于它和主减速器从动齿轮固连在一起，因此称之为主动件，设其角速度为 ω_0；驱动法兰轴齿轮 1 和 2 为从动件，其角速度为 ω_1 和 ω_2。A、B 两点分别为行星齿轮与两驱动法兰轴齿轮的啮合点。行星齿轮中心为 C，A、B、C 三点到差速器旋转轴线的距离均为 r。

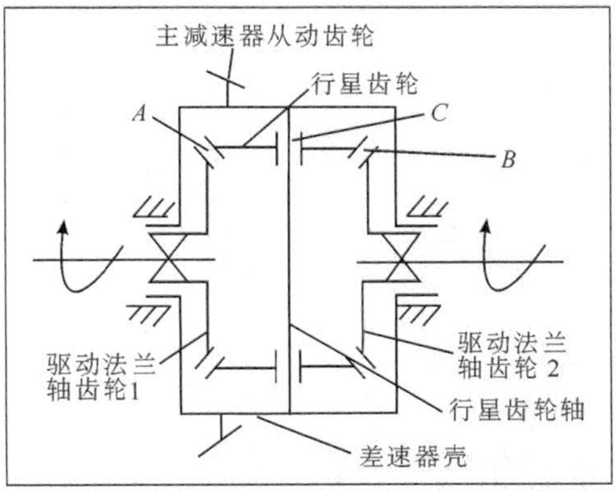

当行星齿轮仅随行星架绕差速器旋转轴线公转时，处在同一半径上的 A、B、C 三点的圆周速度均为 $\omega_0 r_0$，于是，$\omega_1 = \omega_2 = \omega_3$，即差速器如同一个刚体，它不起差速作用。

当行星齿轮除公转外，还绕自身的轴以角速度

图 2-149 差速器原理

ω_ψ 自转时，啮合点 A 的圆周速度为 $\omega_1 r = \omega_0 r + \omega_\psi r_\psi$，啮合点 B 的圆周速度为：$\omega_2 r = \omega_0 r - \omega_\psi r_\psi$。

$$\omega_1 r + \omega_2 r = (\omega_0 r + \omega_\psi r_\psi) + (\omega_0 r - \omega_\psi r_\psi)$$

即

$$\omega_1 + \omega_2 = 2\omega_0$$

若角速度以每分钟转数 n 表示，则

$$n_1 + n_2 = 2n_0$$

此式为对称式行星锥齿轮的运动特性方程式。它表明，左右两侧驱动法兰轴齿轮的转速之和等于差速器壳转速的 2 倍，而与行星齿轮转速无关。因此，在汽车转弯行驶或其他行驶情况下，都可以借行星齿轮以相应速度自转，使两侧驱动车轮以不同转速在地面上滚动而无滑动。由差速器运动特性方程式可知。

1）当差速器壳转速为 0 时，若一侧驱动法兰轴齿轮受其他外来力矩而转动，则另一侧驱动法兰轴齿轮以相同转速反向运转。

2）当任何一侧驱动法兰轴齿轮的转速为 0 时，另一侧驱动法兰轴齿轮的转速为差速器壳转速的 2 倍。

4. 差速器的检修

间隙调整要在环齿上用百分表进行，如图 2-150 所示。把百分表调零，前后拨动环齿检查间隙，注意百分表所示的间隔（间隙）量。如间隙大于制造商容许量，放松右侧螺母 1 个凹口，旋紧左侧螺母 1 个凹口；如间隙小于容许最小量，放松左侧螺母 1 个凹口，旋紧右侧螺母 1 个凹口。调整螺母位于轴承盖旁边。

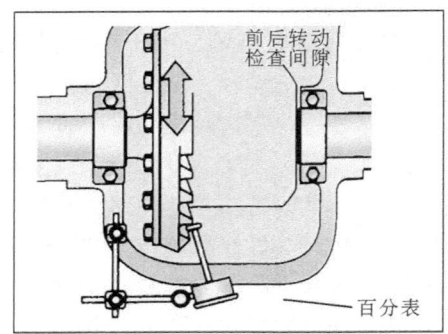

图 2-150　用百分表检验内齿圈与主动锥齿轮的间隙

主动锥齿轮也可检查和调整。一组垫片放置在主动锥齿轮顶和后轴承内座圈之间。增加垫片组使主动锥齿轮靠近环齿，减少垫片组使其离远环齿，如图 2-151 所示。

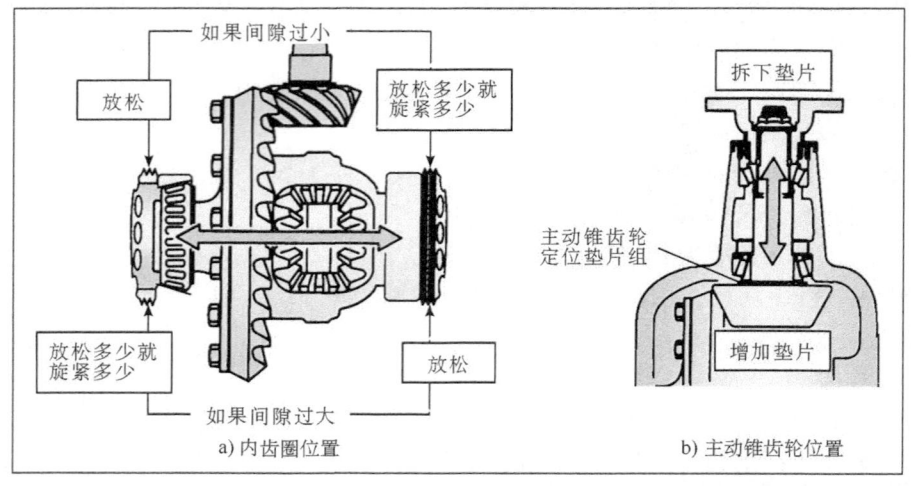

a) 内齿圈位置　　b) 主动锥齿轮位置

图 2-151　主动锥齿轮调整示意图

注：在调整内齿圈与主动锥齿轮时，本图显示了移动方向。垫片用于定位行星齿轮，轴承调整螺母用于定位环齿

用百分表检查差速器壳内半轴齿轮与行星齿轮之间的间隙。其间隙一般应为 0.001～0.006in(1in＝0.0254m,下同)。如间隙大于最大值则增加垫片,小于最小值则拆下垫片。一般 0.002in 垫片改变间隙 0.001in,如图 2-152 所示。

组装差速器时,必须检查主动锥齿轮的深度。对此可用各种现有的专用工具或百分表。用垫片调整行星齿轮的位置,要按制造商规定的具体步骤进行。

用一套塞尺检验半轴齿轮与变速器壳之间的间隙。通常的测量值为 0～0.006in。如间隙超过规定值,则须更换差速器壳,如图 2-153 所示。

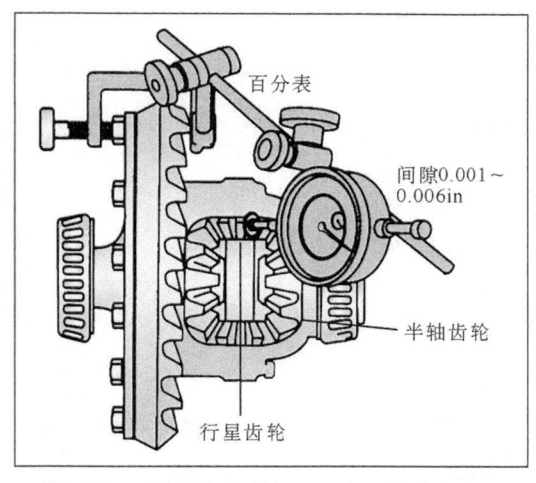

图 2-152 差速器壳内半轴齿轮与行星齿轮之间的间隙

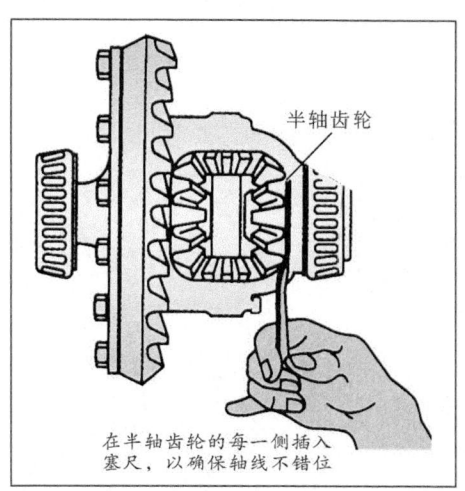

图 2-153 半轴齿轮与壳体的间隙用塞尺检查

三、半轴与桥壳

(一) 半轴

半轴是在差速器与驱动轮之间传递动力的实心轴,其内端用花键与差速器的半轴齿轮连接,而外端则用凸缘与驱动轮的轮毂相连。半轴齿轮的轴颈支承于差速器壳两侧轴颈的孔内,而差速器壳又以其两侧轴颈借助轴承直接支承在主减速器壳上。半轴与驱动轮的轮毂在桥壳上的支承形式决定了半轴的受力状况。现代汽车基本上采用全浮式半轴支承和半浮式半轴支承两种形式,如图 2-154 所示。

1. 全浮式半轴支承

全浮式半轴支承广泛应用于各种类型的货车上。图 2-155a 所示为全浮式半轴支承结构图,半轴外端锻出凸缘,借助螺栓和轮毂连接。轮毂通过两个相距较远的圆锥滚子轴承支承在半轴套管上。半轴套管与驱动桥壳压配一体,组成驱动桥壳总成。采用这样的支承形式,半轴与桥壳没有直接联系。

图 2-155b 所示为上述半轴支承形式的驱动桥的全浮式半轴受力示意图。图上标出了路面对驱动轮的作用力:垂直反力 F_z、切向反力 F_x 和侧向反力 F_y。垂直反力 F_z 和侧向反力 F_y 将造成使驱动桥在横向平面(垂直于汽车纵轴线的平面)内弯曲的力矩(弯矩);切向反力

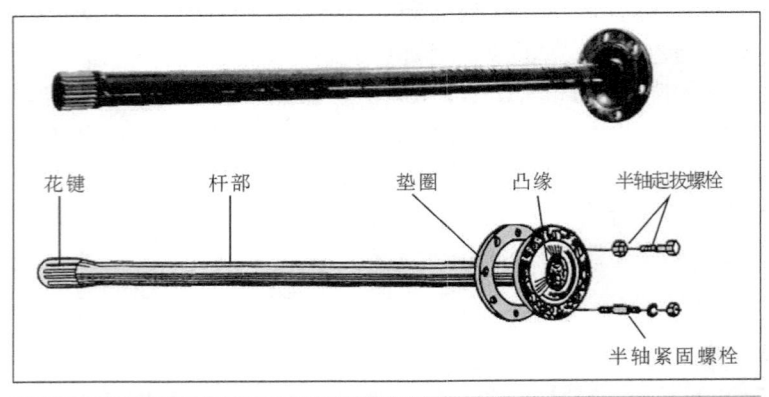

图 2-154 半轴结构图

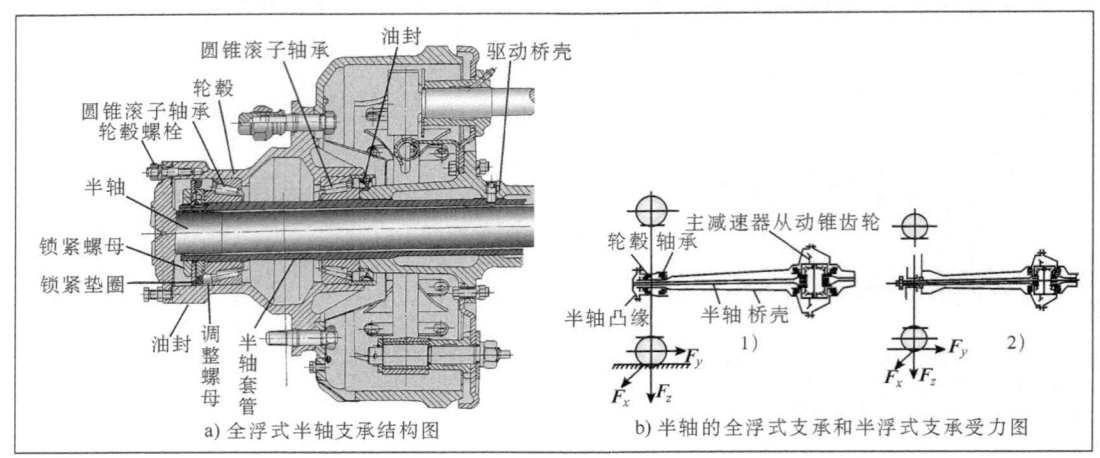

a) 全浮式半轴支承结构图 b) 半轴的全浮式支承和半浮式支承受力图

图 2-155 全浮式半轴结构图

F_x一方面造成对半轴的反转矩，另一方面也造成使驱动桥在水平面内弯曲的弯矩。反转矩直接由半轴承受。而 F_x、F_y、F_z 三个反力以及由它们形成的弯矩，便由轮毂通过两个轴承传给桥壳，完全不经半轴传递。在内端，作用在主减速器从动齿轮上的力及弯矩全部由差速器壳直接承受，与半轴无关。因此，这样的半轴支承形式，使半轴只承受转矩，而两端均不承受任何反力和弯矩，故称为全浮式支承形式。"浮"指卸除半轴的弯曲载荷而言。

为防止轮毂连同半轴在侧向力作用下发生轴向窜动，轮毂内的两个圆锥滚子轴承的安装方向必须使它们能分别承受向内和向外的轴向力。轴承的预紧度可借助调整螺母调整，并用锁紧垫圈和锁紧螺母锁紧。

全浮式支承的半轴也称为全浮式半轴，它易于拆装，只须拧下半轴凸缘上的螺钉，即可将半轴从半轴套管中抽出，而车轮与桥壳照样能支承住汽车。

2. 半浮式半轴支承

图 2-156 所示为半浮式半轴支承结构图。其半轴内端的支承方法与上述相同，即半轴内端不受力及弯矩。半轴外端是锥形的，锥面上切有纵向键槽，最外端有螺纹。轮毂有相应的锥形孔与半轴配合，用键连接，并用螺母固紧。半轴用圆锥滚子轴承直接支承在桥壳凸缘内。显然，此时作用在车轮上的各反力都必须经过半轴传给驱动桥壳。由于这种支承形式只

能使半轴内端免受弯矩，而外端却承受全部弯矩，故称为半浮式。

半浮式支承中，半轴与桥壳间的轴承一般只用一个，为使半轴和车轮不致被向外的侧向力拉出，该轴承必须能承受向外的轴向力。另外，在差速器行星齿轮轴的中部浮套着推力块，半轴内端正好能顶靠在推力块的平面上，因而不致在朝内的侧向力作用下向内窜动。

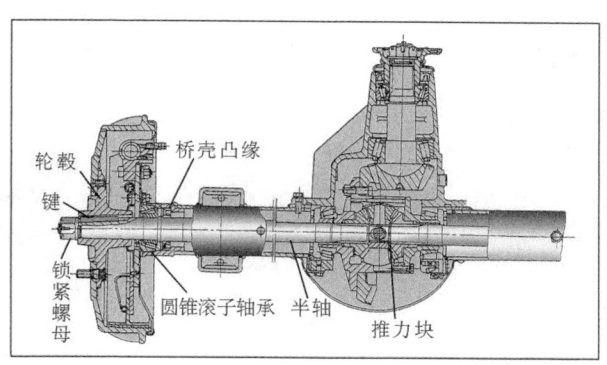

图 2-156 半浮式半轴支承结构图

半浮式支承半轴又称为半浮式半轴。由于其结构简单，广泛应用于反力和弯矩较小的各类轿车上。半轴本身的结构除上述两种最常见的形式外，还受驱动桥结构形式的影响。在转向驱动桥中，半轴应断开并以等角速万向节连接。在断开式驱动桥中，半轴也应分段并用万向节和滑动花键或伸缩型等角速万向节连接。

（二）桥壳

桥壳的作用与分类

驱动桥壳的功用是：支承并保护主减速器、差速器和半轴等；使左右驱动车轮的轴向相对位置固定；同从动桥一起支承车架及其上的各总成质量；汽车行驶时，承受由车轮传来的路面反作用力和力矩，并经悬架传给车架。

驱动桥壳应有足够的强度和刚度，且质量要小，并便于主减速器的拆装和调整。由于桥壳的尺寸和质量一般都比较大，制造较困难，故其结构形式在满足使用要求的前提下，要尽可能便于制造，如图 2-157 所示。

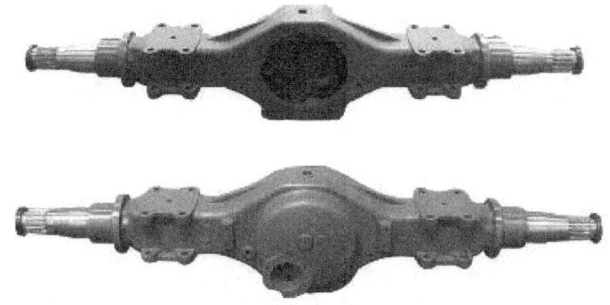

图 2-157 驱动桥壳

驱动桥壳从结构上可分为整体式桥壳和分段式桥壳两类。

（1）整体式桥壳　整体式桥壳因制造方法不同又有多种形式。常见的有整体铸造、钢板冲压焊接、中段铸造两端压入钢管、钢管扩张成形等形式。整体铸造桥壳（图 2-158），为增加强度和刚度，两端压入无缝钢管制成的半轴套管。

桥壳上有通气塞，保证高温下的通气，保持润滑油品质和使用周期。这种整体铸造桥壳刚度大、强度高及易铸成等强度梁形状，但因质量大，铸造品质不易保证，适用于中、重型货车以及国产微型客货车中，更多的用于重型货车上。

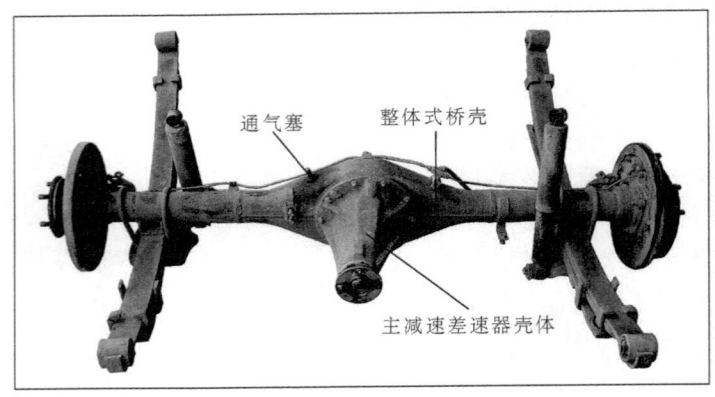

图 2-158 金杯海狮微型客货车整体式桥壳

钢板冲压焊接式桥壳具有质量小、制造工艺简单、材料利用率高、抗冲击性能好及成本低等优点,并适于大量生产。目前,在轻型货车和轿车上得到广泛采用。

图 2-159 所示为钢板冲压焊接式驱动桥壳,它主要由冲压成形的上下两个桥壳主件、四块三角形镶块、前后两个加强环、一个后盖以及两端两个半轴套管组焊而成。为了防止桥壳内润滑油外溢,有的汽车在桥壳轴管处焊有挡油环或加装油封。

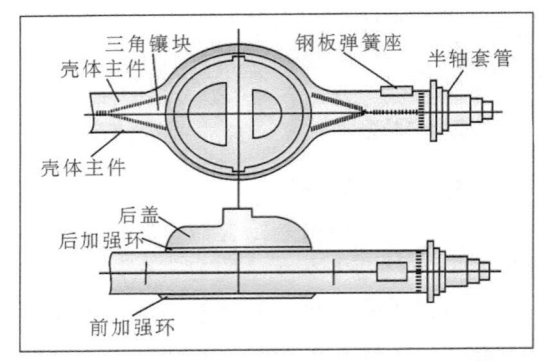

图 2-159 钢板冲压焊接式桥壳

用钢管扩张成形方法加工的桥壳,称为钢管扩张成形桥壳。它广泛应用于轿车和轻型货车。其优点是材料利用率好,质量小,强度和刚度高,制造成本低,适于大量生产。

(2)分段式桥壳 分段式桥壳一般分为两段,由螺栓将两段连成一体(图 2-160)。它由主减速器壳、盖和两个半轴套管及凸缘盘等组成。

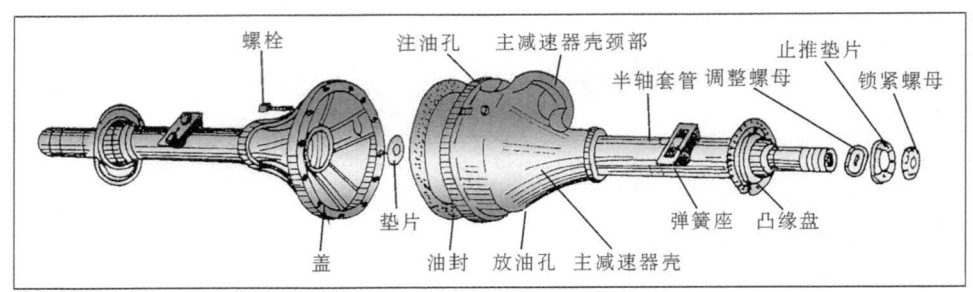

图 2-160 分段式驱动桥壳

分段式桥壳比整体式桥壳易于铸造,加工简便,但维修不便。当拆检主减速器时,必须把整个驱动桥从汽车上拆卸下来,目前已很少采用。

四、万向传动装置

(一) 万向传动装置的组成与功用

万向传动装置一般由万向节和传动轴组成,有时还需加装中间支承。其功用是实现汽车上任何一对轴线相交且相对位置经常变化的转轴之间的动力传递,如图 2-161 所示。

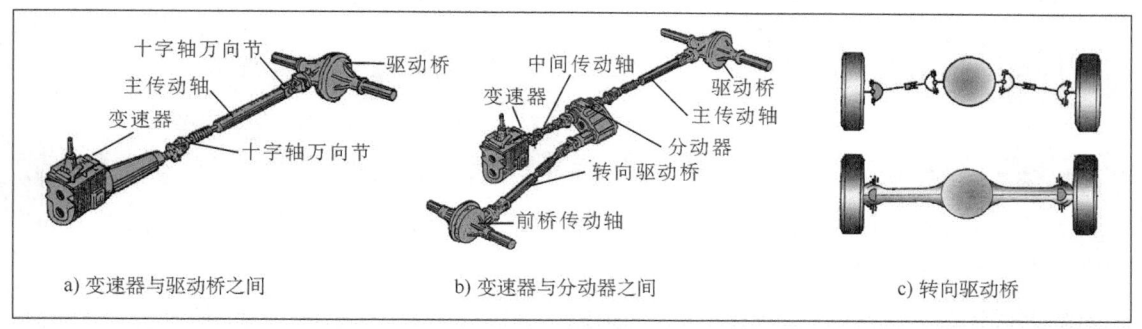

图 2-161 万向传动装置在汽车传动系统中的应用与布置

(二) 万向节

1. 普通十字轴刚性万向节

普通十字轴刚性万向节允许相邻两轴夹角为 15°~20°。图 2-162 所示为金杯海狮微型客货车上所用的普通十字轴刚性万向节。两个万向节叉上的孔分别活套在十字轴的两对轴颈上。当主动轴转动时,从动轴既可随之转动,又可绕十字轴中心在任意方向摆动。为了减少摩擦提高传动效率,在十字轴颈和万向节叉孔间装有滚针和套筒组成的滚针轴承。为了防止轴承在离心力的作用下从万向节叉内脱出,套筒用蛇形弹簧固定。

这样的刚性万向节可以保证在轴间夹角变化时可靠地传动,并有较高的传动效率,因此在现代轿车采用后轮驱动时经常采用。

万向节磨损

后驱动的汽车在由前进档变倒档时发出明显沉闷的金属声。此外,在前进档和低速时,有轻微的咔嗒声。

诊断

这一故障最可能的原因是万向节损坏或磨损。如万向节损坏或磨损,有几个诊断方法。

1) 检查万向节轴颈的剥蚀。剥蚀是在轴颈里由滚针磨出沟槽的过程(图 2-163)。如产生了沟槽,则应更换万向节。

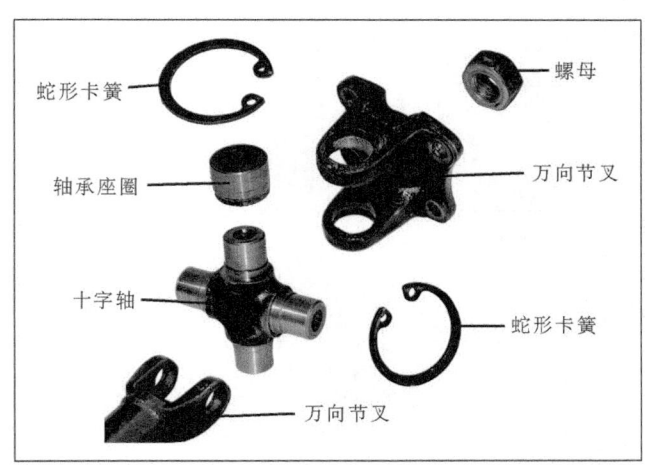

图 2-162 普通十字轴刚性万向节

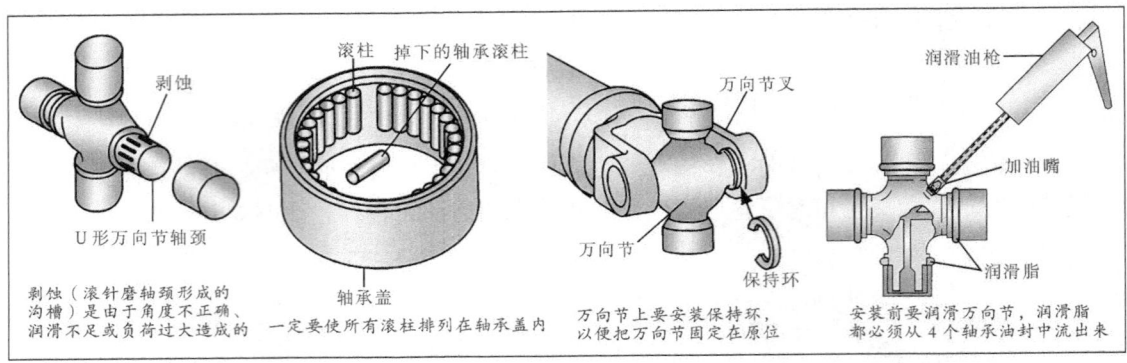

图 2-163　万向节轴颈的检查

2) 如无明显的剥蚀,绕轴颈转动轴承盖。也可在传动轴万向节叉上转动万向节。如有任何限制、微小冲撞及擦伤,则应更换万向节。

3) 检查万向节端面磨损(轴颈端和轴承盖内)。

2. 等速万向节

等速万向节的基本原理是从结构上保证万向节在工作过程中,其传力点始终处于两轴交角的平分面上。这一原理可由图 2-164 所示的一对大小相同的锥齿轮传动来说明。两齿轮夹角为 α,两齿轮啮合点 A 位于夹角的平分面上,由 A 点到两轴的距离都等于 r。在 A 点处两齿轮的圆周速度相等,因此两个齿轮旋转的角速度也相等。

目前汽车上广泛采用的等速万向节有球叉式、球笼式和自由三枢轴式万向节三种。

(1) 球叉式万向节　其构造如图 2-165 所示,由主动叉、从动叉、四个传动钢球及定心钢球组成。其主、从动叉分别与内、外半轴制成一体,叉内各有四条曲面凹槽,装合后形成两条相交的环形槽,作为钢球的滚道,四个传动钢球装于槽中,定心钢球装在两叉中心凹槽内,以确定中心。

球叉式万向节结构简单,允许轴间最大交角为 32°~33°。但由于工作时只有两个传动钢球传力,而另两个钢球则在反转时传力,因此钢球与滚道之间接触压力大,磨损快,影响其使用寿命。所以,球叉式万向节通常用于中小型越野汽车转向驱动桥。

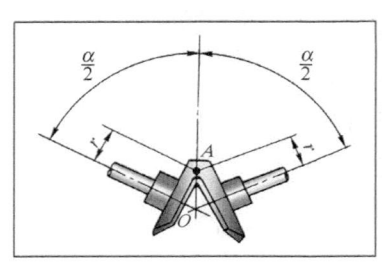

图 2-164　等速万向节传动原理

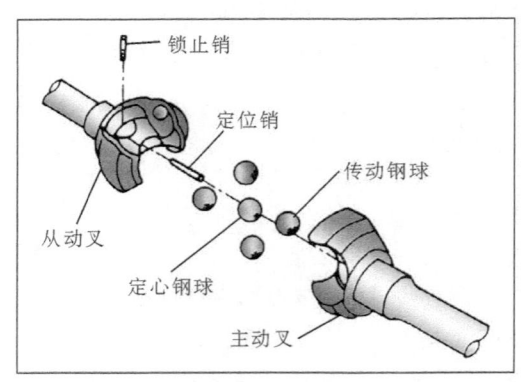

图 2-165　球叉式万向节

(2) 球笼式万向节 其构造如图 2-166 所示。星形套的外表面由六条凹槽形成内滚道，并用内花键与主动轴相连。球形壳的内表面也有相应六条凹槽形成外滚道。六个钢球分别装于各条凹槽中，并用保持架（即球笼）保持在一个平面内。这样，动力便由主动轴经钢球、球形壳输出。

球笼式等角速万向节可以在两轴交角高达 42°的情况下传递转矩。在工作时，无论传动方向如何，6 个钢球全部参加传力，与球叉式万向节相比，改善了受力状况，减轻了磨损，且结构紧凑，拆装方便，因此应用越来越广泛。

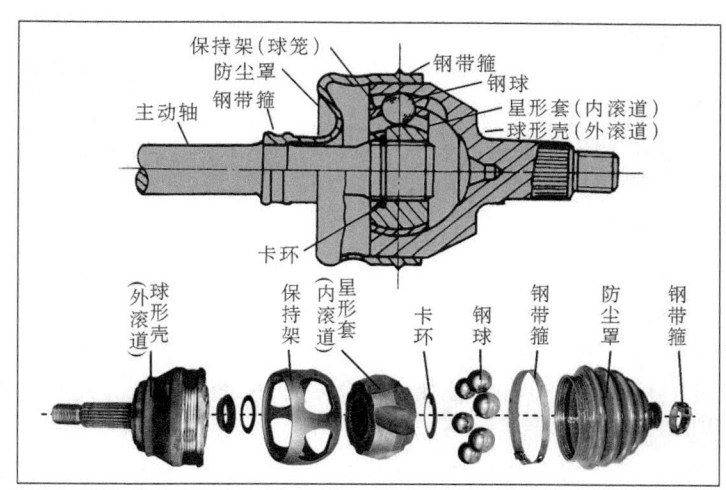

图 2-166 球笼式万向节

(3) 自由三枢轴式万向节 其结构如图 2-167 所示。三个枢轴位于同一平面内呈 120°，它们的轴线垂直于传动轴并且与传动轴轴线交于同一点。漏斗形轴的筒形部分加工出三个均匀分布的槽形轨道，轨道配合面为部分圆柱面。三个球轴承分别装入槽形轨道中。

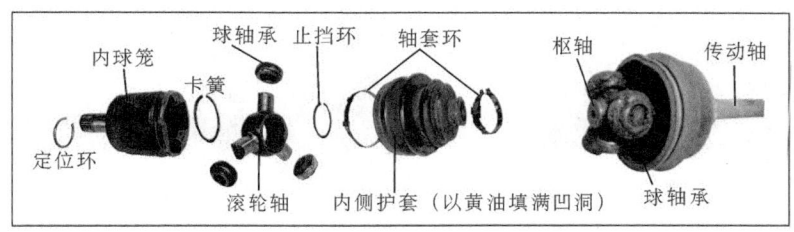

图 2-167 自由三枢轴式万向节

当输出轴与输入轴交角为 0°时，由于三枢轴的自动定心作用，能自动使两轴轴线重合。当输出轴与输入轴交角不为 0°时，球轴承既可沿枢轴轴线移动，又可沿槽形轨道滑动，这样就保证了输入轴和输出轴之间始终可以传递力。因球轴承外表面为球面，与之配合的轨道为圆柱面，所以可以保证枢轴轴线与相应槽形轨道的轴线始终相交，并且自由三枢轴万向节是等速传动的（证明过程从略）。现代伊兰特轿车、本田雅阁轿车万向传动装置采用的就是三枢轴万向节。

3. 等速万向节的检修

等速万向节磨损

前驱动的汽车行驶时有嗡嗡声。急转弯时有噼啪声或咔嗒声。

诊断

一般地，嗡嗡声表示等速万向节处于润滑不足或润滑不适当的早期阶段。如这一噪声因振动而更甚，就是一根或两根传动轴都弯曲。图 2-168 显示了一根跨度大的传动轴由于弯曲产生过大的轴向跳动。

噼啪声或咔嗒声表明等速万向节外侧或车轮端万向节可能磨损。咔嗒声因运行时等速万向节扩展而产生。

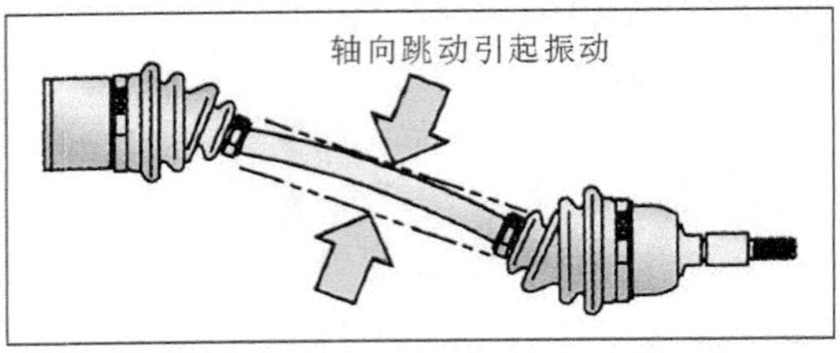

维修

维修等速万向节需做各种各样的检验、检查及测量。维修等速万向节时，一般要按下述步骤进行。

图 2-168　前轮传动轴弯曲，运转中能引起振动

1) 从前制动器和滑柱总成上拆下车轮、减振器叉和转向节（图 2-169）。此外，从变速驱动桥放出润滑剂。

2) 用适当的撬棒从变速差速器壳上拆下传动轴，如图 2-170 所示。由于等速万向节可能破碎，不要拉传动轴。把等速万向节的位置做上记号，以保证正确地重新组装。

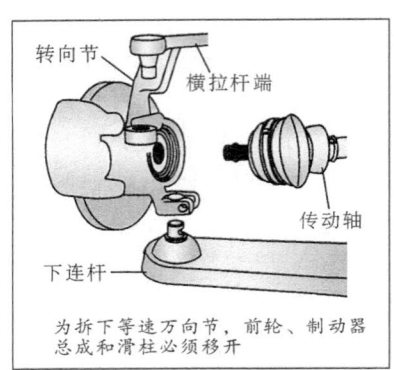

图 2-169　等速万向节的拆卸

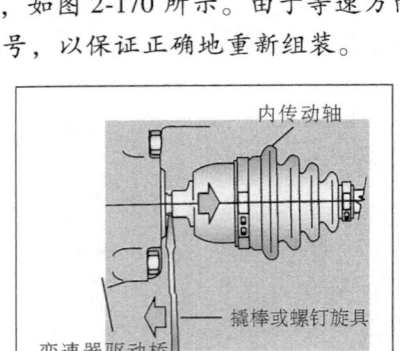

图 2-170　等速万向节修理前的准备

3) 检查传动轴的状况和平直度，应无弯曲或轴向跳动。如有，应更换。

4) 一旦拆下了传动轴，仔细地前后转动等速万向节轴 40° 左右，全程如有任何撞击刮碰或受阻，必须更换。

5) 分开橡皮罩箍带或卡环，拆下橡皮罩。如为焊接的，必须割下。由于可能漏出润滑脂，注意不要割开或撕裂橡皮罩。

6) 在十字轴和传动轴上做出记号，以便重新组装时，恢复原位。

7) 如果等速万向节完好，彻底清洁全部零件。

8) 用优质润滑脂填塞等速万向节和橡皮罩（图 2-171）。用制造商推荐的润滑脂类型。

9) 按制造商的推荐步骤把等速万向节安装到传动轴上。

图 2-172 显示组装的组件情况，要确保等速万向节有足够的润滑。

五、驱动桥常见故障检修

1. 驱动桥过热

现象：汽车行驶一定里程后，用手触碰驱动桥壳中部，有无法忍受的烫手感觉。

第二章 传动系统

图 2-171 润滑等速万向节

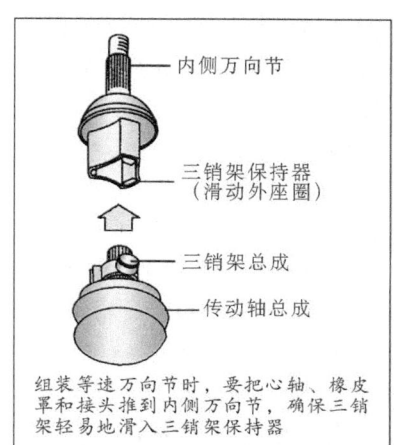

图 2-172 组装等速万向节

原因：

1) 齿轮油不足、变质或牌号不符合要求。
2) 圆锥滚子轴承调整过紧。
3) 主传动器一对锥形齿轮啮合间隙调整过小。
4) 差速器行星齿轮与半轴齿轮啮合间隙太小。
5) 油封过紧。
6) 止推垫片与主传动器从动齿轮背面间隙太小。

诊断方法：

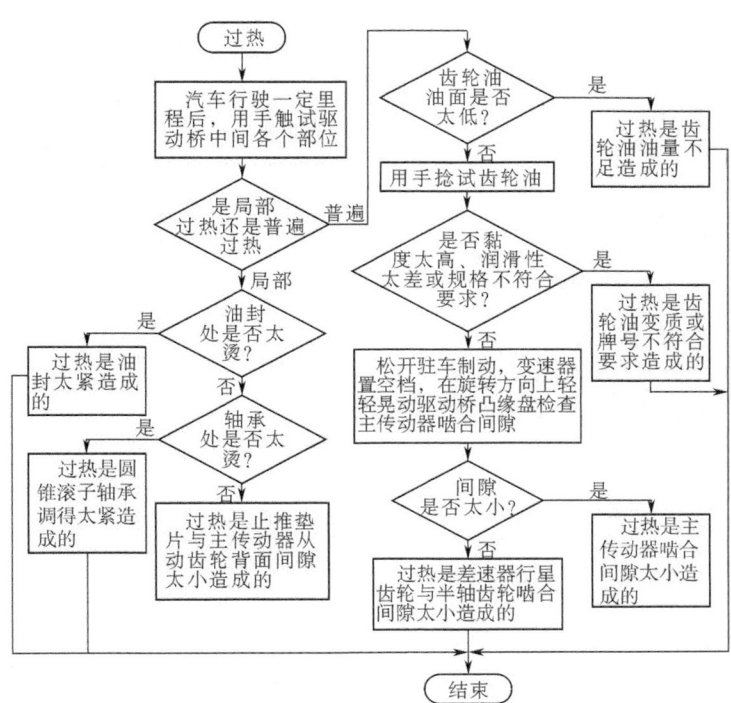

2. 驱动桥异响

现象：汽车挂档行驶时驱动桥发出较大响声，而当滑行或低速行驶时响声减弱或消失；汽车行驶、滑行时驱动桥均发出较大响声；汽车转弯行驶时驱动桥发出较大响声，而直线行驶时响声减弱或消失；汽车起步或突然改变车速时，驱动桥发出"抗"的一声；汽车缓车时驱动桥发出"格啦、格啦"的撞击声。

原因：
1) 滚动轴承损伤、严重磨损或过于松旷。
2) 主传动器一对锥形齿轮严重磨损、轮齿变形、轮齿断裂、齿面损伤、啮合面调整不当、啮合间隙太大或太小以及啮合间隙不匀或未成对更换齿轮等。
3) 主传动器从动齿轮变形或连接松动。
4) 主传动器主动齿轮凸缘盘紧固螺母松动。
5) 主传动器壳体或差速器壳体变形。
6) 差速器壳与十字轴配合松旷。
7) 行星齿轮孔与十字轴配合松旷。
8) 行星齿轮与半轴齿轮啮合间隙太大或太小。
9) 半轴齿轮与半轴花键配合松旷。
10) 行星齿轮与半轴齿轮的齿面严重磨损、损伤及轮齿变形或断裂。
11) 齿轮油不足、黏度太小或牌号不符合要求。
12) 齿轮油中有杂物或较大金属颗粒。

诊断方法（见下页方框图）：

3. 后桥漏油

故障原因：
1) 主减速主动齿轮油封损坏或桥壳内油面太高。
2) 后桥通气孔堵塞，桥壳内压升高。
3) 主动齿轮轴承预紧度过大，轴承运转中温度太高，使油封老化变质，腔内压也升高引起漏油。
4) 半轴油封装歪或损坏。
5) 后桥壳盖接合平面不平或衬垫损坏。
6) 放油螺塞处漏油。

诊断与排除方法：
1) 检查后桥润滑油油面，若过高应放出多余的油。
2) 检查后桥通气孔有无堵塞，主动齿轮和半轴油封是否损坏，必要时予以疏通或更换。
3) 检查齿轮和轴承是否配合过紧，视情况予以调整。
4) 检查后桥壳盖平面及放油螺塞，若漏油则予修整或更换。

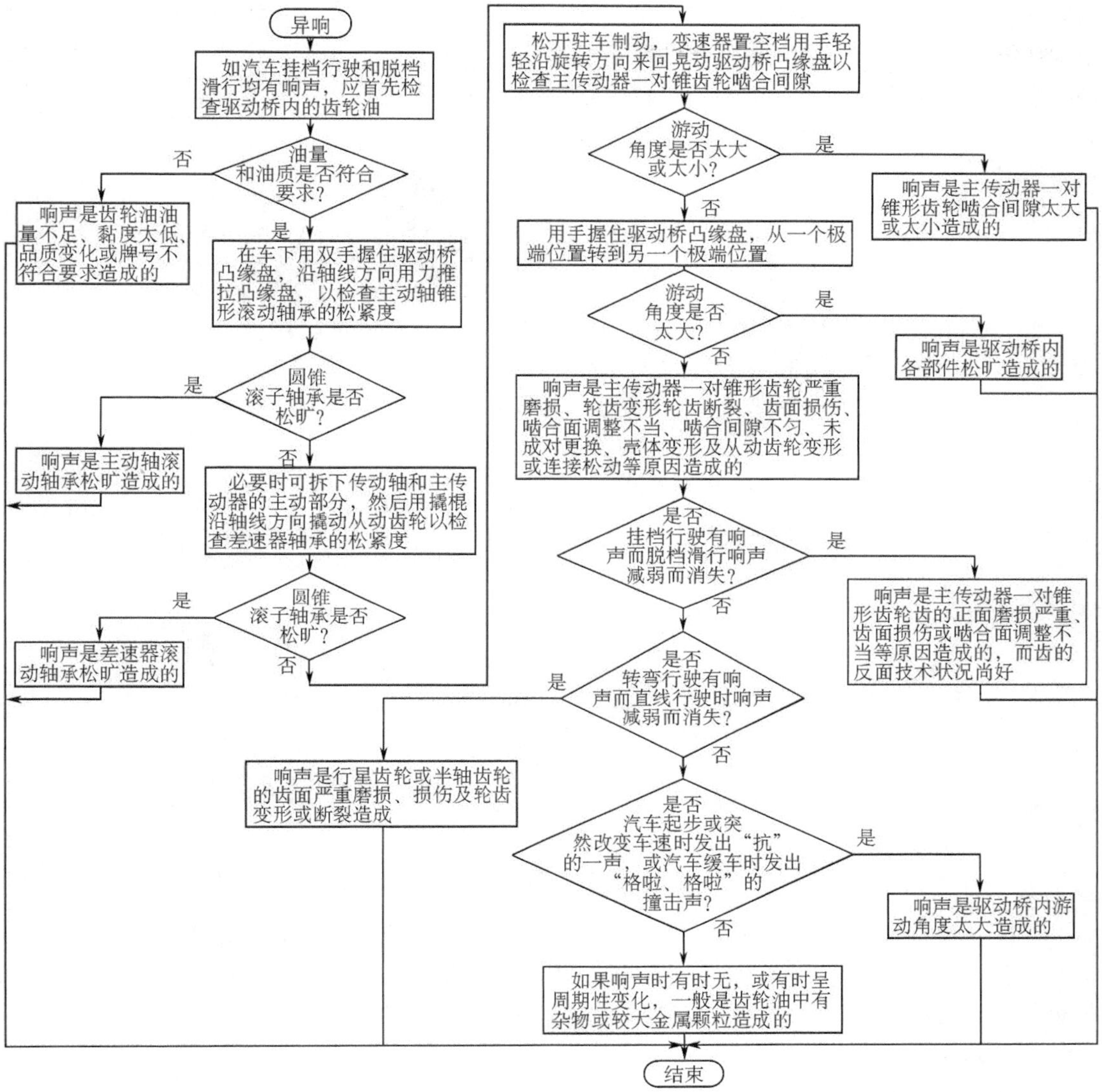

第二章 传动系统

知识链接： 四轮全轮驱动系统

（一）四轮驱动系统的基本原理

现在的大部分汽车或前轮驱动，或后轮驱动。然而，四轮驱动的汽车数量也在不断增加。**这些汽车叫作四轮驱动（4WD）汽车或全轮驱动（AWD）汽车**。在两种情况下，发动机传动力到全部四个车轮，增加了牵引力。在冰雪、泥泞或滑溜路面，或在不平地区非公路上运行须增加牵引力。这样的装置在轮胎和路面之间提供了最大的牵引力。最普通采用四轮驱动装置的车型是多用途跑车（SUV）和轻型货车。一些车辆，诸如客货两用车、厢式货车和轿车正在加入全轮驱动汽车的行列。

1. 四轮驱动装置定义

一个有代表性的四轮传动装置的动力传递显示在图2-173中。该四轮驱动装置采用了分

动器和附加传动轴把动力传到全部四个车轮。分动器直接安装在变速器的后面。分动器的作用是从发动机分取动力和转矩。一些转矩传递到后差速器，一些转矩传递到前差速器。在此装置中，所有车轮在根本上用相等的转矩在驱动。驾驶人可以选用变速杆、仪表板按钮或开关，使装置处于两轮驱动模式或四轮驱动模式。

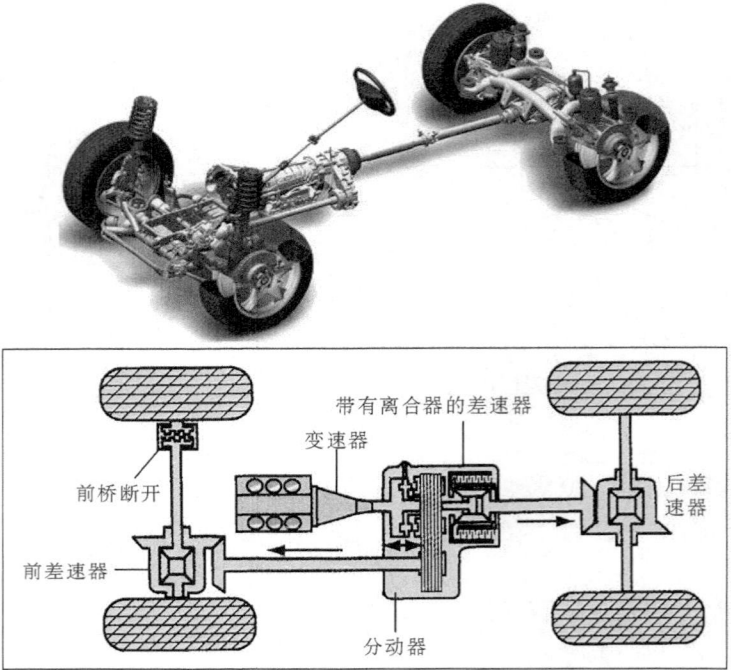

图 2-173　四轮驱动装置的主要机件

现在，较新式的汽车能在行驶中把两轮驱动变为四轮驱动。这就是说当车辆变低档，驾驶人可以不停车从两轮驱动变为四轮驱动。而老旧车辆从两轮驱动变为四轮驱动则必须停车才能变换。四轮驱动系统定义的关键是驾驶人可以选择两轮驱动或四轮驱动，分动器可进行任一模式的运转。

2. 全轮驱动装置定义

全轮驱动装置最经常使用在中型汽车上，只是为在道路上增加牵引力。这些车辆最常见的是使用变速驱动桥的前轮驱动汽车，一般不用于越野。图 2-174 是显示动力如何传递到全部四个车轮的代表性例子。在此情况下，用轴间差速器（而不是分动器）把动力分配给全部四轮。全轮驱动汽车的驾驶人没有两轮驱动或四轮驱动的选择。全时都在四轮驱动。

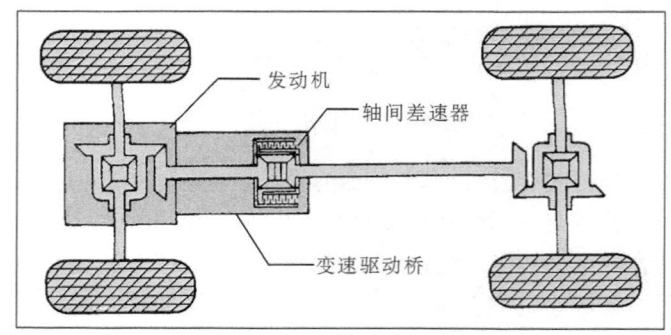

图 2-174　全轮驱动装置的组成

运转中，一个车轮滑转，该装置自动地把转矩传递到另一车桥，使之有更大的牵引力。这一结构尽管有几种变化，但其基本功能和每一全轮驱动装置的运用是相似的。

3. 四轮驱动和全轮驱动的缺点

四轮驱动和全轮驱动有些缺点。一般的用四轮和全轮运行，由于来自轮胎和辅助旋转件产生的附加摩擦，单位燃油行驶里程数减少。此外，额外的分动器、差速器等增加了汽车的重量，也使单位燃油行驶里程减少。

4. 部分时间和全时四轮驱动装置

有些车辆为全时四轮驱动。这一装置类型使车辆在所有行驶时间把全部四个车轮连接在一起驱动。如一些越野吉普车为全时四轮驱动系统。如果全时四轮驱动汽车在铺设路面的道路上运行，轮胎磨损就成了严重的问题。为消除一些轮胎磨损，全时四轮驱动系统可在分动器安装黏液联轴器或专门设计差速器，使车轮以不同的弧度和速率旋转。

另一方面，现在一个非常普及的四轮驱动装置类型是"部分时间"四轮驱动。部分时间四轮驱动设计为在诸如泥雪之类的滑溜路面、越野或在城市街道和公路不正常的情况下使用。在车辆不需要四轮驱动时，能返回到两轮驱动。部分时间四轮驱动装置工作时把前轮和后轮锁在一起，使驱动器有极好的牵引力。不过，当汽车驶入公路，没有了泥泞或冰雪，可用变速杆或按钮把驱动器改为两轮驱动。

（二）前轮驱动构件

1. 分动器

分动器的作用是在四轮驱动运行时，将转矩从变速器传递到前轮和后轮。图 2-175 显示了安装在自动变速器后部有代表性的分动器。注意分动器上部有变速器变速杆和分动器变速杆。所有分动器都有来自变速器的一个输入和两个输出，第一个输出把动力传到后轮，第二个输出把动力传到前轮。

2. 分动器链

许多分动器用链传动把转矩从后轮传递到前轮。图 2-176 显示了一有代表性分动器的传动链。左上方是主驱动轴，变速器自一端驱动主传动轴，主传动轴的另一端驱动后轮。此外，安装在主传动轴上有驱动链轮。驱动链轮驱动传动链，传动链在另一端带动从动链轮。从动链轮通过前输出轴连接到前轮。

3. 分动器齿轮传动装置

一些分动器不用链分配转矩或动

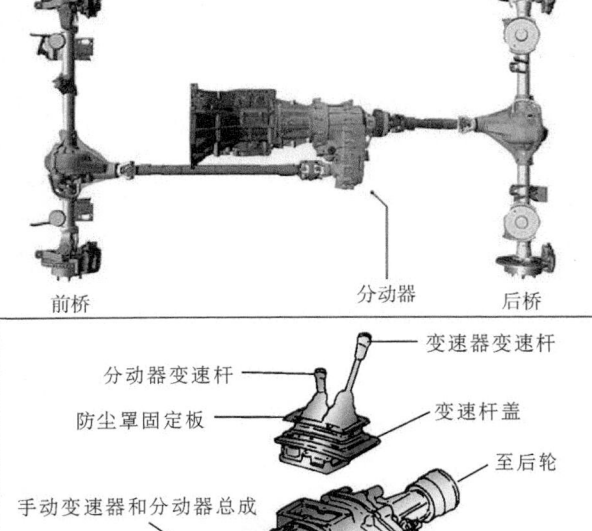

图 2-175 分动器直接布置在变速器后

力，而是用齿轮组分配，如图 2-177 所示。在此特别的结构中，输入由左上轴进入分动器，转矩或动力通过该轴直接被传递至后桥传动轴。此外，一中心惰轮把主轴与前桥半轴连接起来，致使四轮驱动运行。通过这些条件，四轮驱动装置在高速模式。如果两个滑动齿轮向右滑动，与惰轮的右侧啮合，四轮驱动装置在低速模式。

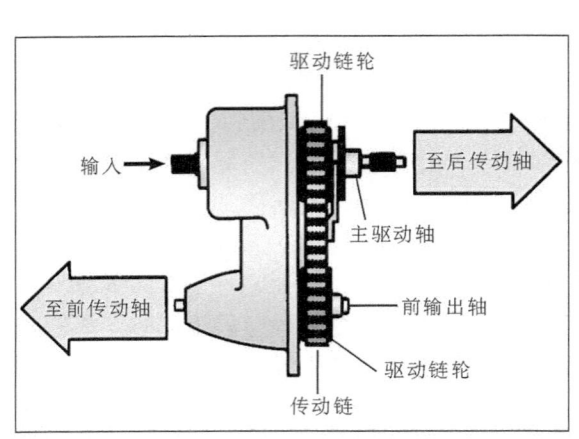

图 2-176　分动器链传动示意图

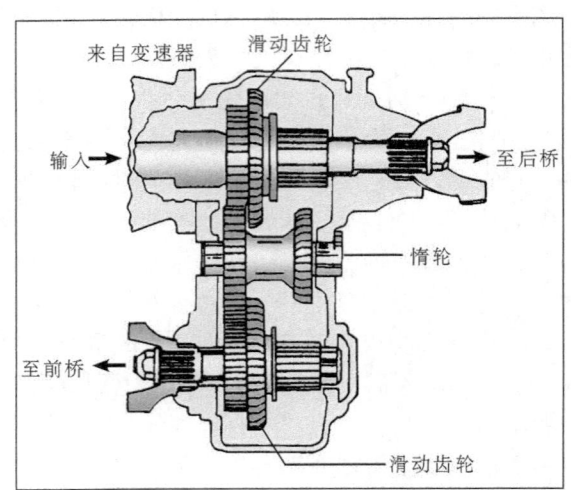

图 2-177　齿轮组啮合传动示意图

第三章

行 驶 系 统

第一节 行驶系统的组成与作用

传动系统的存在解决了发动机特性与汽车对发动机使用的要求之间的矛盾。为使汽车运动，还需要行驶系统。

汽车是一种轮式车辆，它靠带橡胶轮胎的车轮在地面上滚动行驶。有的汽车左右两侧的

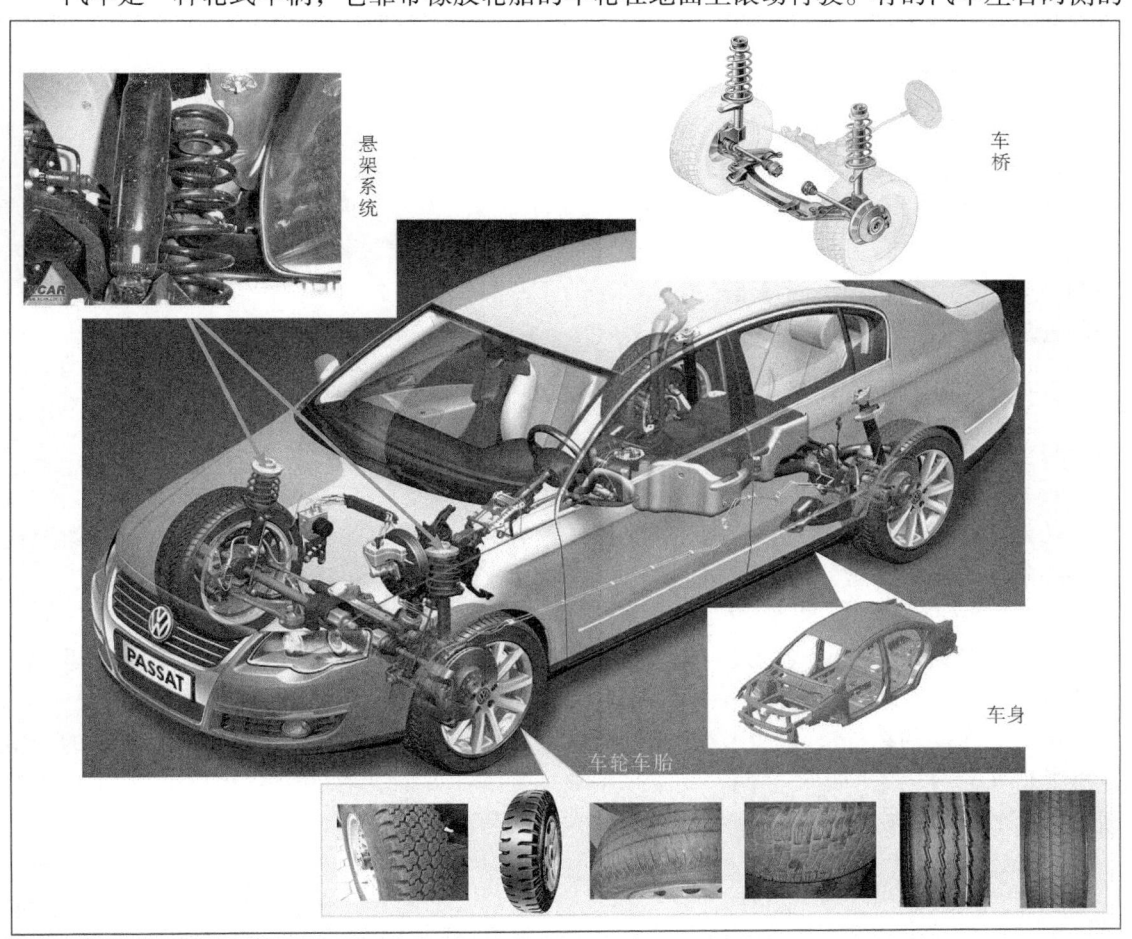

图 3-1 汽车行驶系统结构原理

车轮装在一根轴（也叫车桥）上，再通过弹性悬架（包括弹簧、减振器等）与车架（或承载式车身）相连接，以缓和不平地面对汽车的冲击力并衰减汽车的振动。车架是汽车的一个基架，汽车上所有机件都直接或间接与之相连接。上述这些机件，就构成了汽车的行驶系统。**也就是说，汽车行驶系统一般由车架、车桥、车轮和悬架等几部分组成，如图 3-1 所示。**

汽车行驶系统的功用是：

1）除了具有承载车身的功能外，作为汽车基架的车架，要直接或间接地安装汽车上所有机件，并承受这些机件的重力、力及力矩，如发动机、变速器等支点的反力矩等。

2）传递汽车与地面间的各种力，包括垂直力、纵向力和横向力等。

3）行驶系统的弹性悬架可以使汽车在各种不平路面上能以较高的速度平稳地行驶。

4）汽车行驶系统对汽车经济性、操纵稳定性及通过性的提高也具有重要影响。轮式汽车是通过车轮与路面的接触而实现运动的。车轮支承在车桥上，为减少汽车在不平路面上行驶时车身所受到的冲击及车身的振动，车桥又通过弹性悬架与车架连接。车架是全车的装配基体。行驶系统将整个汽车连接成一体。

第二节　车架与车桥

一、车架

汽车车架俗称大梁，它是跨接在前后车桥上的桥梁式结构，是整个汽车的基础。

汽车静止时，车架承受着垂直载荷。汽车行驶时，车架会受到比静止载荷大 3~4 倍或更大的弯曲应力，若路面不平，还将受到转矩的作用。因此，要求车架强度高、刚度适合、结构简单、重量轻，同时应尽可能降低汽车的重心和获得较大的前轮转向角，以保证汽车行驶的稳定性和转向的灵活性。

（一）车架的形式构造

目前汽车车架的结构形式基本上可分成边梁式、中梁式、综合式和无梁式车架。

1. 边梁式车架

边梁式车架由左、右两根纵梁和若干根横梁组成，并通过铆钉或焊接将纵梁和横梁连接成坚固的刚性构架，被广泛应用在货车和特种汽车上，如图 3-2 所示。

2. 中梁式车架

中梁式车架又称脊梁式车架，它是由一根贯穿汽车纵向的中央纵梁和若干根横向悬伸托架构成的。

中梁式车架的结构特点是中梁的断面可做成管形或箱形。采用中梁式车架有较大的扭转刚度并使车轮有较大的运动空间，便于采用独立悬架。车架较轻，减轻了整车重量，重心也较低，行驶稳定性好。车架的强度和刚度较大，不易产生变形，如图 3-3 所示。

3. 综合式车架

综合式车架是由边梁式和中梁式车架结合而成的，如图 3-4 所示。车架前段或后段近似为边梁结构，便于分别安装发动机或驱动桥。传动轴从中梁中间穿过。这种结构制造工艺复杂，目前应用也不多。

第三章 行驶系统

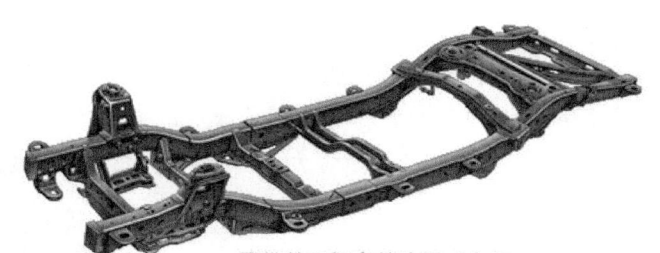
雪佛兰开拓者的边梁式车架

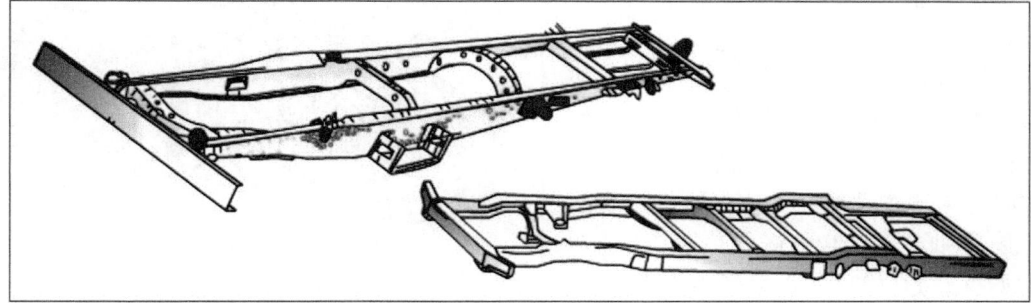
图 3-2 边梁式车架

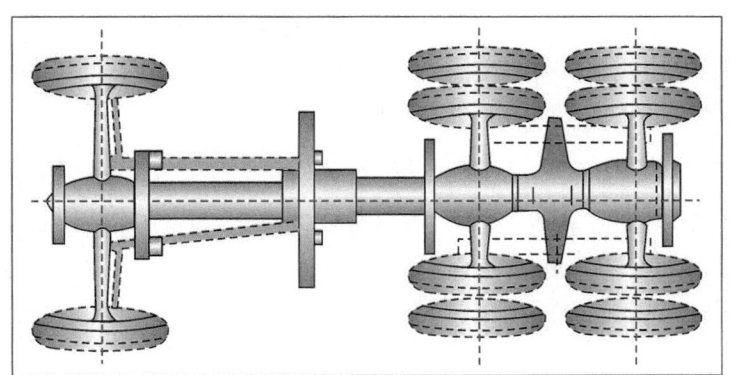
图 3-3 中梁式车架

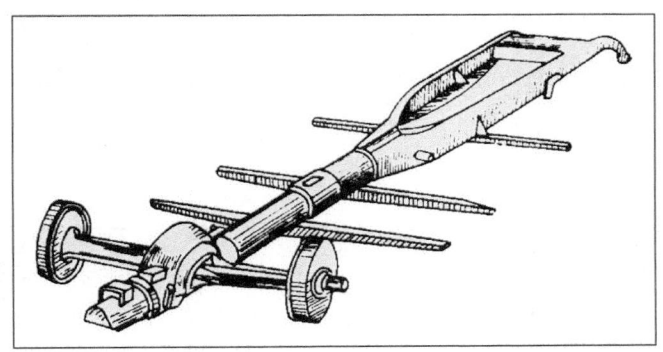
图 3-4 综合式车架

4. 无梁式车架

无梁式车架是以车身兼代车架，所有的总成和零部件都安装在车身上，作用于车身的各种力和力矩均由车身承受。所以这种车身也称为承载式车身，如图3-5所示。

（二）车架的修理

1. 车架变形的修理

车架弯曲、扭曲或歪斜变形超过允许值时，应进行矫正。若变形不大，可用专用液压机具（车体矫正机）进行整体冷压矫正。变形严重时，可将车架拆散，对纵、横梁分别进行矫正，然后重新铆合，必要时可采用中性氧化焰或木炭火将变形部位局部加热至暗红色进行热矫正（加热温度不得超过700℃，以免影响车架的性能）。

图3-5　无梁式车架

2. 车架裂纹的修理

车架出现裂纹应采取焊条电弧焊进行焊修，其操纵步骤如下。

步骤一：焊前用砂布或钢丝刷等将裂纹附近清除干净；在裂纹端头前方10mm处钻一直径为3~6mm的止裂孔，以防裂纹断续扩展；用手砂轮在裂纹处开V形坡口，如图3-6所示（图中虚线指用砂纸打磨的范围）

步骤二：施焊用反接直流焊接法焊接：焊接电流为100~140A，焊接电弧应尽量短些，采用直径为4mm的J526焊条，焊条与其运动方向成20°~30°倾角，堆焊高度不大于基体平面1~2mm，焊后要锉平焊缝，修磨光滑

步骤三：用腹板加强。裂纹较长或在受力较大部位时，焊后应用腹板进行加强。腹板可用焊接或焊接、铆接结合的方法固定到车架上。采用焊铆结合的方法时，应先焊后铆，铆钉排列如图3-7所示。焊接腹板时，阴影区禁止施焊，如图3-8所示。长焊缝应断续焊接，如图3-9所示。冷天施焊时，焊接部位应适当预热（100~150℃），焊后应将焊渣清除干净，焊缝应光滑、平整，无焊瘤、弧坑、气孔及夹渣等缺陷，咬边深度应不大于0.5mm，咬边长度不大于焊缝长度的15%

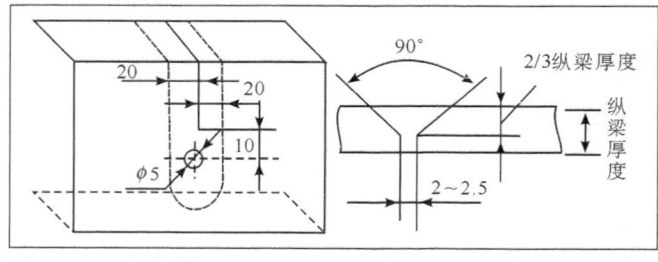

图3-6　焊前裂纹处理

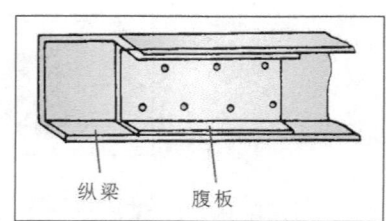

图3-7　腹板的铆接

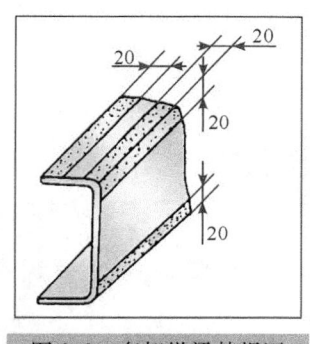

图 3-8 车架纵梁禁焊区

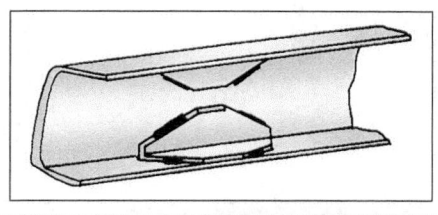

图 3-9 长焊缝焊接

二、车桥

(一) 车桥的作用与分类

根据悬架结构形式的不同,车桥可分为非断开式车桥和断开式车桥两种。当采用非独立悬架时,车桥中部是刚性的实心和空心(管状)梁,这种车桥即为非断开式;断开式车桥中部为活动关节式结构,与独立悬架配合使用。

根据车桥作用的不同,车桥又可分为转向桥、驱动桥、转向驱动桥和支持桥四种类型。其中转向桥和支持桥都属于从动桥。一般货车前桥多为转向桥,后桥或中、后两桥为驱动桥,越野汽车的前桥为转向驱动桥,挂车的车桥为支持桥。

驱动桥已在传动系统中叙述,支持桥除不能转向外,其他功能和结构与转向桥基本相同。下面主要讲述非断开式转向桥和转向驱动桥。

(二) 转向桥

转向桥是指承担转向任务的车桥。如图 3-10 所示,一般汽车的前桥是转向桥。四轮转向汽车的前、后桥都是转向桥。它利用车桥中的转向节使两端的车轮偏转一定的角度,以实现汽车的转向。同时,它还承担汽车的垂直载荷、横向力、制动力等。

对于前轮驱动汽车和全轮驱动汽车,前桥既要转向,又要传递动力,所以叫作转向驱动桥。

转向桥的结构基本相同,主要由前梁、转向节、主销和轮毂等部分组成。车桥两端与转向节铰接。

整体式转向桥,通常采用工字断面的工字梁或管形断面的管式梁。中部弯曲向下,以配合发动机的布置,并降低汽车的重心。两端装有主销及转向节。采用钢板弹簧悬架。货车的转向桥大多采用这种结构。前梁的中部为实心或空心梁,如图 3-10 所示。

断开式转向桥,通常采用独立悬架与车架或非承载式车身相连,两端装有主销及转向节。小型汽车的转向桥大多采用这种结构。断开式转向桥的结构如图 3-11 所示。

(1) 前轴 前轴是由钢材锻造而成的,中部向下凹,以降低发动机位置,从而降低汽车重心,扩展驾驶人视野,并减小传动轴与变速器输出轴之间的夹角。

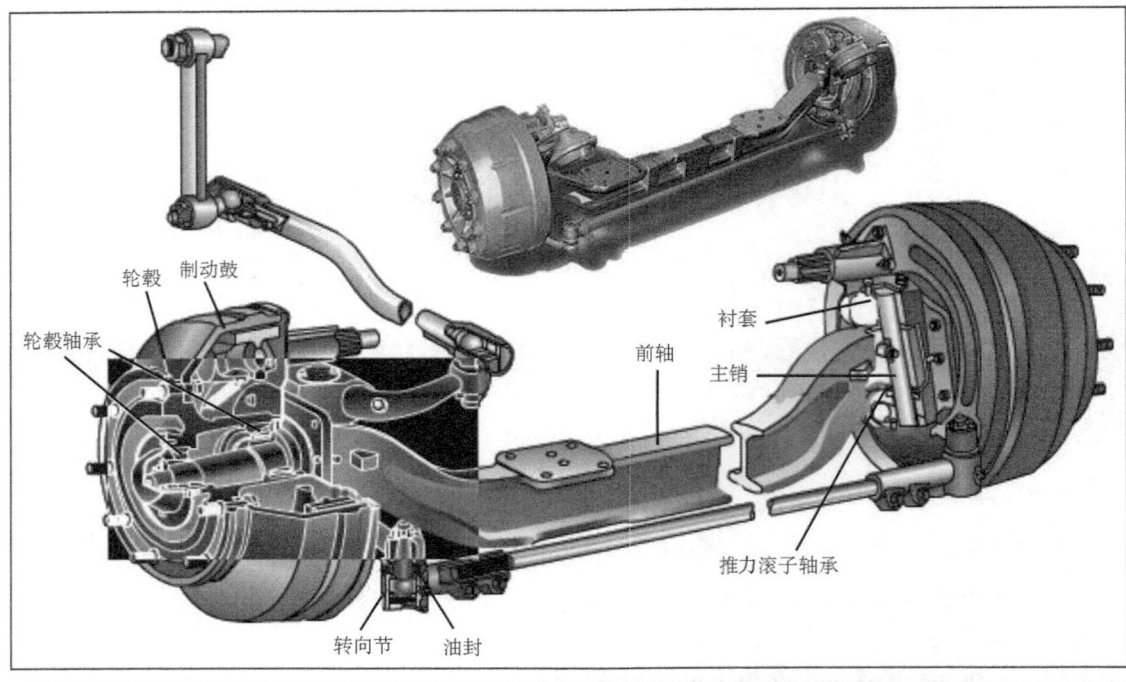

图 3-10 整体式转向桥

（2）转向节 转向节是车轮转向的铰节，是一个叉形件，由上、下两叉和支承轮毂的轴构成。在左转向节上有一个带键槽的锥孔，用以安装转向节臂。

（3）主销 主销的作用是铰接前轴与转向节，使转向节绕着主销摆动以实现车轮转向。

（4）轮毂 轮毂用于连接制动鼓、轮盘和半轴凸缘，它通过内外两个圆锥滚子轴承装在转向节轴颈上。轮毂外端装有端盖，以防止泥水和尘土浸入；内侧装有油封、挡油盘，以防止润滑油进入制动器。

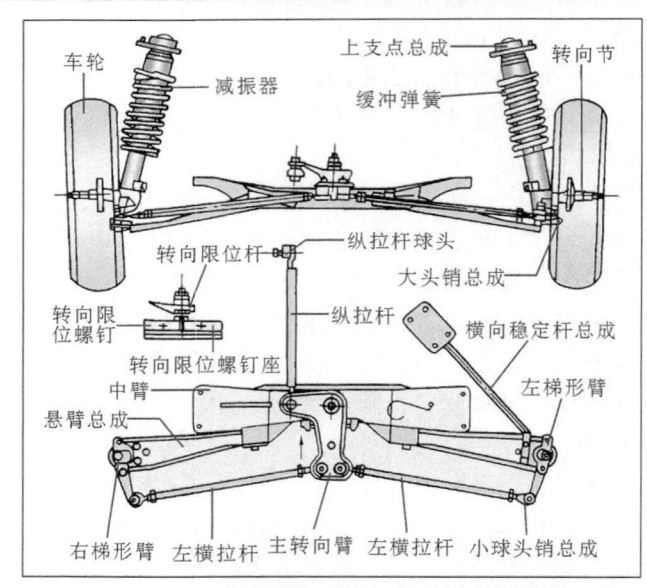

图 3-11 断开式转向桥

第三节 车轮定位

一、前轮定位

1. 前轮定位的目的

前轮定位是指在汽车运行时，由摩擦力、重力和离心力引起的所有的力及力矩的平衡。这对于保证汽车车轮与地面的良好接触非常重要。前轮定位是检验车轮与路面接触情况的一种方法。前轮定位的主要目的是使车轮在路面上做纯滚动而无滑移、滑转。好的前轮定位将带来：良好的燃油经济性；更大的前轮运动空间；良好的方向稳定性；转向轻便；轮胎寿命延长。提高安全性影响前轮定位的角度参数有四个。它们是主销内倾、主销后倾、前轮前束和前轮外倾。

2. 主销内倾

主销内倾是指在横向平面内，主销上端向内倾斜一个角度。主销内倾角是在横向平面内，主销中心线与实际垂线之间的夹角。这个角度是不能调整的，如图 3-12 所示。

主销内倾的作用： 可防止前轮外倾角过大；减小转向阻力臂，使转向轻便；提高操纵稳定性；减少轮胎磨损；提高方向稳定性；使汽车重量的分配更接近轮胎与路面接触区。

3. 主销后倾

主销后倾是指主销的顶部向后或向前倾斜一个角度。向后倾斜为正后倾，向前倾斜为负后倾。主销后倾角是在纵向平面内，主销中心线与过车轮中心的实际垂线之间的夹角。主销后倾角如图 3-13 所示。

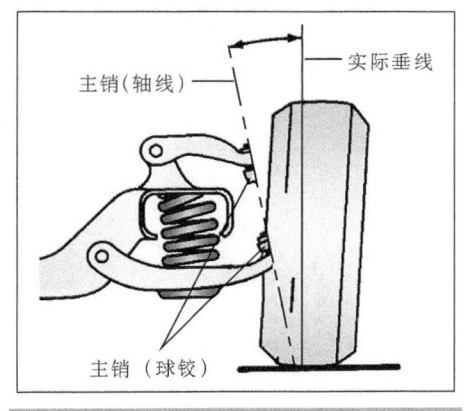

图 3-12 主销内倾示意图

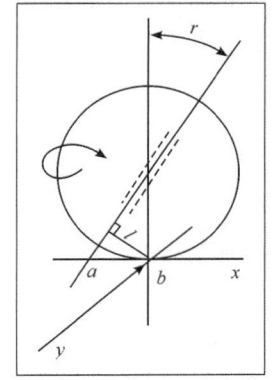

图 3-13 主销后倾角作用示意图

前悬架中主销后倾的作用： 使前轮自动回正，有助于提高汽车的方向稳定性；转弯完成后，帮助前轮回到直线行驶位置；弥补路面不平对汽车的方向稳定性的影响。

主销后倾角过大，会造成转向困难、路面冲击过大和前轮摆动；主销后倾角过小，在高速行驶时可造成漂移、摆振和方向稳定性不好等问题。

主销正后倾有助于提高汽车的方向稳定性，同时也增加了转向阻力。当然，这些增加的转向阻力可通过动力转向来克服。只有机械转向系统的汽车，通常采用很小的主销后倾或主销负后倾。在一些新型的轿车上，采用主销负后倾角是必要的。

4. 前轮前束

前轮前束值是指左右两前轮前端水平距离与其后端水平距离之差，如图 3-14 所示。当 B 小于 A 时，叫作前轮正前束；当 B 大于 A 时，叫作前轮负前束。

当汽车向前行驶时，会产生某些使前轮向外滚开的趋势的力。在汽车上采用小角度的前束，可抵消这些力。在汽车行驶中，转向传动机构之间的间隙可能会造成轮胎前端向外偏摆。从这一点来说，前轮前束应该为零。在前轮驱动的汽车中，前轮设置成负前束以便获得一些其他的力。前轮驱动的汽车趋于使前轮回到合适的直线向前位置。前轮前束调整不合适会使轮胎磨损加剧并且造成转向困难。

5. 前轮外倾

前轮外倾是指前轮的顶部向内或向外倾斜一个角度。图3-15所示为前轮正外倾和负外倾的例子。前轮外倾角是指车轮中心线与实际垂线之间的夹角。检查该角度的目的是确认车轮与路面垂直。这样布置可使两侧轮胎胎面一致，从而使载荷分配和整个胎面磨损均匀。正确设置前轮外倾角，可使：

1）胎面与路面的接触面积最大。
2）胎面与路面的接触面正好处于载荷点的下方。
3）转向轻便。

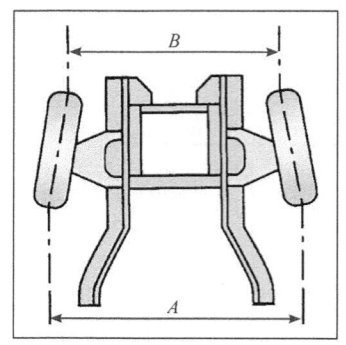

图3-14 前轮前束示意图

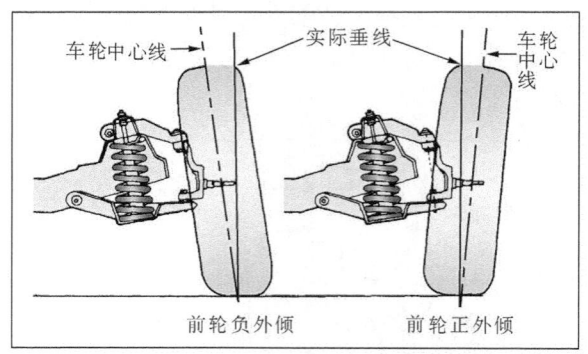

图3-15 前轮正外倾和负外倾

如前轮外倾角设置不当会造成：

1）球头铰和车轮轴承磨损。
2）转向时车轮一侧滑磨。
3）轮胎过度磨损。这种磨损情况如图3-16所示。前轮负外倾过大，将造成轮胎内侧磨损加剧；前轮正外倾过大，将使轮胎外侧磨损加剧。

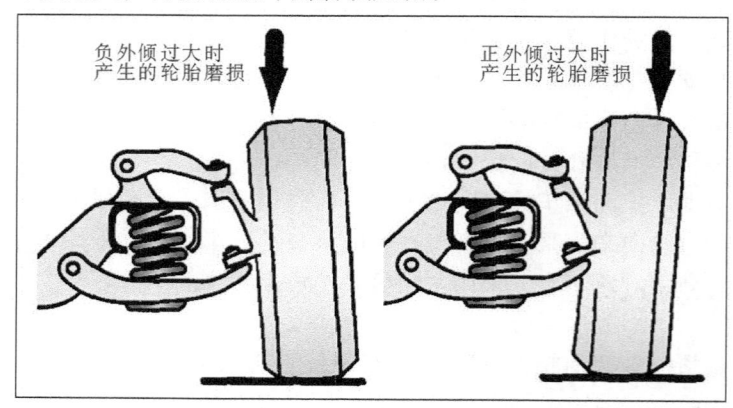

图3-16 前轮外倾角设置不当造成的磨损情况

图 3-17 更进一步说明了前轮外倾角设置不当时轮胎的磨损情况。从图中可发现车轮不同部分的滚动半径不同；对于轮胎上每个点来说，其运动都是沿着各自不同的直径来滚动的。车轮就像一个圆锥体在滚动。圆锥体上的点沿着许多不同的直径滚动而且有向外沿圆周滚开的趋势。但实际上，车轮由结构强制作用只能沿直线滚动。轮胎外侧或滚动直径较小一侧试图滚动更快，这导致胎面外侧部分在地面上打滑，磨损加剧。

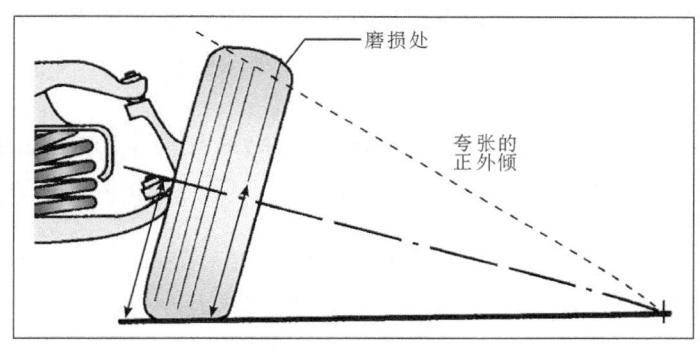

图 3-17 前轮外倾角设置不当时，轮胎的磨损情况

二、四轮定位

以前，汽车上只有前轮定位。然而，同时拥有前轮定位和后轮定位的需求也不断增加。汽车工业把这种定位叫作全轮定位或四轮定位。汽车后桥与汽车的纵向中心线不垂直。当汽车后桥主减速器主动齿轮轴线与汽车的纵向中心线不平行时，汽车会向一侧转向。这类问题可通过四轮定位来诊断。

图 3-18 中的定位仪就可以进行四轮定位。这种设备已经相当完善，并且通过计算机可帮助维修人员校正车轮定位。该计算机里存储有很多汽车车轮定位的操作规范和近 25 年来生产的汽车的车轮定位具体要求。

图 3-18 四轮定位示意图

1. 后轮定位因素

后轮定位作为四轮定位的一部分，了解可能影响后轮定位的因素是必要的。许多因素可

能会影响后轮定位角,下面列出一些比较主要的因素:

1)后副车架和后桥偏离中心线。

2)悬架控制臂衬套磨损。

3)弹簧压坏。

4)碰撞后维修不当或发生严重的路面冲击,造成悬架构件弯曲变形超出规定值。

由于这些问题的可能性,按照制造商推荐的后轮定位技术规范检查、校正后轮定位参数是至关重要的。

2. 后轮定位角

在校正后轮定位时,通常需要检测和调整三个角度,它们是推力角、前束角和外倾角。

推力角是指后轮所走过的轨迹与汽车纵向中心线的夹角。推力角应该调整到接近于零,否则汽车行驶时会摇头摆尾。

后轮外倾角与前轮外倾角非常相似,其特点是,后轮外倾角是后轮的上部稍微向外倾斜一个角度。在汽车加装负载后,车轮刚好回到与路面垂直的位置。

后轮前束角调整到与前轮前束角差不多。图3-19所示是有独立后悬架的后轮定位调整环节。后轮前束角与前轮前束角类似,通过横拉杆来调节。图示结构中,后轮外倾角可通过专用工具转动调整螺母来完成调整。随着调整螺母的转动,后轮外倾角随之改变。

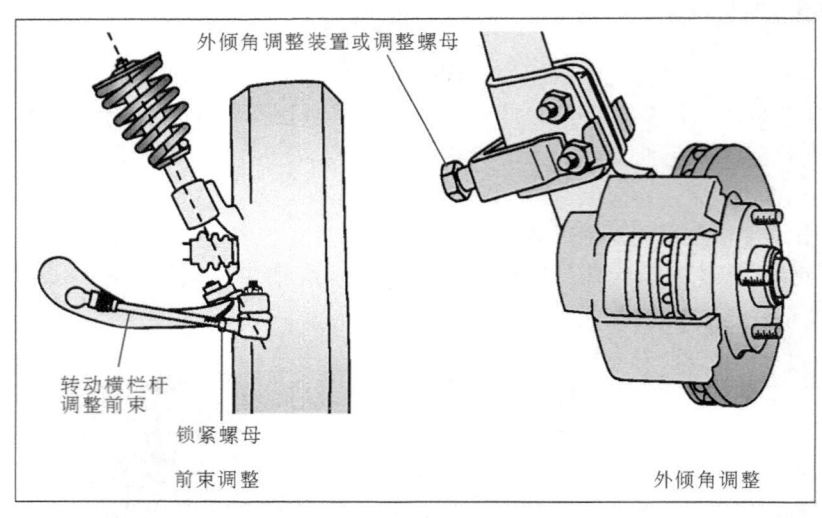

图3-19 有独立后悬架的后轮定位调整环节

3. 四轮定位检测顺序

下列是检测四轮定位的具体操作顺序实例:

1)对预设四轮定位进行检查。

2)更换或修复在前一步已查出的损坏件。

3)按要求把汽车停放在四轮定位仪检测台架上。通过对汽车前后车轮施加三次颠簸使汽车悬架位置正确。

4)检测和读取后桥推力角。

5)如果后轮定位角是可调的,按照生产商提供的技术要求调整后轮前束角,以校正推力角与汽车中心线一致,并设置后轮外倾角。

第三章 行驶系统

6) 按如下顺序检测和调整前轮定位角：主销后倾角、前轮外倾角和前轮前束。

7) 如果汽车上装备有动力转向，在调整前束前，起动发动机并来回转动转向盘 1/4 到 1/2 圈。只装有机械转向系统的汽车，不必进行本项目。

第四节　轮胎与车轮

（一）轮胎的组成

轮胎看起来很简单，但也是由好几部分组成的。无内胎轮胎的截面如图 3-20 所示。轮胎的顶部或外部称为胎面，其作用是产生制动摩擦力和驱动转矩。轮胎外部的两个侧面称为胎侧。有些轮胎的侧面由白色材料制成，称为白胎侧，这只是为了轮胎的外观好看。注意，在胎侧的内部还有一个钢制的加强带，用以提高轮胎侧面的强度。气密层位于轮胎的内侧。为了提高轮胎的强度和车辆的舒适性，胎面下方也有一个钢带。

很多轮胎的胎面内还有附加层，称为帘布层。帘布层的层数随轮胎的用途不同而不同。例如，大多数轿车轮胎有两层或四层帘布，而厢式货车和旅行轿车等重型车辆的轮胎，为了提高强度而用多达八层帘布。胎体是轮胎内部较坚固的部分，用来容纳空气。胎体由多层帘布层组成，保证了轮胎的强度。

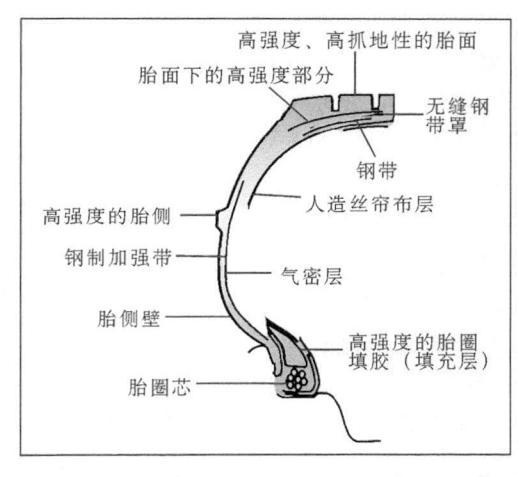

图 3-20　无内胎轮胎的截面

胎侧和胎面是在专用容器中通过对橡胶材料硫化处理后加工后形成的。硫化是将橡胶原料在一定压力下加热熔化，再将其倒入模具中成形的过程。胎圈芯和其他部分提供了强度和耐久性。然后轮胎连接到轮辋上，并有一个气门嘴以便为轮胎充气，形成必要的胎压。

（二）轮胎的性能

轮胎如图 3-21 所示。轮胎有四个性能，这四个性能对于理解轮胎的结构是很重要的，包括：

（1）轮胎牵引性——牵引性即轮胎的抓地性和驱动车辆或制动车辆的能力。

（2）乘坐舒适性和操纵性——乘坐舒适性和操纵性是评价轮胎性能的指标，表示轮胎传递给乘客的舒适程度，同时也衡量轮胎对驾驶人转向操作的响应性。

（3）滚动阻力——滚动阻力是轮胎旋转时必须克服的阻力，滚动阻力下降，单位燃油行驶的里程明显上升。

（4）噪声——所有轮胎工作时都要产生一定的噪声，可以通过扰频

图 3-21　轮胎实物图

103

或改变轮胎大小、宽度及胎面花纹形状等措施降低噪声。扰频可以阻止声音频率的形成，如果所有轮胎花纹都均匀分布，将形成一定的噪声频率。

（三）子午线轮胎和斜交轮胎

轮胎中的帘布层帘线有三种典型的排列方式：斜交、带束斜交和带束子午线，如图3-22所示。斜交轮胎的帘布层帘线从轮胎一个侧面分布到另一个侧面，与轮胎断面成一定角度排列，相邻两层的排列方向相反，从而提高了轮胎的强度。但轮胎滚动时层与层之间会相互摩擦而产生热量。斜交轮胎在滚动中会产生一定的滚动阻力，这种特性加快了胎面的磨损，降低了轮胎的使用寿命。

带束斜交轮胎增加了环形帘布带束层，带束层的帘线也与轮胎断面成一定角度排列。这样的结构和附加的带束层增加了胎面的强度和刚度。由于这种轮胎比普通斜交轮胎的滚动阻力小，使用寿命也长。

带束子午线轮胎或子午线轮胎

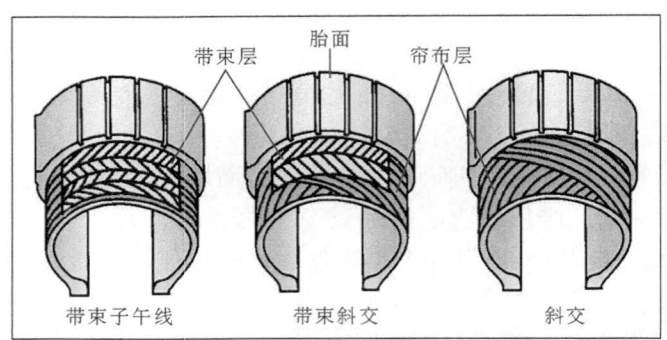

图3-22 轮胎有斜交轮胎、带束斜交轮胎、带束子午线轮胎，其区别在于帘线的排列方式

帘布层的帘线也是从轮胎一个侧面分布到另一个侧面的，但帘线排列的方向与轮胎断面一致，这一点与其他类型轮胎不同，增加的带束层提高了轮胎的强度和寿命。在直线行驶和转弯时，子午线轮胎与地面接触面积更大。另外，这种轮胎不会产生驻波。轮胎驻波意味着当轮胎接触地面时，胎面移动或被挤压到一起。轮胎驻波少意味着牵引性更好，滚动阻力较小，发热量小，使用寿命长和燃油消耗少。另外，新型子午线轮胎的帘线采用特殊材料可以提高舒适性和操纵性。

（四）轮胎的结构

不同形式的轮胎的外胎帘布层和缓冲层帘线的排列是不相同的，如图3-23所示。

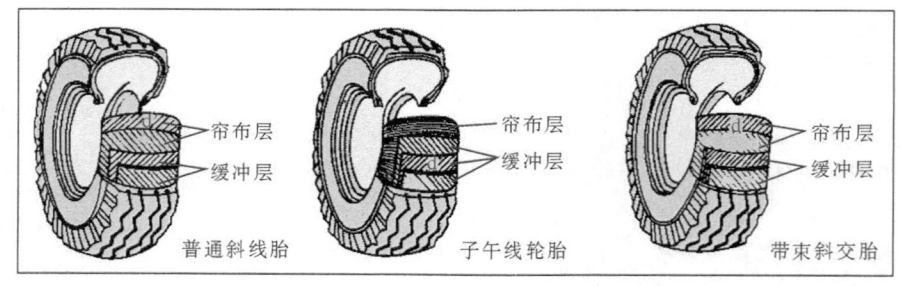

图3-23 外胎帘布层和缓冲层帘线的排列

（五）轮胎的花纹

轮胎花纹必须满足各种不同路面条件下的工作要求。例如，这些路面可能是光滑路面、

沙石路面、湿滑路面和冰面。另外，前轮驱动和后轮驱动的驱动力也不相同，对轮胎花纹的要求也不同。现在，轮胎设计既要满足这些工作条件，又要兼顾成本。

轮胎花纹的发展已经使其在湿滑路面上也可以产生比较大的牵引力，要做到这一点，必须在车轮滚动时，将胎面与路面接触区的水高效地排挤出去，现在的轮胎已经做到了。但是，随着花纹的磨损，这种排水性也会降低。部分轮胎不同花纹的设计如图 3-24 所示。

技术的发展也逐渐改进了雪地轮胎，一些制造商开发出了亲水性胎面，亲水意味着吸水，这种亲水性胎面对潮湿和冰雪路面有较好的黏附性。

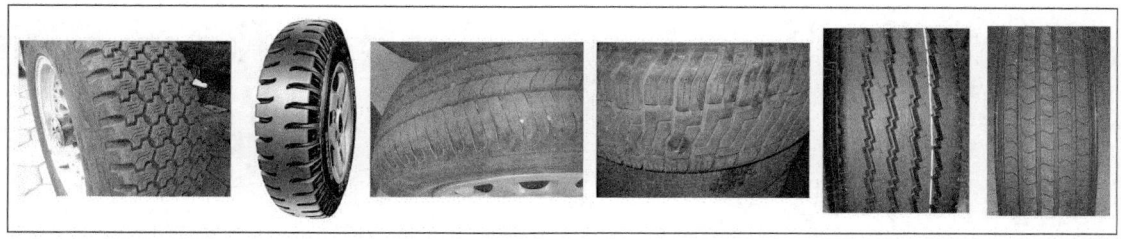

图 3-24　不同花纹的设计取决于车辆行驶的道路条件

（六）轮胎的气门嘴

气门嘴用于为轮胎充气或放气，典型的轮胎气门嘴如图 3-25 所示。气门嘴有一个由弹簧压紧的气门芯，使空气只能由外向内一个方向流动，即只能向内充气。当小销子被压紧时，空气就能向相反方向流动，即向外放气。气门芯损坏后，可以把它拧下来换一个。气门嘴外端有一个密封帽可以从外部密封，防止漏气。

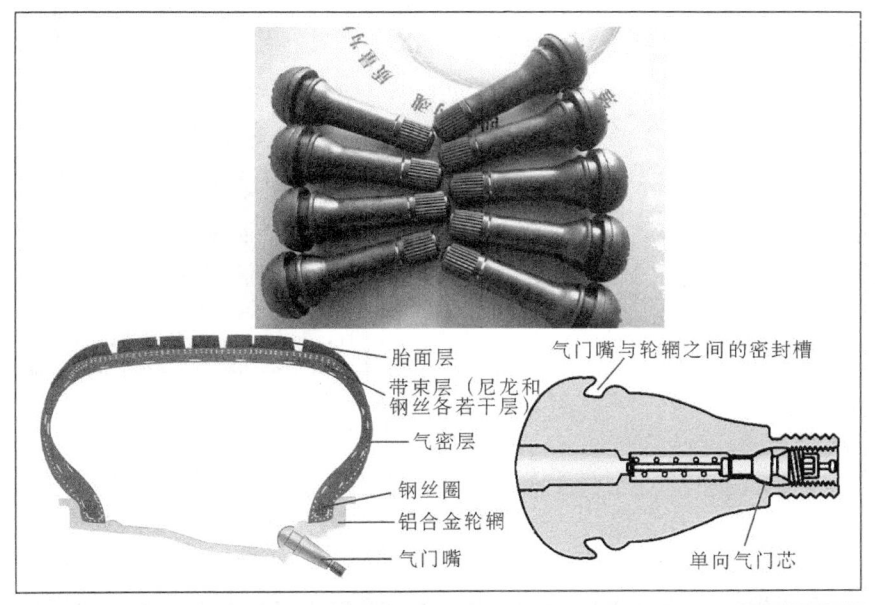

图 3-25　轮胎的气门嘴

（七）轮胎的规格识别

米制轮胎的规格

轮胎的规格是根据使用要求和尺寸大小确定的。轮胎尺寸必须标在轮胎的侧面。现在大部分轮胎的规格均采用米制标准。但是过去采用其他的方法表示轮胎的规格。米制规格如图 3-26 所示，轮胎规格由以下几个部分组成。

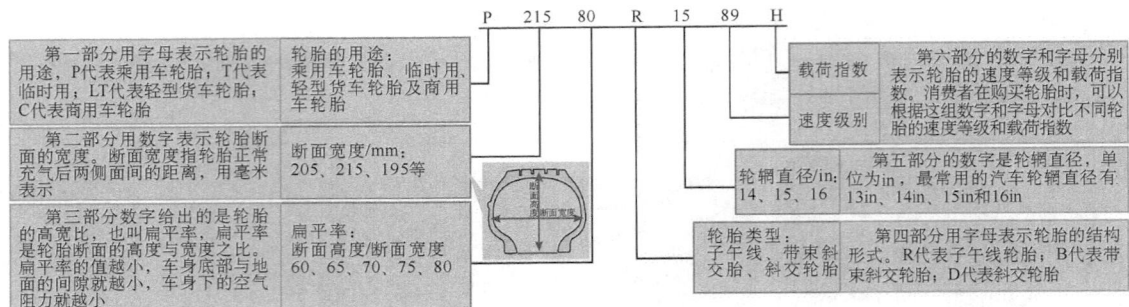

图 3-26　轮胎规格按米制标准分类，规格中的符号可以帮助识别轮胎的类型和尺寸

现在常用轮胎的扁平率有几种，其中三种常用的扁平率如图 3-27 所示。例如，75 系列表示这一系列轮胎的高度是宽度的 75%。注意随着扁平率的加大（60,70,75,85），车身距离地面的高度也将变大，这会改变车辆的舒适性和操纵性。通常，随着扁平率值的减小，车辆的乘坐舒适性下降，但操纵性有所改善。同样，随着扁平率的增大，改善了乘坐舒适性，但车辆操纵性下降。

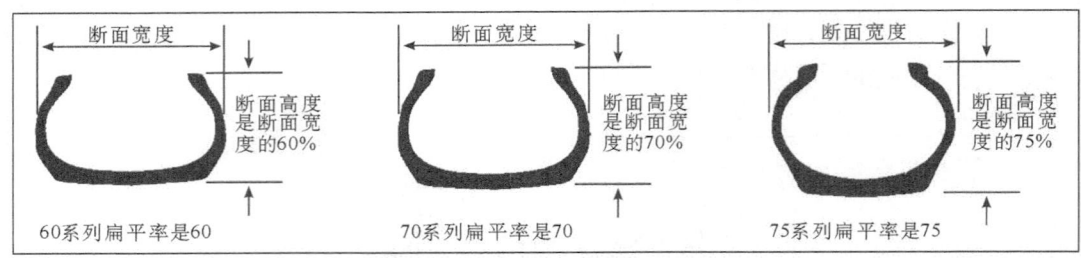

图 3-27　常见的轮胎扁平率

消费者决定要购买轮胎时，有多种规格可供选择。表 3-1 列举了某制造商所生产的各种不同规格的轮胎。注意轮胎扁平率的变化范围从 55~75，当然扁平率的值可能更大，例如 85。应该根据用户使用手册决定所选轮胎的规格。

表 3-1　某制造商所生产的各种不同规格的轮胎

宽断面子午线胎	宽断面 Baja	宽断面子午线胎	宽断面 Baja	宽断面子午线胎	宽断面 Baja	宽断面子午线胎	宽断面 Baja
P185/70R14	P225/70R14	P215/70R15	P255/70R16	P275/60R15	P235/75R15	P195/60HR15	P245/75R16
P195/70R14	P225/70R15	P215/65R15	P235/70R15	P185/60HR14	P235/75R15XL	P205/60HR15	
P205/70R14	P235/70R15	P215/60R14	P255/70R16	P195/65HR15	P225/75R16	P215/60HR15	
P215/70R14	P255/70R15	P235/60R14	P265/75R16	P205/65HR16	P235/75R16	P225/60HR16	

（八）车轮和轮毂

1. 深槽车轮

轮胎安装在由钢、铝或其他高强度材料制成的轮辋上，车轮的组成如图 3-28 所示，车轮通过安装孔与车桥上的凸缘盘相连。这种车轮称为深槽车轮，即车轮中部的直径比轮辋直径要小，车轮的深槽有利于轮胎的拆卸。拆卸和安装轮胎时，必须先将胎圈压进凹槽，只有这样轮胎另一侧才能从轮缘上拆下来。

现在车辆上还使用了安全轮辋，安全轮辋是在轮辋里有一圈凸台（图 3-29），此凸台可防止车辆在行驶或充气过程中由于轮胎突然爆裂而使轮圈陷入中央凹槽中。如果保持轮胎不从轮辋上脱落，则驾驶稳定性就要比轮胎陷入凹槽中要好得多，这样，就提高了安全性。

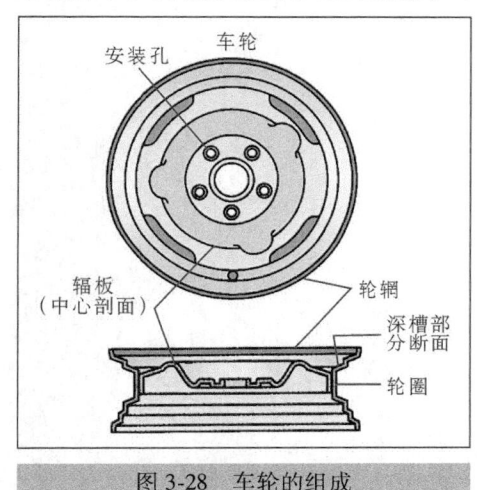

图 3-28 车轮的组成

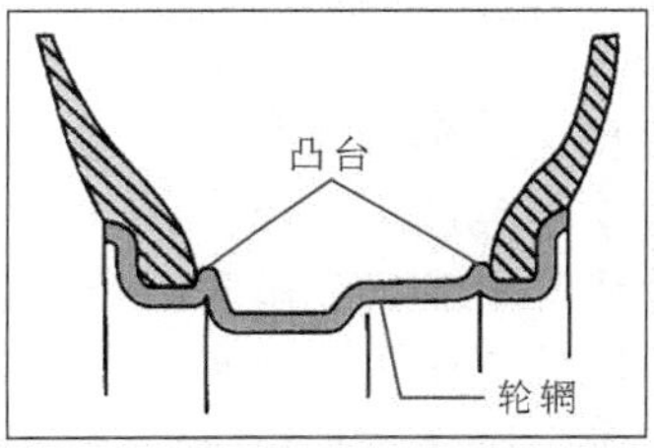

图 3-29 安全轮辋有一圈凸台，可以防止轮胎爆裂后陷入凹槽中

2. 车轮尺寸

普通车轮的尺寸一般按照轮辋直径来分，有 13in、14in、15in、16in 和 17in。车辆使用小扁平率轮胎时常用 16in 车轮，小扁平率轮胎操纵性能较好。车辆使用 16in 车轮和小扁平率轮胎，车身离地面不是很低，从侧面看外观比较好看。16in 和 17in 车轮一般用在重型和大型车辆上，如四轮驱动车和越野车。车辆使用的车轮尺寸由汽车制造商决定，轮辋的宽度一般为 4.5in、5in 和 6in。

3. 专用车轮

现在车轮的种类很多，常用的车轮材料是钢或铝。车轮有三种类型：辐板式车轮、铸铝车轮和辐条式车轮（图 3-30）。这三种车轮都被汽车制造商广泛使用，消费者也可以购买镁质（mag）车轮，其轮辋是由轻金属镁制成的。现在，镁质（mag）已经成为一个术语，表示任何由特殊材料制成的车轮。

（九）车轮磨损的检查

通过观察胎面磨损标记或测量花纹深度，可以确定轮胎是否过度磨损，如图 3-31 所示，磨损指示条是横贯轮胎表面的一窄条光滑橡胶，当轮胎严重磨损时，不管是均匀磨

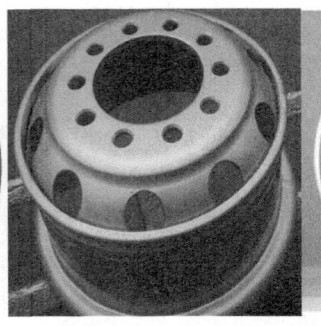

图 3-30　车轮的三种结构形式

损或是不均匀磨损,磨损指示条将会露出来。当能够看到这些指示条时,说明轮胎已磨损,该更换轮胎了。

(十) 车轮气压的检查

轮胎要按规定压力充气。充气压力的规定值取决于轮胎的类型、车辆的重量和驾驶安全性要求。此外充气压力也要随温度的变化而变化,例如,在天气寒冷时,温度每降低 10℃ 充气压力就降低大约 6.5kPa。无论冬季还是夏季都应按时检查轮胎的气压情况。

检查轮胎气压是否过高。充气压力过高,会增大轮胎的张力,胎侧产生过度变形,不能进行正常的弯曲变形。这种情况导致胎面中部磨损加剧,轮胎吸收路面冲击的能力将降低。轮胎气压不正常引起的轮胎磨损故障见表 3-2。

图 3-31　轮胎花纹的检查

表 3-2　轮胎气压不正常引起的轮胎磨损故障

条件	胎肩快速磨损	胎冠快速磨损	胎面碎裂
结果			
起因	轮胎气压过低或没有进行轮胎换位	在冷态下调整轮胎气压到规定值	轮胎气压过低或超速

注:应在轮胎冷态时调整轮胎气压到规定值。

(十一) 车轮的互换

检查轮胎是否按照制造商建议的时间间隔和步骤进行换位,几种常用的轮胎换位方式如图 3-32 所示,最好按照制造商说明书的程序进行轮胎换位。

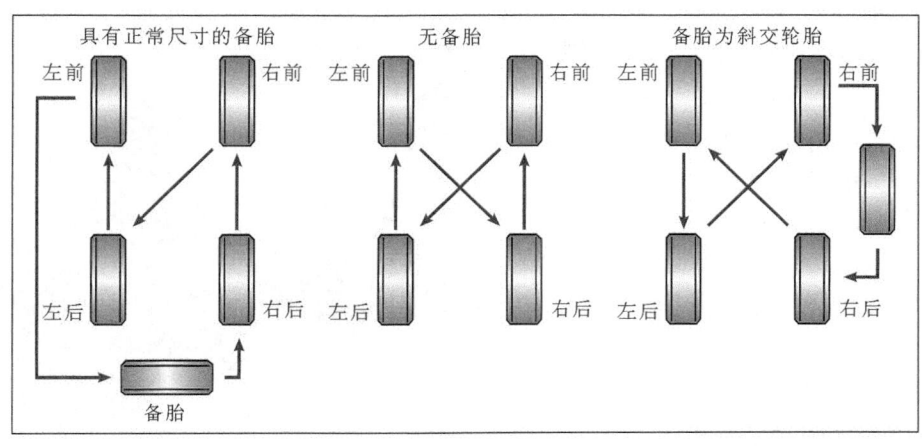

图 3-32 使轮胎磨损均匀的几种轮胎换位方法

（十二）轮胎的静动平衡

轮胎有两种类型的平衡：静平衡和动平衡。静平衡是指围绕传动轴平均分配质量。在做静平衡的过程中，轮胎不旋转。车轮的静平衡不好会引起车轮跳动和来回摆动，这被称为摆振，严重的摆振会引起轮胎的过度磨损甚至损坏。

动平衡指的是平均分配转动质量，在做平衡的过程中，轮胎是旋转的。轮胎动平衡要在平衡机上做。如果轮胎失衡，在旋转的时候就有一种向一边移动的趋势。动平衡不好的车轮在汽车行驶时，会引起晃动或摆动，在特定速度下晃动或摆动会非常明显。一些轮胎平衡机可以模拟实际道路条件对轮胎做动平衡。

第五节 悬　架

悬架就是车架（或车身）与车桥（或车轮）之间的一切传力连接装置的总称。其作用是把路面作用于车轮上的垂直反力（支承力）、纵向反力（牵引力和制动力）和侧向反力以及这些反力所造成的转矩传递到车架（或车身）上，并减少汽车振动，以保证汽车的正常行驶。

一、汽车悬架的基本组成与分类

（一）汽车悬架的组成

汽车前悬架（图 3-33）一般由弹性元件、减振器和导向机构（横向稳定杆、摆臂及纵向推力杆等）三部分组成。

弹性元件的作用是使车架（或车身）与车桥（或车轮）之间成为弹性连接和弹性的充气轮胎一起缓和不平路面对车辆的冲击，提高乘员的乘坐舒适性，避免货物损伤，延长汽车使用寿命。

弹性系统受到冲击会产生振动，持续的振动容易使乘员感到不舒适或疲劳，为了尽快使弹性系统的振动迅速衰减，悬架还安装有减振器，使振动迅速衰减。

导向机构也是传力机构，其作用一是传递各个方向的力和力矩，二是使车轮按一定轨迹相对于车架和车身跳动。汽车在行驶过程中，车轮（特别是转向轮）的运动轨迹应符合一定的要求，否则对汽车的某些行驶性能（特别是操纵稳定性）有不利的影响。

横向稳定杆是为了增强汽车的横向刚度，防止车身在转弯等行驶情况下发生过大倾斜的辅助弹性元件。

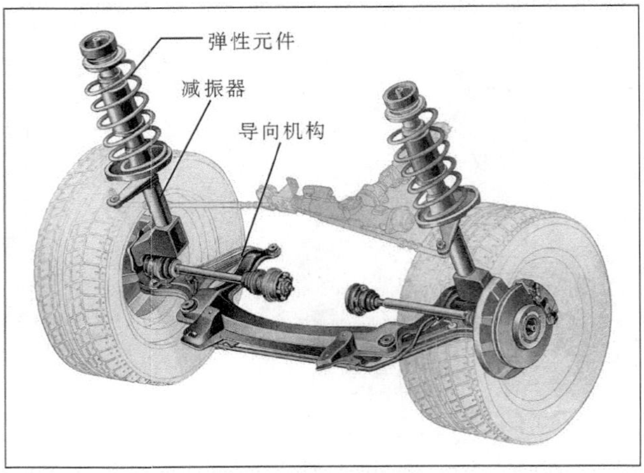

（二）汽车悬架的分类

1. 按照汽车导向机构分

图 3-33 典型的汽车前悬架

汽车悬架按照导向机构的不同可将悬架分为非独立式悬架和独立式悬架，如图 3-34 和图 3-35 所示。

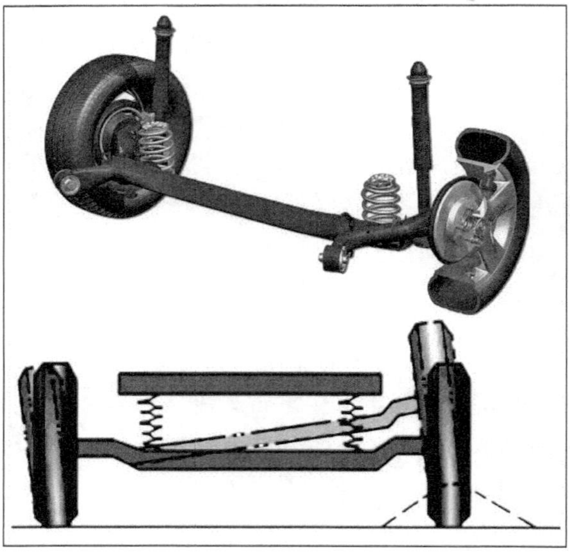

图 3-34 非独立式悬架 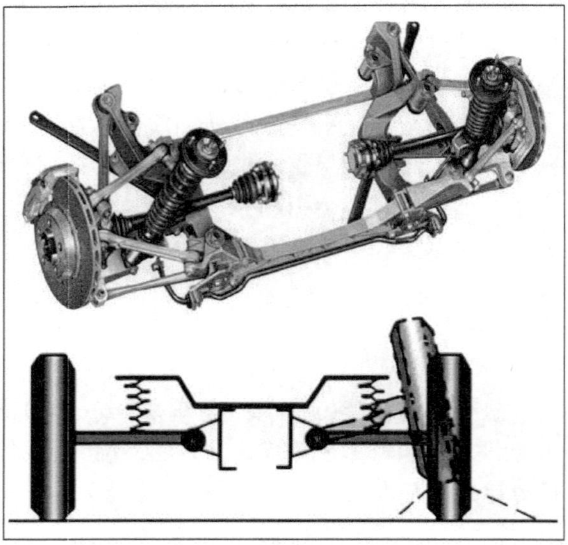　　图 3-35 独立式悬架

非独立式悬架的结构特点是两侧的车轮由一根整体式车桥相连，车轮连同车桥一起通过弹性悬架与车架（或车身）连接。当一侧车轮因道路不平而发生跳动时，必然引起另一侧车轮在汽车横向平面内发生摆动。

独立式悬架的结构特点是车桥做成断开的，每一侧的车轮可以单独地通过弹性悬架与车架（或车身）连接。

2. 按照控制方式分

按照控制方式的不同可将悬架分为被动悬架和主动悬架，如图 3-36 和图 3-37 所示。

传统的机械控制属于被动控制，即汽车的状态只能被动地取决于路面、行驶状况和汽车的弹性元件、减振器和导向机构等机械部件。

而主动控制采用电子控制技术，它能根据路面和行驶状况，自动调节悬架刚度和阻尼，控制汽车的振动和状态，使汽车平顺行驶。

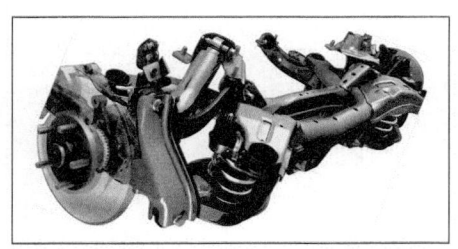

图3-36 被动悬架

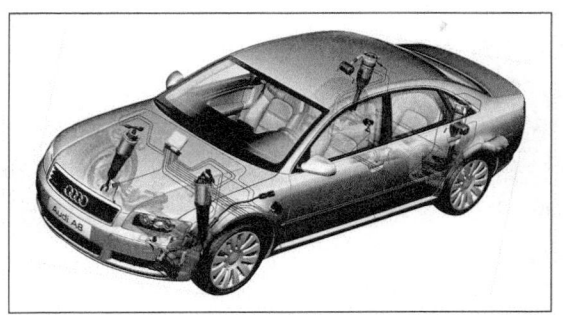

图3-37 主动悬架

二、非独立悬架

非独立悬架因其结构简单，工作可靠，被广泛应用于货车的前、后悬架。国产微型车以及微型客货车后桥基本都采用了钢板弹簧式非独立悬架。现代轿车中，很少采用或仅后悬架采用非独立悬架。

按所采用的弹性元件不同，非独立悬架分钢板弹簧式（图3-38）、**螺旋弹簧式**（图3-39）**和空气弹簧式**（图3-40）。

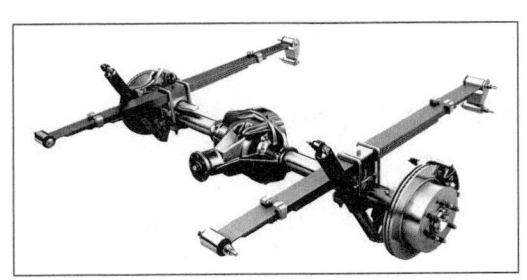

图3-38 钢板弹簧式非独立悬架

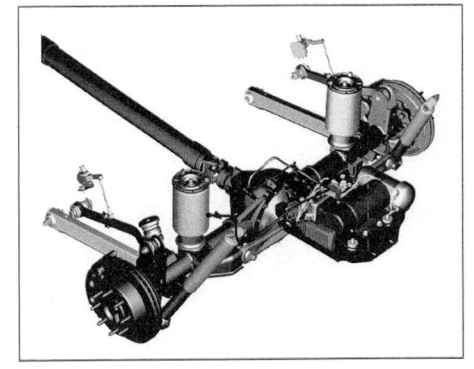

图3-39 螺旋弹簧式非独立悬架

（一）钢板弹簧式非独立悬架

1. 基本结构与原理

图3-41所示为国产微型客货车广泛采用的钢板弹簧式非独立悬架。钢板弹簧纵向安置，中部用两个U形螺栓固定在前轴的工字梁上。钢板弹簧的主片（最上面的一片）的两端弯成卷耳，内装轴衬。前端卷耳用钢板弹簧销与前支架相连，形成固定的铰链支点；而后端卷耳则通过前板簧吊耳销与用铰链挂在吊耳支架上可以自由摆动的吊耳相连接，从而保证了弹簧变形时两卷耳中心线间的距离可变。

各弹簧片用中心螺栓加以连接，并用若干个弹簧夹定位，以防钢板弹簧反向变形（即反跳）时使各片分开，以免主片单独承载，此外，还可防止各片横向错动。钢板弹簧在载荷作用下变形时，各片之间有相对滑动而产生摩擦，可以促使车架振动的衰减。但各片间的干摩擦，将使车轮所受的冲击在很大程度上传给车架，既降低了悬架缓和冲击的能力，又使弹簧各片加速磨损，为减少弹簧片的磨损，在装配钢板弹簧时，各片间须涂上较稠的润滑剂（石墨润滑脂），并定期进行保养。

某些客货车为了减小车身固有频率变化，悬架刚度应该是可变的，所以在后悬架中加装副弹簧（图

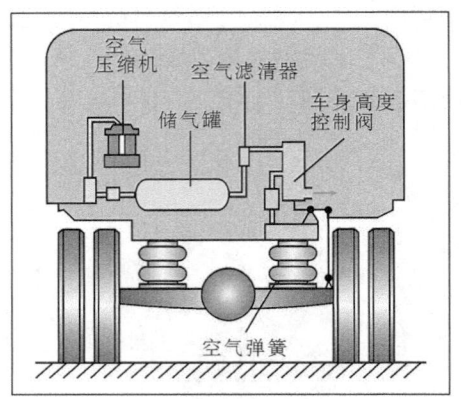

图 3-40 空气弹簧式非独立悬架

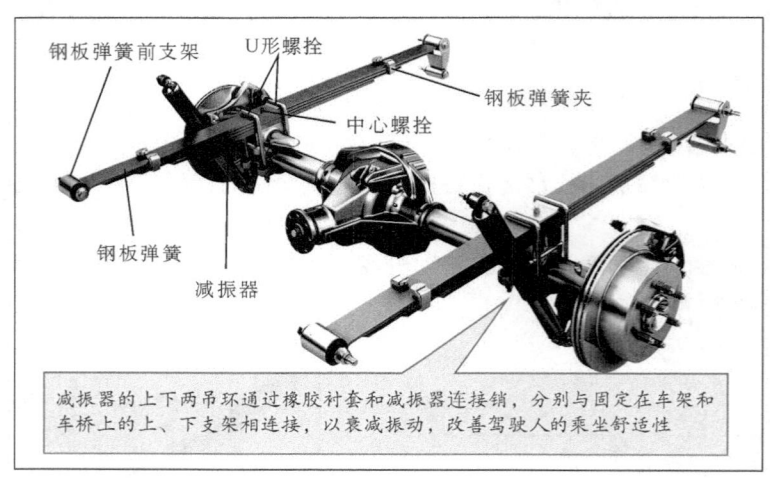

图 3-41 钢板弹簧式非独立悬架

3-42）。当汽车空载或实际装载质量不大时，副弹簧不承受载荷而由主弹簧单独工作；在重载和满载时，车架相对车桥下移，使车架上的副弹簧滑板式支座与副弹簧接触，即主、副弹簧共同参加工作，一起承受载荷而使悬架刚度增大，以保证车身振动频率不致因载荷增大而变化过大。

加装副弹簧的悬架其刚度的增加是突变的，这对汽车行驶平顺性不利。为提高汽车的平顺性，有的轻型货车上采用将副弹簧置于主弹簧下面的渐变刚度钢板弹簧。主弹簧

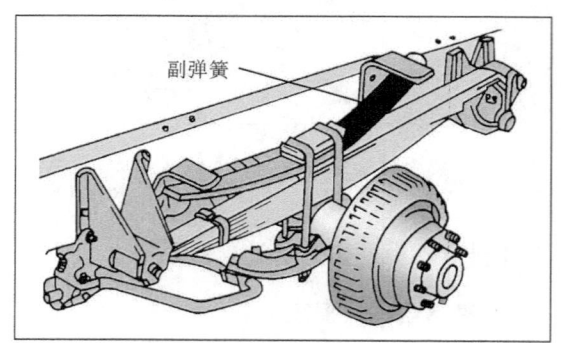

图 3-42 加装副弹簧的后悬架

由厚度为 9mm 的 4 片（或 3 片）和副弹簧由厚度为 15mm 的 2 片（或 3 片）组成钢板弹簧组件，它们用中心螺栓固定在一起。在小载荷时，仅主弹簧起作用，而当载荷增加到一定值时，副

弹簧开始与主弹簧接触，悬架刚度随之相应提高，弹簧特性变为非线性。当副弹簧全部接触后，弹簧特性又变为线性的。这种渐变刚度钢板弹簧的特点是副弹簧逐渐起作用，因此悬架刚度的变化比较平稳，从而改善了汽车行驶的平顺性。

2. 钢板弹簧式非独立悬架主要的组件

（1）钢板弹簧　钢板弹簧是由若干片等宽但不等长（厚度可以相等，也可以不相等）的合金弹簧片组合而成的一根近似等强度的弹性梁。钢板弹簧纵向安置时具有导向能力，所以采用纵置钢板弹簧的悬架不必另设独立的导向机构。多片钢板弹簧变形时，各片之间因相对滑动而产生摩擦，可以衰减车身的振动，因而在对舒适性要求不高的钢板弹簧悬架中，不安装减振器，以简化结构。钢板弹簧如图3-43所示。

钢板弹簧的另外一种形式是变截面钢板弹簧，它是由单片或2~3片变厚度断面的弹簧片构成的。这种少片变截面钢板弹簧克服了钢板质量大、弹性差的缺点。

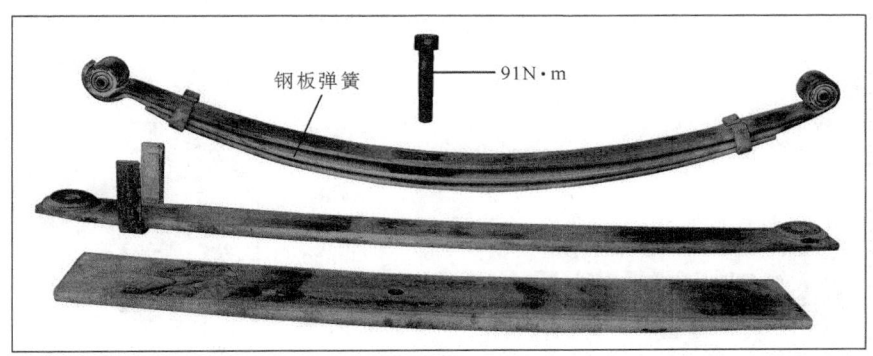

图3-43　钢板弹簧

（2）减振器　减振器用以减少汽车振动，与弹性元件并联安装（图3-44）。汽车减振器有液力式、充气式和阻力可调式几种。这里主要讲述液力式减振器。

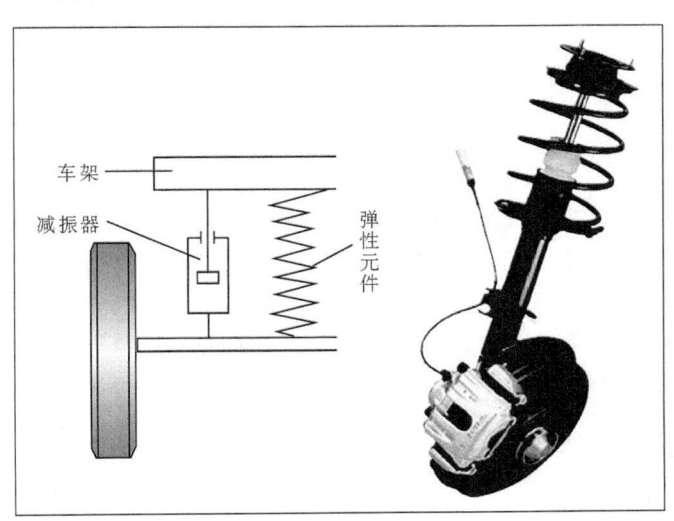

图3-44　减振器和弹性元件的安装示意图

液力减振器：目前汽车广泛采用筒式液力减振器，在压缩和伸张两个行程内均能起减振作用，故称为双向作用式减振器（图3-44）。它一般有四个阀：压缩阀、伸张阀、流通阀和补偿阀。流通阀和补偿阀是一般的单向阀，其弹簧很弱，当阀上的油压作用力与弹簧力同向时，阀处于关闭状态；而当油压作用力与弹簧力反向时，只要有很小的油压，阀便能开启。压缩阀和伸张阀是卸载阀，其弹簧较强，预紧力较大，只有当油压升高到一定程度时，阀才能开启。

▶ **双向作用筒式减振器的工作原理**（图3-45）

压缩行程：当汽车车轮滚上凸起和滚出凹坑时，车轮移近车架（车身），减振器受压缩，减振器活塞下移。活塞下面的腔室（下腔）容积减小，油压升高，油液经流通阀流到活塞上面的腔室（上腔）。由于上腔被活塞杆占去一部分空间，上腔内增加的容积小于下腔减小的容积，故还有一部分油液推开压缩阀，流回储油缸。这些阀对油液的节流便造成对悬架压缩运动的阻尼力。

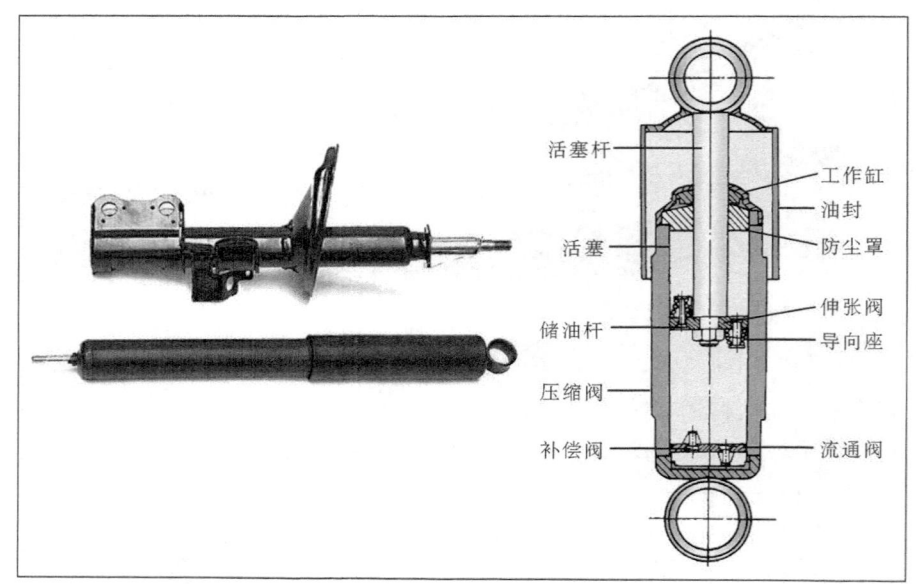

图3-45 双向作用筒式减振器

伸张行程：当车轮滚进凹坑或滚离凸起时，车轮相对车身移开，减振器受拉伸。此时减振器活塞向上移动。活塞上腔油压升高，流通阀关闭。上腔内的油液便推开伸张阀流入下腔。同样，由于活塞杆的存在，自上腔流来的油液还不足以充满下腔所增加的容积，下腔内产生一定的真空度，这时储油缸中的油液便推开补偿阀流入下腔进行补充。这些阀的节流作用造成对悬架伸张运动的阻尼力。

（二）螺旋弹簧式非独立悬架

1. 总体组成与工作原理

螺旋弹簧式非独立悬架一般只用作轿车的后悬架（图3-46）。两端车轮用整体式后桥相连，上、下控制臂的一端和车桥固定在一起，另一端头部有孔，里边装有橡胶衬套，连接螺栓穿过橡胶衬套中间的孔和车身相连，并形成铰链点。汽车行驶过程中，整个后轴可以通过控制臂和车身连接的铰链点进行纵向摆动。由于铰链点处的橡胶衬套有一定的厚度和长度，橡胶本身又有弹性，所以后轴在铰链点摆动时，根据受力方向不同，橡胶衬套可以在各个方向产生较小的变形来防止运动干涉。

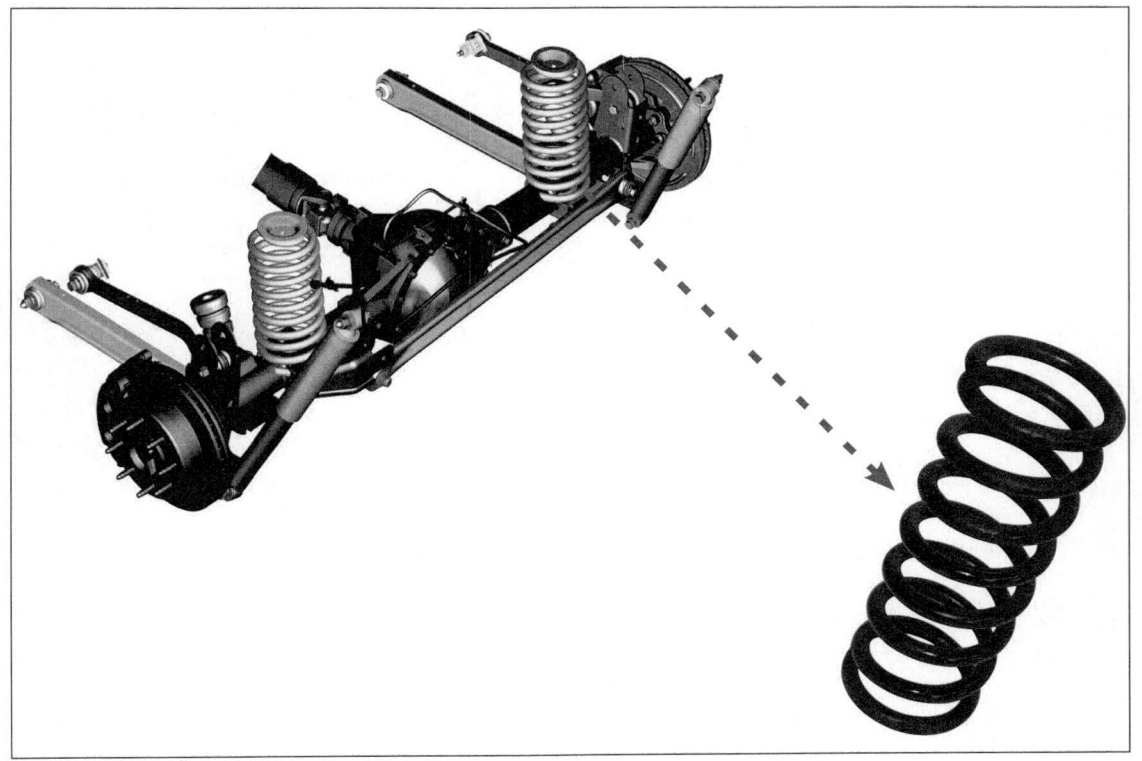

图 3-46　螺旋弹簧式非独立悬架　　　　　　　　图 3-47　螺旋弹簧

左右两个螺旋弹簧的间距应尽可能大，以提高悬架的横向角刚度。横支杆是用来传递车轴和车身之间的横向作用力及其力矩的。

2. 螺旋弹簧

独立悬架的弹性元件广泛采用螺旋弹簧，特别是前轮独立悬架。它可做成等螺距或变螺距，前者刚度不变，后者刚度是可变的。螺旋弹簧如图 3-47 所示。

和钢板弹簧比较，螺旋弹簧具有以下优点：无需润滑，不忌污泥；安置它所需的纵向空间不大；弹簧本身质量小。但螺旋弹簧只能承受垂直载荷，故必须装设导向机构以传递垂直力以外的各种力和力矩。并且螺旋弹簧本身没有减振作用，因此在螺旋弹簧悬架中必须另装减振器。

（三）空气弹簧式非独立悬架

图 3-48 所示为空气弹簧式非独立悬架示意图。囊式空气弹簧的上下端分别固定在车架和车桥（或与车桥相连的支架）上。从压缩机产生的压缩空气经油水分离器和压力调节器进入储气筒。压力调节器可使储气筒中的压缩空气保持一定的压力。储气罐通过管路与两个（或几个）空气弹簧相通。储气罐和空气弹簧中的空气压力由车身高度调

节阀控制。空气弹簧和螺旋弹簧一样只能传递垂直力,其纵向力和横向力及其力矩也是由纵向推力杆和横向推力杆(图中未画出)来传递的。

车身高度调节阀固定在车架上,通过控制杆与车桥相连。阀体内有两个阀:通气源的通气阀和通大气的放气阀。这两个阀均由控制杆操纵。当汽车载荷增加、车桥移近车架时,控制杆上升,通过摇臂机构打开充气阀,压缩空气便进入空气弹簧,使车架和车身升高,直到恢复车身与车桥的原定距离为止;而当载荷减小、车桥远离车架时,控制杆下移,打开放气阀,则空气弹簧内的空气排入大气,车身和车架随即降低至原定数值。

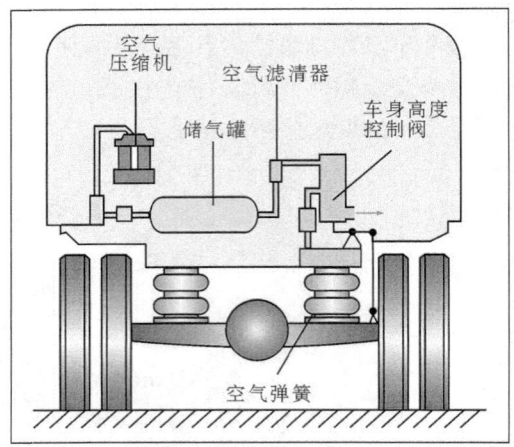

图 3-48 空气弹簧式非独立悬架

三、独立悬架

(一) 独立悬架的分类

按车轮运动形式,独立悬架可以分成四种类型,如图 3-49 所示。

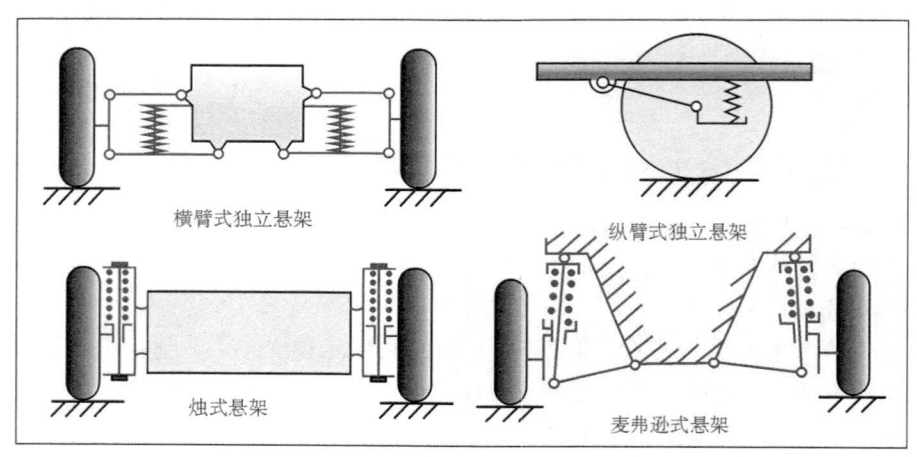

图 3-49 独立悬架的分类

1) 横臂式独立悬架:其车轮可以在汽车横向平面内摆动的悬架。
2) 纵臂式独立悬架:车轮可以在汽车纵向平面内摆动的悬架。
3) 车轮沿主销移动的悬架:含烛式悬架和麦弗逊式悬架。
4) 多杆式悬架:车轮可以在由摆臂、推力杆等多杆件共同决定的斜向平面内摆动的悬架。

（二）横臂式独立悬架

如图3-50所示，单横臂式独立悬架的特点是当悬架变形时，车轮平面将产生倾斜而改变两侧车轮与路面接触点间的距离——轮距，致使轮胎相对于地面侧向滑移，破坏轮胎和地面的附着。

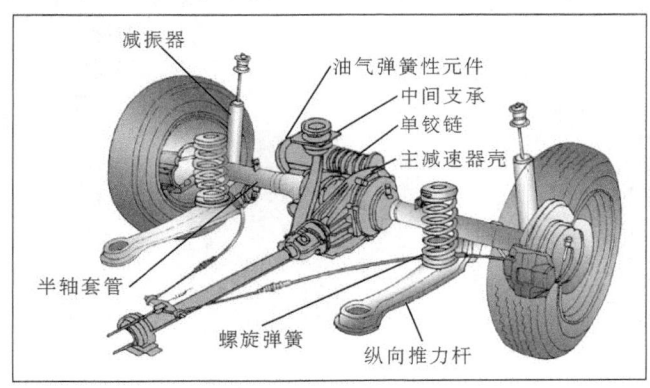

图3-50 单横臂式独立悬架示意图

此外，这种悬架用于转向轮时，会使主销内倾角和车轮外倾角发生较大的变化，对转向操纵有一定影响，故目前在前悬架中很少采用。但是，由于其结构简单、紧凑及布置方便等原因在车速不太高的重型越野汽车上也有采用的。

在等长双横臂式独立悬架（图3-51a)中，当车轮上下跳动时，车轮平面没有倾斜，但轮距却发生了较大的变化，这将增加车轮侧向滑移的可能性。在不等长双横臂式独立悬架（图 3-51b)中，如两臂长度选择适当，可以使车轮和主销的角度以及轮距的变化都不太大，不大的轮距变化在轮胎较软时可以由轮胎变形来适应。目前轿车的轮胎可容许轮距的改变在每个车轮上达到

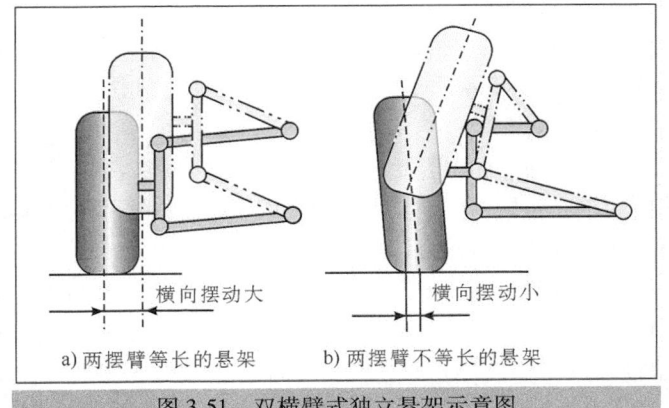

图3-51 双横臂式独立悬架示意图

4~5mm而不致沿路面滑移，因此，不等长的双横臂式独立悬架在轿车前轮上的应用较为广泛。

（三）纵臂式独立悬架

纵臂式独立悬架可分为单纵臂式独立悬架和双纵臂式扭杆弹簧独立悬架。

转向轮采用单纵臂独立悬架时，车轮上下跳动将使主销后倾角产生很大变化。因此，单纵臂式独立悬架一般多用于不转向的后轮。

图3-52所示为桑塔纳、捷达轿车的后悬架。它也应属于单纵臂式独立悬架，其弹性元件为螺旋弹簧。但是，它与一般的单纵臂式独立悬架的结构又有所不同。它有一根整体的V形断面横梁(板厚为6mm)，在其两端焊接上变截面的管状纵臂形成一个整体构架(后轴体)。

在纵臂的前端通过橡胶-金属支承与车身做铰式连接。纵臂的后端与轮毂、减振器相连。

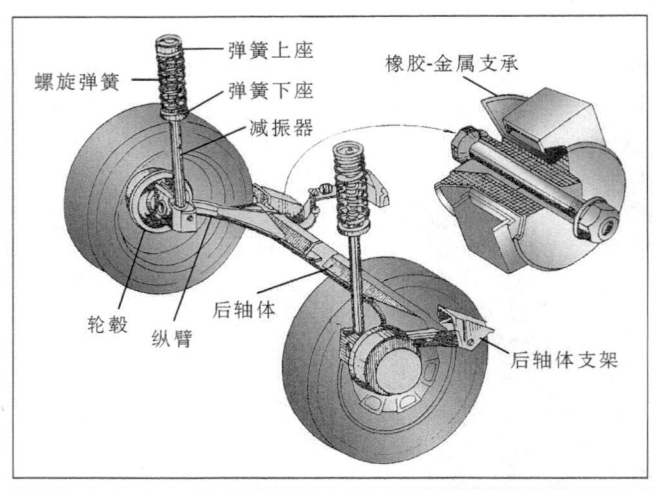

图 3-52 单纵臂式独立悬架

汽车行驶时，车轮连同后轴体相对车身以橡胶-金属支承为支点做上下摆动，相当于单纵臂式独立悬架。当两侧悬架变形不等时，则后轴体的 V 形断面横梁发生扭转变形，因该横梁有较大的弹性，故而它可起横向稳定器的作用。而不像普通带有整体轴的非独立悬架那样，一侧车轮的跳动影响另一侧车轮。因此，该悬架又称纵臂扭转梁式独立悬架。

该悬架结构的另一特点是，由于橡胶-金属支承是不对称的橡胶楔形结构，其径向弹性小，轴向弹性大，因此，当汽车转弯行驶时，在侧向力的作用下，可以认为后轴轴线只有轴向移动，而没有绕垂直轴线的偏转。也就是说，消除了后轴的自转，从而保持了原设计的汽车转向特性。

双纵臂式独立悬架的两个纵臂长度一般做成相等的，形成平行四连杆机构。这样，在车轮上下跳动时，主销的后倾角保持不变，故这种形式的悬架适用于转向轮。如图 3-53 所示，双纵臂扭杆弹簧前独立悬架的转向节和两个等长的纵臂铰链式连接。在车架的两根管式横梁内部都装有若干层矩形断面的薄弹簧钢片叠成的扭杆弹簧。两根扭杆弹簧的内端用螺钉固定在横梁的中部，而外端则插入摆臂轴的矩形孔内。摆臂轴用衬套支承在管式横梁内。摆臂轴和纵臂为刚性连接。另一侧车轮的悬架与之完全相同而且对称。

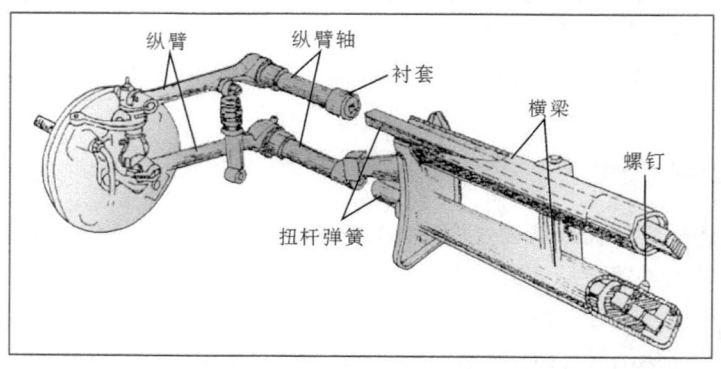

图 3-53 双纵臂式扭杆弹簧独立悬架

扭杆弹簧本身是一根由弹簧钢制成的杆（图3-54）。扭杆断面通常为圆形，少数为矩形或管形。其两端形状可以做成花键、方形、六角形或带平面的圆柱形等，以便一端固定在车架上，另一端固定在悬架的摆臂上。摆臂则与车轮相连。当车轮跳动时，摆臂便绕着扭杆轴线而摆动，使扭杆产生扭转弹性变形，借以保证车轮与车架的弹性联系。有的扭杆由一些矩形断面的薄条（扭片）组合而成，这样弹簧更为柔软。

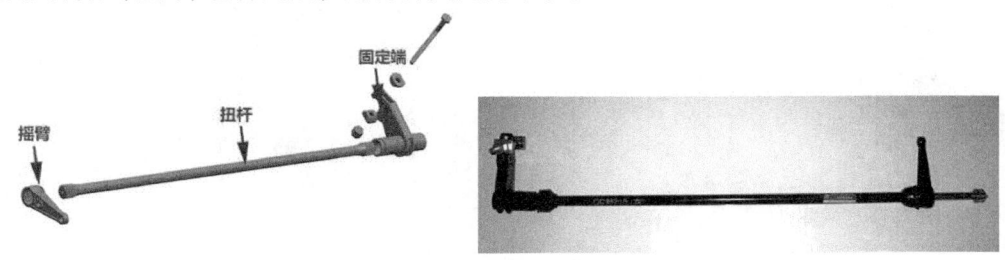

图3-54　扭杆弹簧安装示意图

扭杆弹簧是用铬钒合金弹簧钢制成的，其表面经过加工后很光滑。使用中必须对扭杆表面进行很好的保护，通常在扭杆弹簧表面上涂有环氧树脂，包一层玻璃纤维布，再涂一层环氧树脂，最后涂以沥青和防锈油漆，以防碰撞、刮伤和腐蚀，从而可提高扭杆弹簧的使用寿命。

扭杆弹簧单位质量的储能量是钢板弹簧的3倍，比螺旋弹簧高。因此，采用扭杆弹簧的悬架质量较小，结构比较简单，也不需润滑，并且通过调整扭杆弹簧固定端的安装角度，易实现车身高度的自动调节。

此外，扭杆弹簧在汽车上的布置比较方便，它可以与汽车纵轴线平行地布置，也可以横向布置。纵向布置时，可以方便地安装满足设计要求长度的扭杆，以保证悬架具有良好的性能。

（四）麦弗逊式独立悬架

图3-55所示为桑塔纳轿车的麦弗逊式悬架。筒式减振器的上端用螺栓和橡胶垫圈与车身连接，减振器下端固定在转向节上，而转向节通过球铰链与下摆臂连接。车轮所受的侧向力通过转向节大部分由下摆臂承受，其余部分由减振器承受。因此，这种结构形式较烛式悬架在一定程度上减少了滑动磨损。

螺旋弹簧套在筒式减振器的外面。主销的轴线为上下铰链中心的连线。当车轮上下跳动时，因减振器的下支点随下摆臂摆动，故主销轴线的角度是变化的。这说明车轮是沿着摆动的主销轴线而运动的。因此，这种悬架在变形时，使得主销的定位角和轮距都有些变化。然而，如果适当调整杆系的位置，可使车轮的这些定位参数变化极小。该悬架突出的优点是增大了两前轮内侧的空间，便于发动机和其他部件的布置，因此多用在前置、前驱动的轿车和微型汽车上。螺旋弹簧减振器的结构如图3-56所示。

横向稳定杆：现代轿车的悬架一般都很软，在高速行驶中转向时，车身会产生很大的横向倾斜和横向角振动。为减少这种横向倾斜，往往在悬架中加设横向稳定器。用得最多的是杆式横向稳定器。

弹簧钢制成的横向稳定杆呈扁平的U形，横向地安装在汽车的前端或后端。稳定杆中部自由地支承在两个固定在桥壳上的橡胶套筒内。横向稳定杆的两侧纵向部分的末端与下臂上的弹簧支座相连。悬架导向机构的结构如图3-57所示。

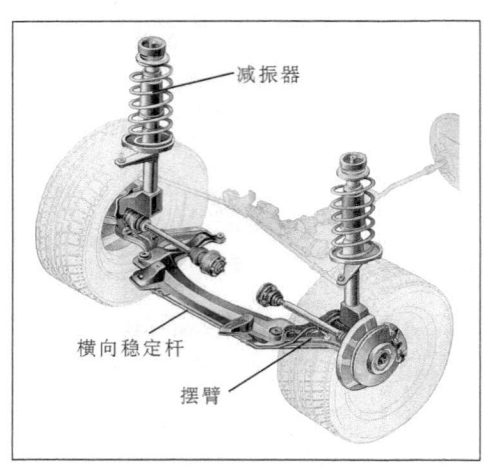

图 3-55 桑塔纳轿车麦弗逊式悬架示意图

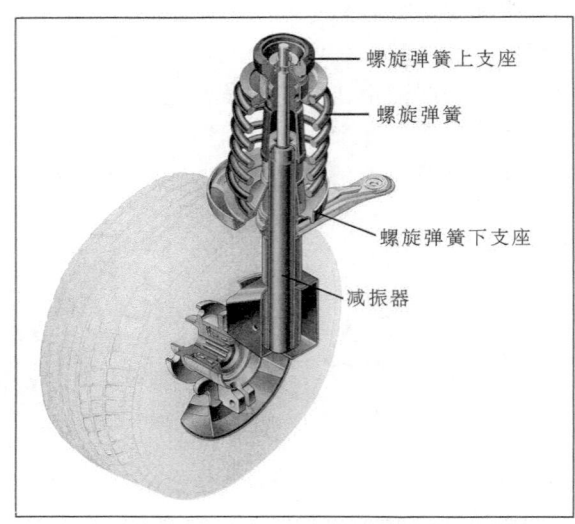

图 3-56 螺旋弹簧减振器的结构

当车身只做垂直移动而两侧悬架变形相等时,横向稳定杆在套筒内自由转动,横向稳定杆不起作用。当两侧悬架变形不等而车身相对于路面横向倾斜时,车架的一侧移近弹簧支座,稳定杆的该侧末端就相对于车架向上移;而车架的另一侧远离弹簧支座,相应的稳定杆的末端则相对于车架向下移。然而,在车身和车架倾斜时,横向稳定杆的中部对于车架并无相对运动。这样在车身倾斜时,稳定杆两边的纵向部分向不同方向偏转,于是稳定杆便被扭转。弹性的稳定杆所产生的扭转力矩就妨碍了悬架弹簧的变形,起到了阻止车身倾斜的作用,因而减小了车身的横向倾斜和横向角振动。横向稳定杆的工作示意图如图 3-58 所示。

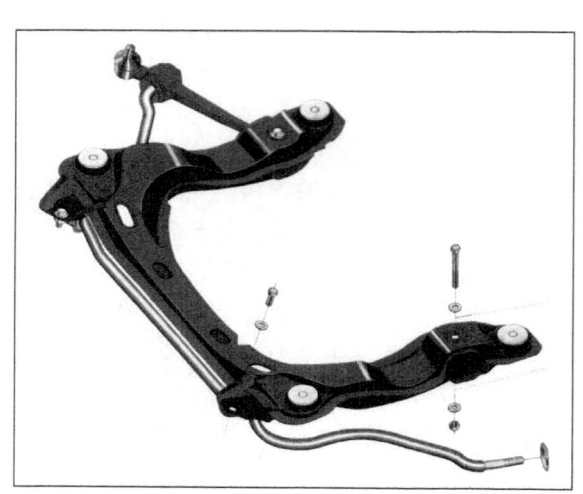

图 3-57 悬架导向机构的结构

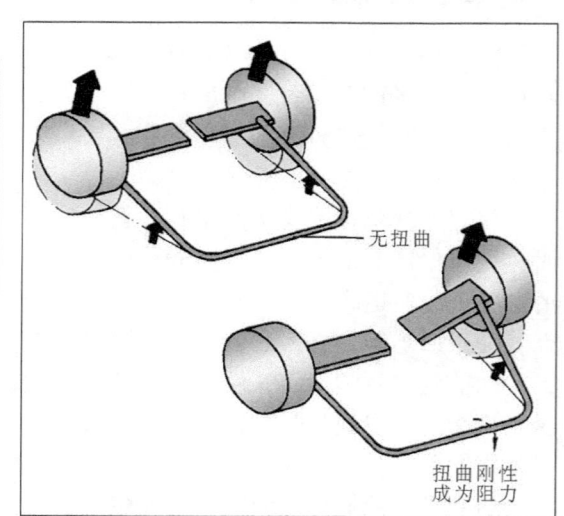

图 3-58 横向稳定杆的工作示意图

四、上海桑塔纳轿车悬架的拆装

1. 前悬架的拆装

前桥与前悬架如图 3-59 所示。

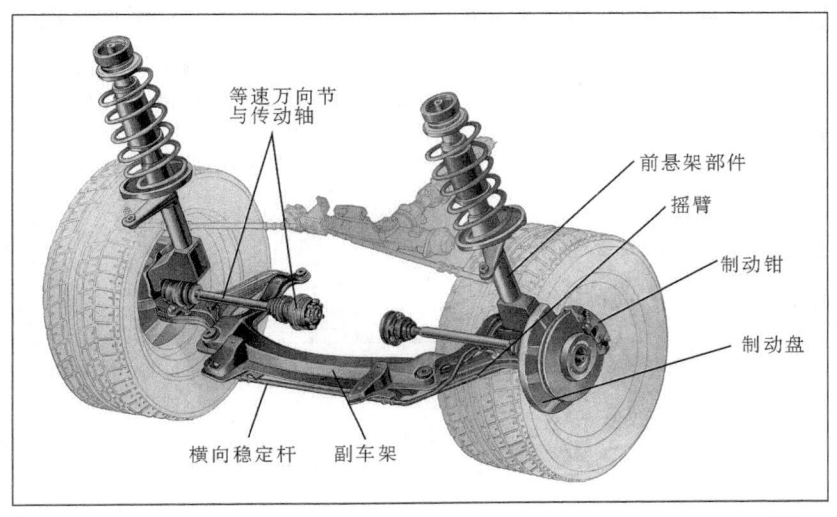

图 3-59 前桥与前悬架

1）拆下车轮装饰外罩，车轮着地时旋下轮毂-传动轴紧固螺母，取下车轮。
2）拆下制动钳固定螺栓，取下制动盘，把带制动软管的制动钳总成挂在车身上。
3）拆下可移动球形接头固定螺栓。
4）用拉器从减振器支柱外壳上压出转向横拉杆接头。
5）拆下稳定杆接头。
6）向下掀压前悬架摆动臂，再从车轮轴承壳内拉出传动轴，传动轴拉不出时，可用拉器压出，但不可加热轮毂，否则会损坏轮毂轴承。
7）卸下减振器活塞杆螺母，用内六角扳手顶住活塞杆，从下面挡住悬架支承轴或沿反方向固定。卸下螺母后，即可从车上取下带弹簧的减振器总成。

前悬架的装复按上述相反的顺序操作，并应注意下列事项：
1）所有螺母、螺栓的紧固力矩应符合规定值，不应过紧或过松。
2）传动轴与轮毂花键齿面的油污及密封剂应擦净。

2. 注意事项

1）正确操作拆装器材与工具。
2）按照拆装顺序和标准拧紧力矩规范操作。
3）对拆装部件进行检查判断。

> **知识链接：** 计算机控制式悬架

1. 计算机控制的悬架系统的功用

很多汽车的悬架系统能采用计算机及其控制模块进行控制。使用计算机及其控制模块控制悬架系统有很多优点。举例来说，在高速公路上行驶时，多数驾驶人喜欢平稳、柔软的悬架。但是在汽车转弯或者加速时，较硬的悬架却更舒适。以前设计的悬架要么偏软，要么偏硬，而不能软硬兼顾。现在，随着计算机的应用，既软又硬的悬架几乎立即就可生产出来。此外，当车尾行李箱的重量增加，或者乘客增多时，计算机控制的悬架系统能够持续保持车辆的高度。使用计算机控制的悬架系统的最终结果是：更好地控制转向系统；改善了燃油经济性；使车辆具有更迷人的姿态；改善了汽车的稳定性和乘坐舒适性；改善了汽车的安全性。

计算机控制的悬架系统的设计形式多种多样，并且还有很多其他类型的系统，但其基本工作原理都相似。

2. 空气悬架

汽车常用的一种电子悬架为空气悬架系统，其组成如图3-60所示。虽然系统具有减振器，但是还使用了四个空气弹簧，一个车轮使用一个。当前、后高度传感器将信息传送给控制模块时，适量的空气便送给每个空气弹簧。

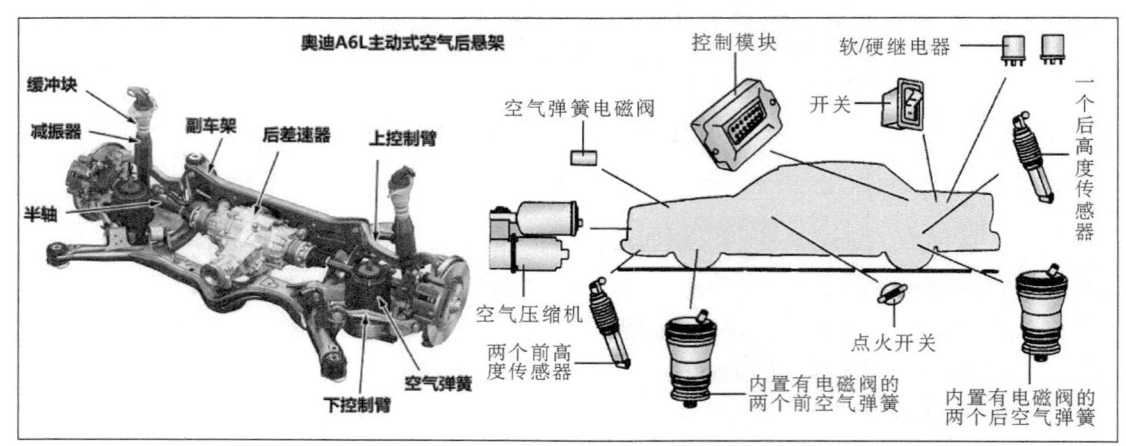

图3-60 空气悬架系统的组成

系统的工作通过给空气弹簧充气或放气来实现。汽车前、后部分都有一个预定的高度，高度传感器根据悬架行程大小使悬架伸长或缩短。重量增加时，汽车车身下降；重量减少时，汽车车身上升。高度传感器将这些变化信息传给控制模块。然后，控制模块通过继电器接通空气压缩机电路，从而改变空气弹簧内的空气量。

3. 主动悬架系统

主动悬架系统用计算机控制车身的状态，包括车身的侧倾、俯仰、制动点头和加速时的后仰以及车身高度。在高速公路行驶时，系统能够降低整个车身的高度，以提高其空气动力学特性；车辆也可以被抬高以提高离地间隙，这种情况可能会在大雪条件下出现。

为了实现这些调整，减振器已经被液压执行机构和压力传感器取代。液压执行机构作为悬架系统的一部分，安装在每个车轮上（图3-61）。液压执行机构和弹簧一起承受汽车作用在每个车轮上的重量。此系统被设计成能对各种各样的路面情况做出反应，并进行实时调整，以便尽可能地满足平顺性的要求。

第三章 行驶系统

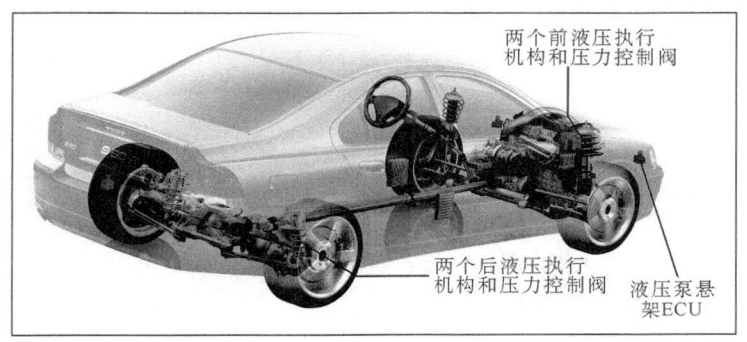

图3-61 主动悬架液压机构安装示意图

图3-62所示为一个主动悬架系统和液压系统的示意图。当汽车开始驶上路面上的凸起时，车轮被迫向上运动。向上运动使液压执行机构内的压力升高。压力控制阀检测到压力的增加，将其转换成电信号发送到悬架的计算机中。计算机立即将要求降低液压执行机构内压力的电信号发送回压力控制阀。随着压力的降低，液压执行机构回缩。其结果是车轮通过凸起升高时，车身仍保持原来的高度。

然后，当汽车驶过凸起的最高点时，液压执行机构内的压力下降。此压力下降的信息以电信号的形式被传给了计算机。计算机增加液压执行机构内

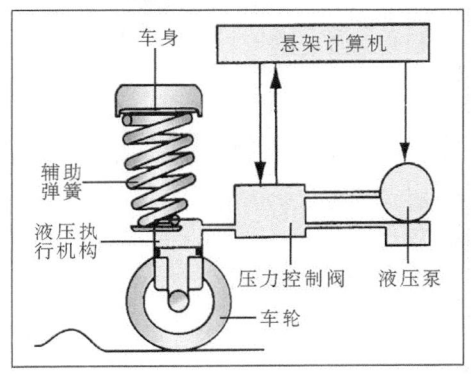

图3-62 主动悬架系统和液压系统的示意图

的压力，阻止车身移动。液压泵由发动机驱动，用来产生系统内的液体压力。在实际工作中，压力增加和减少的速度足够快，足以保证汽车通过凸起时车身高度保持不变。

当车轮通过地面凸起，检测到液压执行机构内的压力增量，计算机立即改变液压压力，因此车身高度保持不变。

4. 电子空气悬架系统

在电子空气悬架系统中，使用空气而不是使用液体来控制悬架系统。图3-63所示为一典型的前、后空气弹簧。在此系统中，每个车轮上都安装了一个空气弹簧。计算机控制进入每个空气弹簧的空气量。这个系统由带有继电器的空气压缩机和各种阀来操纵和控制车辆的悬架系统。

悬架控制模块（图3-64）位于汽车行李箱内。控制模块的输出对压缩机、排气阀和每个车轮上的空气弹簧阀进行控制。控制模块控制传给每个空气弹簧的空气量。其结果是，在各种路面条件下，车身的高度都可以得到控制。

本系统使用了三个高度传感器，高度传感器如图3-65所示。两个传感器位于汽车的前部，一个位于汽车的后部。每个传感器都有一个滑动磁条，固定在传感器上端。当汽车高度变化时，滑动磁条上下移动。传感器内还有一个高位和低位开关。当车身高度适当时，两个开关都关闭。这种情况下，悬架控制模块收到一个高度平衡信号，每个空气弹簧内被充入适量的空气。当车身前端向上运动（如加速）时，前传感器上移。当滑动磁条上移时，它打开

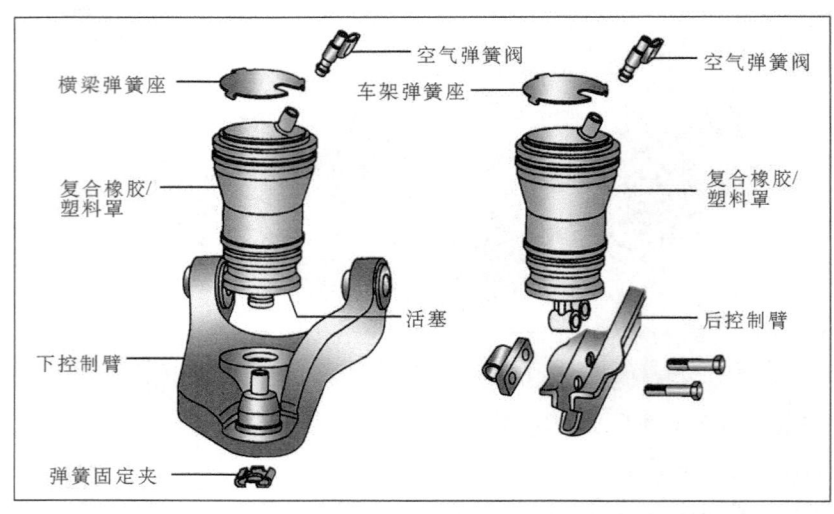

图 3-63　用于电子空气悬架系统的前、后空气弹簧

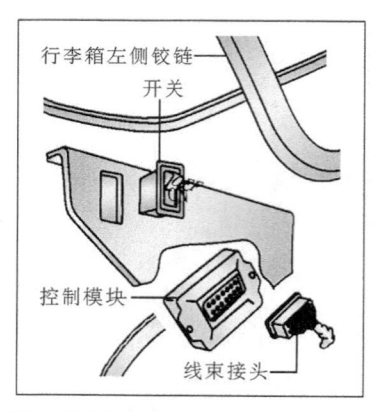

图 3-64　悬架控制模块通常位于汽车的行李箱内

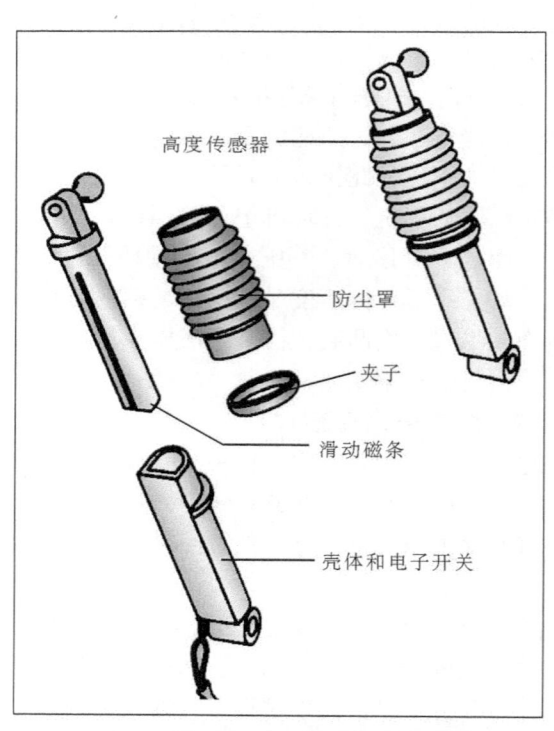

图 3-65　高度传感器被用于确定汽车的车身位置

平衡开关。这样便通知了悬架控制模块排出空气弹簧中的空气,从而保持车身高度。当汽车制动导致车身前端下降时,情况恰好相反,这时,控制模块给空气弹簧充气,维持正确的车身高度。电控空气悬架系统工作示意图如图 3-66 所示。

第三章 行驶系统

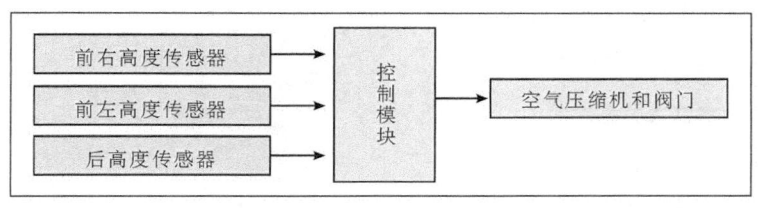

图 3-66 电控空气悬架系统工作示意图

5. 后载荷-车高控制空气悬架系统

后载荷-车高控制空气悬架系统只控制车身后部的空气弹簧和车身位置。例如，当汽车后部装载重量过多时，系统使车身保持水平，并保持车辆高度恒定。后载荷-车高控制空气悬架系统如图 3-67 所示。空气压缩机布置在汽车的前部。控制模块位于汽车后部的行李箱内。有两个空气弹簧，两个后轮上各有一个，还有一个后高度传感器。系统的工作与其他的电子控制悬架系统相似。当后高度传感器因汽车重载或快速加速而移动时，控制模块排出或增加每个后空气弹簧内的空气量。还有一个开关也位于行李箱内。

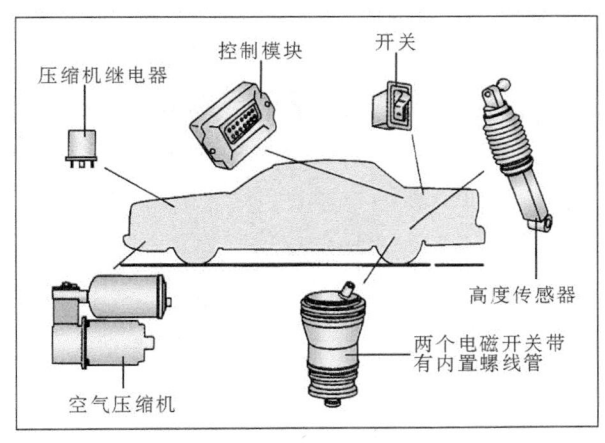

图 3-67 后载荷-车高控制空气悬架系统

6. 其他类型的计算机控制悬架系统

1) 可编程的平顺性控制系统，使用一个控制模块、一个转向传感器、一个制动传感器和几个振动继电器来决定悬架的软硬，从而控制悬架系统。

2) 计算机指令平顺性控制系统，使用一个控制模块，各种输入参数，如车速和加速度，一个正常并牢固的驾驶人开关以及装在每个车轮上的执行电动机(由控制模块来控制悬架系统)。

3) 自动空气悬架控制系统，使用多个输入和输出参数来调节和控制悬架系统。此系统的原理框图如图 3-68 所示。

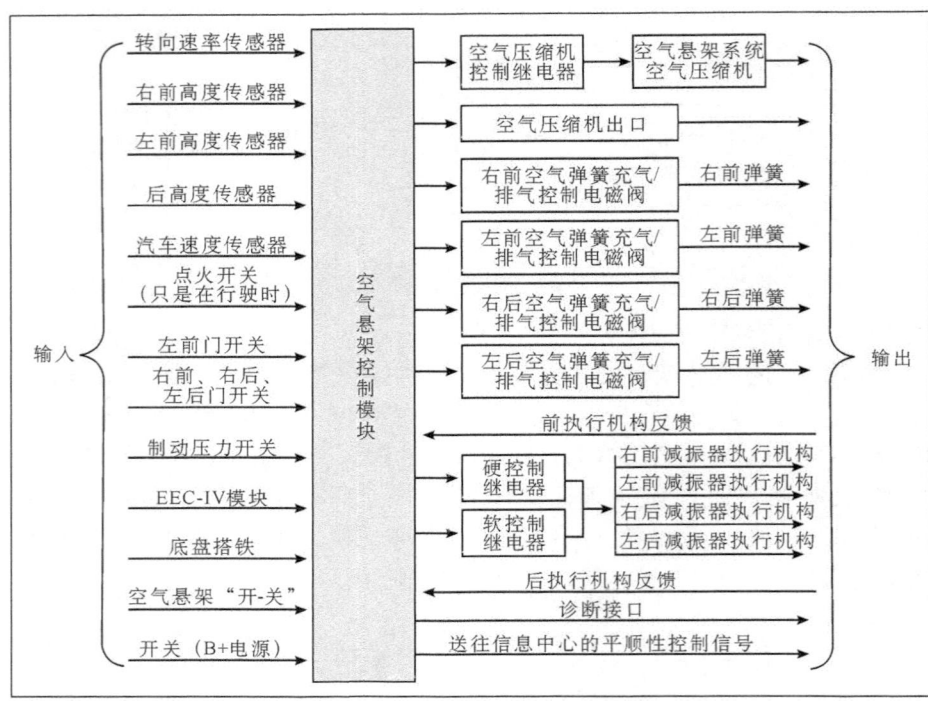

图 3-68 自动空气悬架控制系统原理框图

第四章

转 向 系 统

第一节 转向系统概述

转向系统由转向管柱和转向盘、转向器以及转向传动系统三个主要部分组成，如图 4-1 所示。

驾驶人通过转动转向盘，转向盘便带动转向器的转向传动装置，然后，转向传动机构带动前轮偏转，控制汽车行驶方向。转向系统的形式有多种，但均由上述三个部分组成，不同之处在于是否采用动力转向系统以及转向器的形式不同。

转向盘和转向管柱的功用是产生足够的力以驱动转向器转动。转向管柱由多个零部件组

a) 转向盘与转向管柱

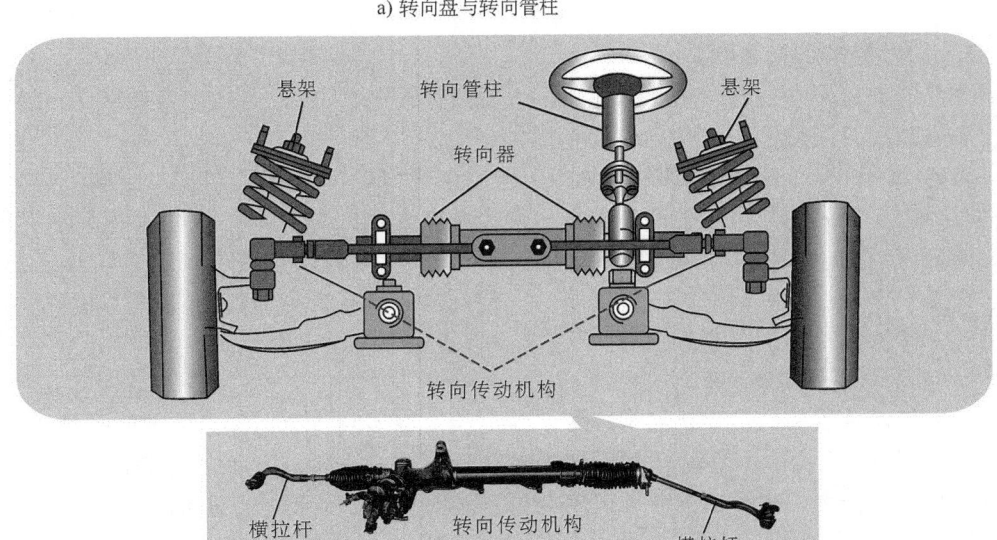

b) 转向系统

图 4-1 转向系统结构图

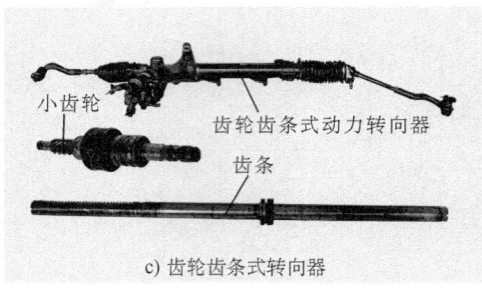
c) 齿轮齿条式转向器

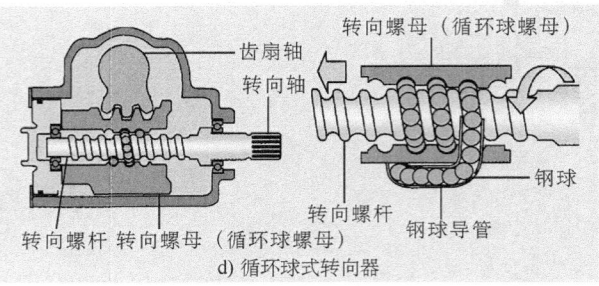
d) 循环球式转向器

图 4-1 转向系统结构图（续）

成。转向盘和转向管柱的具体形式根据汽车生产年代不同和生产厂家不同而不同。图 4-1a 所示为转向管柱的主要部件，包括：

① 转向盘——产生转向力。
② 上罩和下罩——保护内部各零部件。
③ 万向节——可在有一定夹角的轴间传递转向矩。
④ 柔性联轴器——允许主轴和中间轴以很小的夹角传动。
⑤ 中间轴——用以连接柔性联轴器和万向节。
⑥ 安装支架——确保转向管柱安装到位。

各种转向盘和转向管柱的不同之处有：吸能式或可伸缩式转向管柱、倾角可调式转向盘和转向角锁止器，以及转向信号灯和闪光器控制开关的位置。

第二节 转 向 器

1. 齿轮-齿条式转向器

大部分前轮驱动的轿车中，齿轮-齿条式转向器已成为标准配置。齿轮-齿条式转向器与麦弗逊悬架配合使用，可为发动机横置提供更大的空间。

齿轮-齿条式转向器由齿条及与之相配合的齿轮（叫作小齿轮）组成。当转动转向盘和转向轴时，由于小齿轮与齿条上的齿啮合，使齿条在壳体内左右移动。同时使转向传动机构中的其他杆件运动，并带动前轮偏转。这个系统对于转向轻便性要求高的小轿车来说非常实用。它是一个直接的转向机构，比基本转向传动机构具有更高的传动效率。图 4-2 所示为一个带有壳体和横拉杆的完整的齿轮-齿条式转向器。

2. 循环球式转向器

一种最常见机械转向器是转向摇臂式转向器。许多制造商也称它为螺杆螺母循环球式转向器，如图 4-3 所示。工作时，随着转向轴转动，螺杆转动。螺杆的外表面开有螺旋形槽。螺母安装在螺杆上，螺母的内表面开有与螺杆相对应的螺旋形槽。小钢球在螺杆螺母形成的螺旋形孔道和钢球导管内循环。钢球在孔道中滚动，从孔道的一端出来，经钢球导管再进入孔道的另一端。这套装置保证了螺杆和螺母之间的摩擦阻力很小。

螺母外表面的一侧带有齿，它与齿扇轴上的齿相啮合。齿扇轴也叫转向摇臂轴。螺杆左右转动，螺母跟着前后移动。随着螺母前后移动，带动齿扇轴，或者叫转向摇臂轴摆动。齿

第四章 转向系统

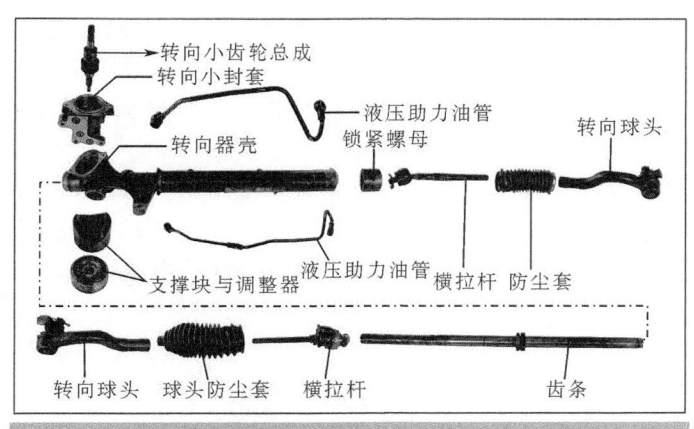

图 4-2 齿轮-齿条式转向器的分解

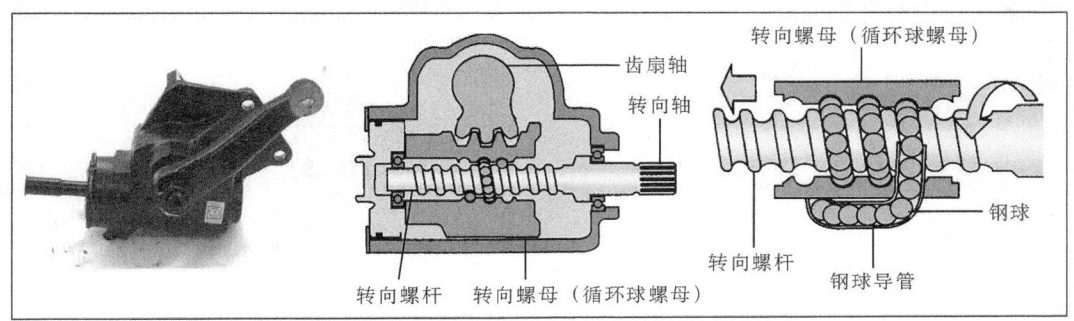

图 4-3 螺杆螺母循环球式转向器

扇轴直接与转向摇臂连接,后者控制着转向传动机构的运动。

3. 转向传动机构

转向传动机构的功用是将转向器输出的力和运动传给转向桥两侧的转向节,使两侧转向轮偏转,并使两转向轮偏转角按一定关系变化,以保证汽车转向时车轮与地面的相对滑动尽可能小。

(1) 转向直拉杆 直拉杆体是一段两端扩大的钢管。直拉杆前端是球头销,后端是球头销座,分别与转向节臂(或梯形臂)、转向摇臂球形铰相连,以保证三者在相对的空间运动中不发生干涉。前、后球形铰链结构中都有压缩弹簧,以补偿机械磨损,并可以缓和经车轮和转向节传来的路面冲击。弹簧预紧力可用端部螺塞调节,如图 4-4 所示。

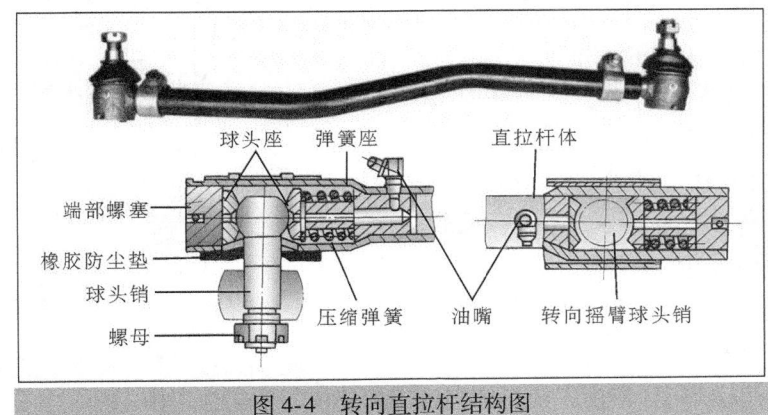

图 4-4 转向直拉杆结构图

（2）转向横拉杆　转向横拉杆是联系左、右梯形臂并使其协调工作的连接杆，如图4-5所示。

转向横拉杆由横拉杆体和两端的横拉杆接头组成。两端接头为球头座——球头销结构，其上有压紧弹簧和调节螺塞，如图4-6所示。

球头座分上、下两部分，装配时凹凸部互相嵌合，两端接头和横拉杆体用螺纹连接。接头螺纹部分有切口，具有弹性。接头旋装到横拉杆体后，用夹紧螺栓夹紧。横拉杆体两端的螺纹旋向相反，一为右旋、一为左旋。放松夹紧螺栓，转动横拉杆体，即可改变转向横拉杆的总长度，从而可调整转向轮前束，如图4-7所示。

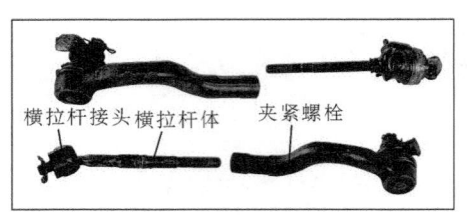

图4-5　转向横拉杆实物图

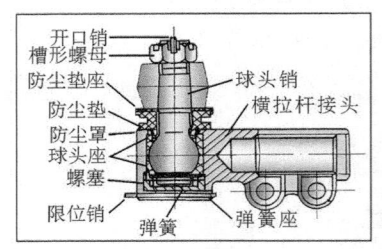

图4-6　接头

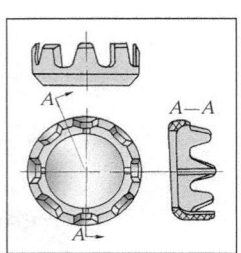

图4-7　球头座

第三节　动　力　转　向

一、动力转向的功用

在机械式转向系统中，转动转向器所需的力，全部由驾驶人提供。在许多汽车，尤其是重型汽车上，采用动力转向来降低驾驶人的劳动强度。动力转向系统通过减小转动转向盘所需的力来降低驾驶人的疲劳程度，从而提高行驶过程中的安全性。动力转向系统可采用转向摇臂式转向器或齿轮齿条式转向器。

二、动力转向系统的主要组成

尽管动力转向系统结构形式有多种，但它们都有两个主要部件，就是液压泵和转向器。它们之间通过高压软管连接（图4-8）。液压泵由曲轴带动的传动带驱动工作，如图4-9所示，使油压升高，从而保证操控转向器所需的压力油。

动力转向装置是一个完整的部件，不管是转向器或者齿轮-齿条式转向器。通过液压使转向器或者齿轮-齿条式转向器运

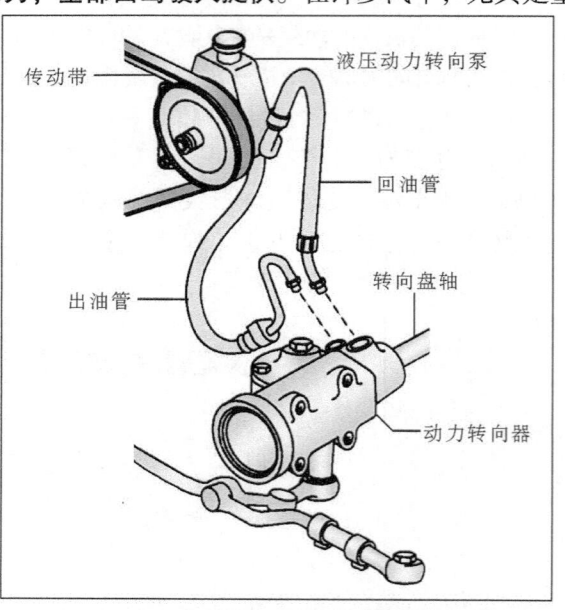

图4-8　动力转向系统的主要组成

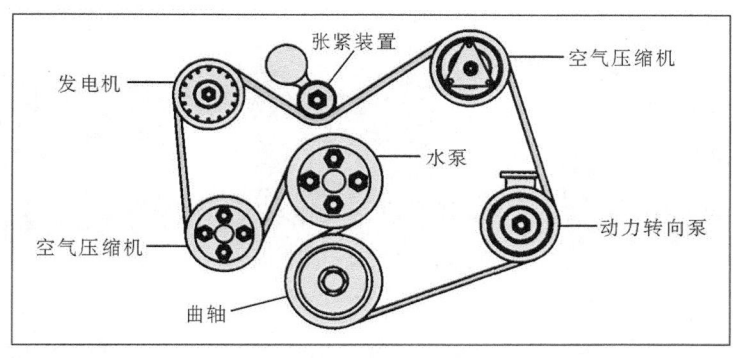

图 4-9 动力转向液压泵的驱动方式

动,如图 4-10 所示。

动力转向泵

动力转向泵的类型有定量泵和变量泵。根据汽车的类型和构造不同,动力转向泵产生不同的压力。根据生产厂商要求,使用专用的动力转向油。自动变速器油不得在动力转向系统中使用,除非只加入少量,以提高油面高度到加注标志线。如果在紧急情况下,加注了较多的自动变速器油,事后应尽快将转向液排空,冲洗动力转向系统并重新加注动力转向专用油。

动力转向专用油储存在储液室中,储液室与动力转向泵装在一起。通常储液室中装有滤清器,防止污物进入该液压系统中。当动力转向泵转速增加时,安全阀可防止系统压力过高。图 4-11 所示为动力转向泵的油路。

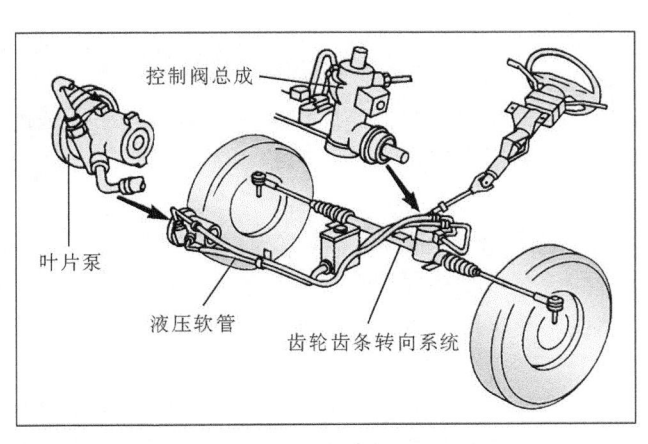

图 4-10 齿轮-齿条式动力转向系统

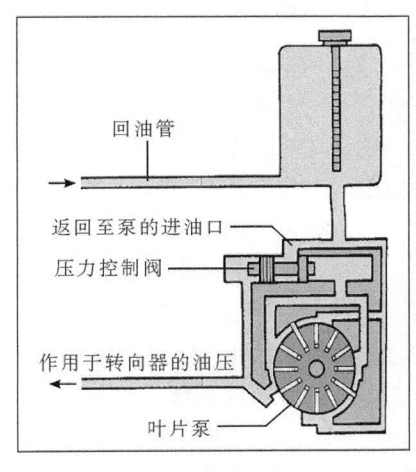

图 4-11 动力转向泵的油路

动力转向泵的形式很多,常用的类型有三种:叶片式、滑块式和滚柱式,如图 4-12 所示。三种类型转向泵的工作原理相同。转动时,泵的中心可在一定范围内移动,吸油口和进油口分别位于壳体的两侧。

在工作中,随着动力转向泵转子的转动,吸油口产生吸力,低压油进入泵里。这个吸力是由于进油腔容积越来越大,产生负压造成的。然后,在转子的另一侧,油腔容积越来越小,就形成了高压。

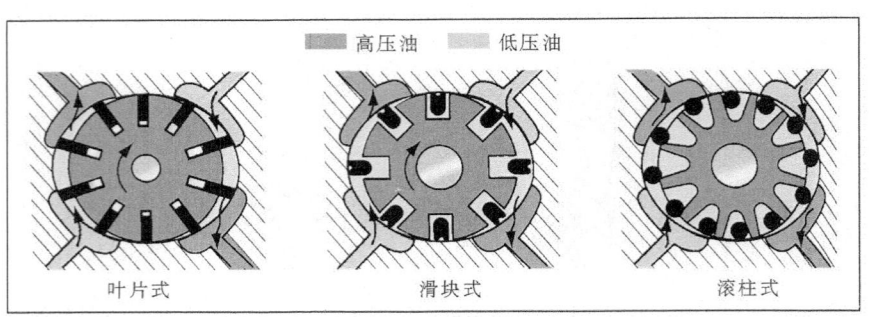

图 4-12 三种类型动力转向泵

三、整体式动力转向器

在图 4-13 中，齿扇轴是由活塞和循环球螺母总成驱动的。通常，转动转向盘，螺杆跟着转动，从动力转向泵出来的压力油进入转向器中。平衡位置时，活塞两边均进油，使活塞处于稳定位置。当汽车直线行驶时，活塞两边的油压相等；当转动转向盘时，高压油进入活塞的一侧，另一侧回油，来帮助活塞和循环球螺母总成的移动，从而使驾驶人操纵转向盘轻便。

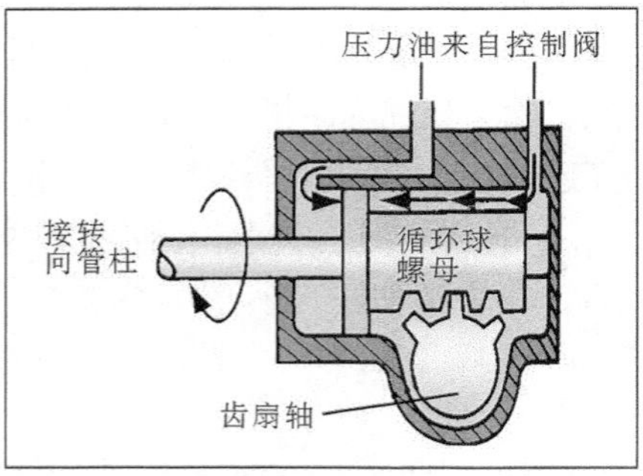

四、控制阀

转向控制阀直接安置在动力转向器总成里。控制阀的功用是引导压力油到活塞和循环球螺母总成的一侧或另一侧。当转动转向盘时，控制阀就打开相应的通道，使压力油进入活塞和循环球螺母总成需要压力油的一侧。**通常采用的控制阀有两种类型：滑阀式和转阀式。**

图 4-13 整体式动力转向器

1. 滑阀式控制阀

滑阀式控制阀如图 4-14 所示。随着转向盘和螺杆的转动，与螺杆相连的滑阀前后移动；并打开滑阀内部一系列孔道，让压力油流到活塞和循环球螺母总成需要它的一侧。当转向盘向另一侧转动时，压力油就被送到活塞和循环球螺母总成的另一侧。

2. 转阀式控制阀

许多汽车也使用转阀式控制阀来控制压力油流到转向器的流向，转阀式控制阀如图 4-15 所示。当转动转向盘时，通过扭杆产生的扭转力使阀芯转动很小角度。随着阀芯转动，不同孔道被打开或者关闭，以便让压力油流到活塞总成需要它的一侧；如果转向盘向相反方向转动，压力油流到活塞总成的另一侧。图 4-16 所示为典型的动力转向器总成的剖视图。

五、齿轮-齿条式动力转向

1. 结构原理

图 4-17 所示为一个完整的齿轮-齿条式转向器及相关的部件。动力转向泵产生压力油，而该压力油被送到齿轮—齿条式转向器。转向器中活塞两边的压力差使转向盘转动轻便。

第四章 转向系统

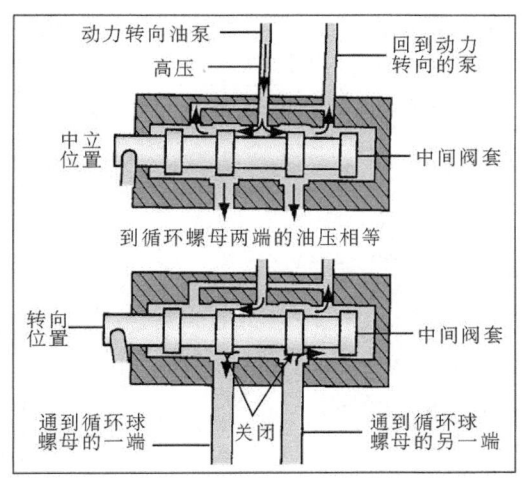

图 4-14 滑阀式控制阀　　　　图 4-15 转阀式控制阀

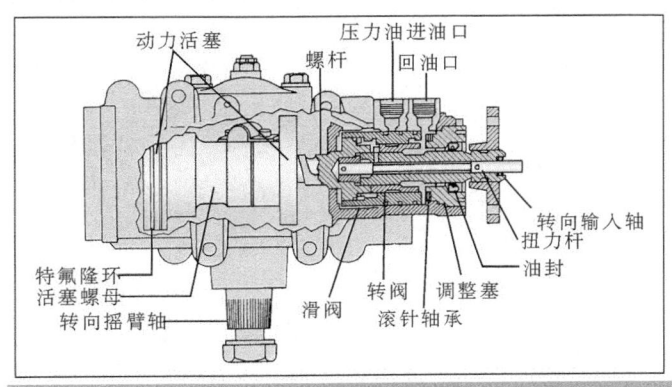

图 4-16 动力转向器总成的剖视图

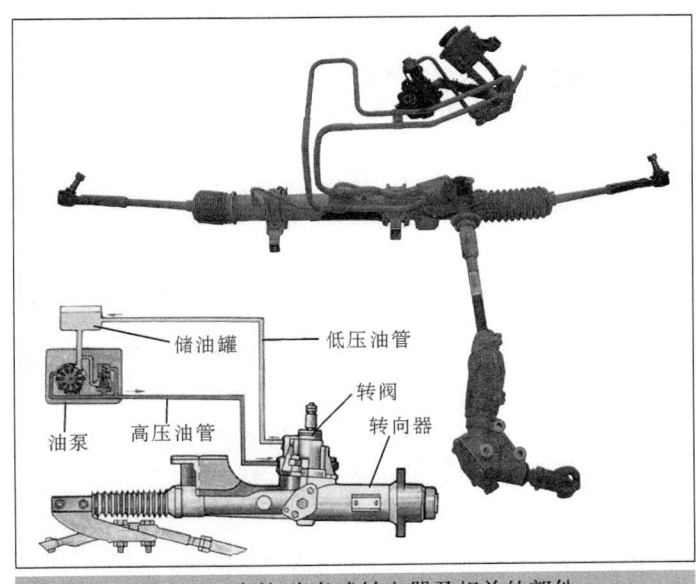

图 4-17 齿轮-齿条式转向器及相关的部件

其原理与整体式动力转向器非常相似。主要的区别是从控制阀出来的压力油是控制齿条总成的运动。动力缸和活塞总成与齿条安装在一起(图4-18)。从控制阀出来的压力油推动或者帮助齿条运动。和其他的动力转向器一样，控制阀与小齿轮装在一起，并受小齿轮操控。

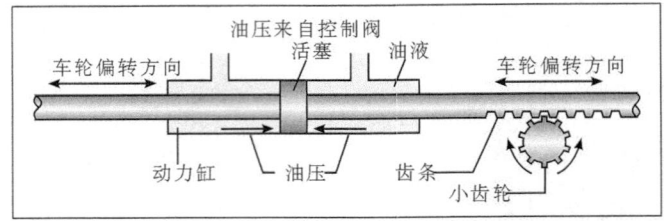

图4-18　与齿条安装在一起的动力缸和活塞总成

2. 齿轮齿条式动力转向泵主要元件

（1）叶片式动力转向泵　叶片式动力转向泵如图4-19、图4-20所示。

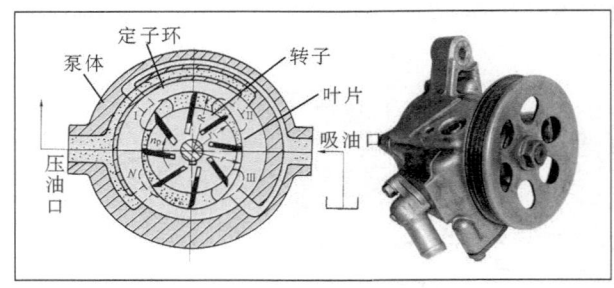

图4-19　双作用叶片泵工作原理图

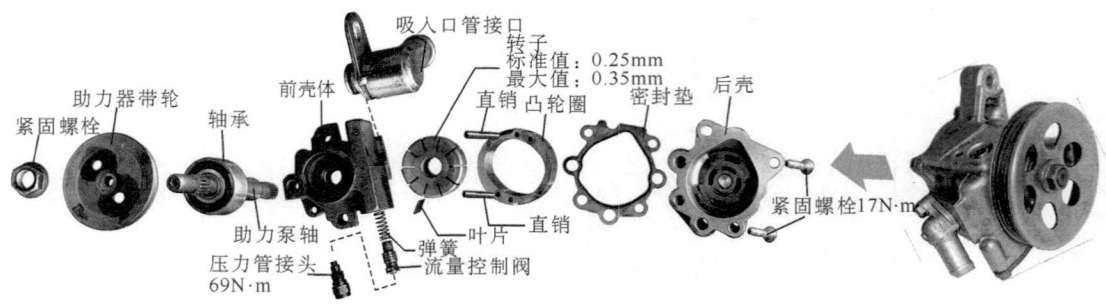

图4-20　叶片式动力转向泵分解图

转子上开有均布槽，叶片安装在转子槽内，并可在槽内滑动。定子内表面由两段大半径为R的圆弧、两段小半径的圆弧和过渡圆弧组成腰形结构。转子和定子同圆心。转子在传动轴的带动下旋转，叶片在离心力和动压作用下紧贴定子表面，并在槽内做往复运动。相邻的叶片之间形成密封腔，其容积随转子由小到大、由大到小周期变化，当容积由小变大时形成一定真空度吸油；当容积由大变小时，压缩油液，由压油口向外供油。转子每旋转一周，每个工作腔各自吸压油两次，称双作用。双作用式叶片泵两个吸油区、两个排油区对称布置，所以作用在转子上的油压作用力互相平衡。

（2）叶片的测量　叶片的测量如图 4-21 所示。

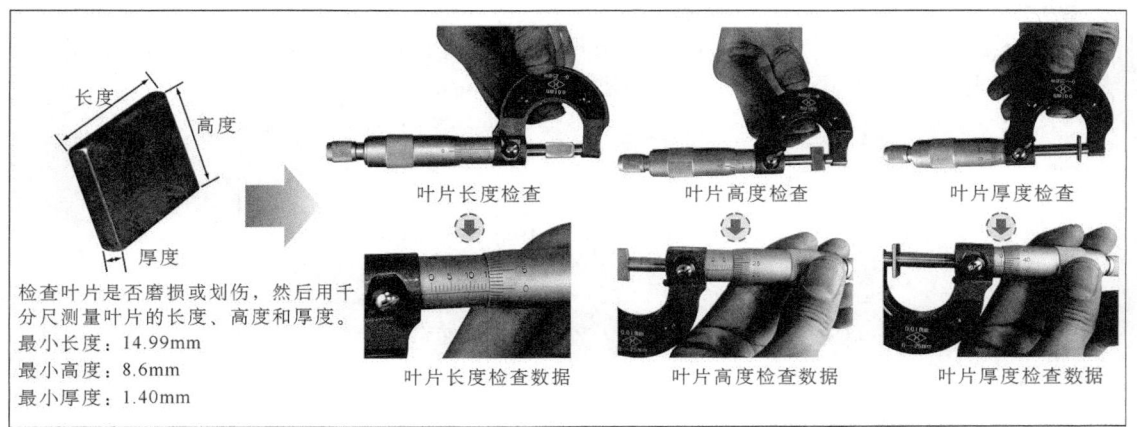

图 4-21　叶片的测量

第四节　电控转向概述

电子控制动力转向系统主要有电控液力转向系统和电控电动转向系统两大类。

一、电控液力转向系统

电控液力转向系统是在液力转向系的基础上，增加了一套电子控制装置的动力转向系统。常见的控制方式有流量控制式和反力控制式两种。

1. 流量控制式

与液力转向系统相比，多出一套电子控制装置，包括：信号输入装置（车速传感器、转向角传感器和选择开关等）、执行机构（旁通流量控制阀、电磁阀）和控制单元（控制器）三部分，如图 4-22 所示。

其控制原理为：在泵与转向器之间设有旁流通道，由旁通流量控制阀控制其流量的大小，间接控制流向动力转向器的压力油流量，也即控制转向助力的大小。控制器接收传感器输入的车速、转角等信号，通过分析计算，控制分流电磁阀通电电流的大小，进而控制旁通阀的旁通流量，最终控制转向助力的大小。

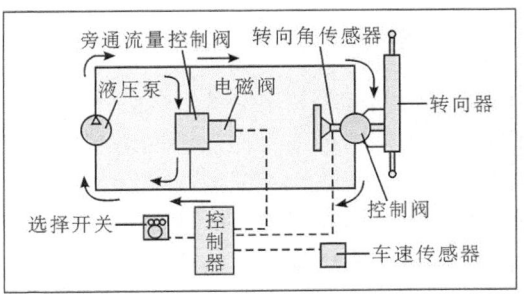

图 4-22　流量控制式电控液力转向系统

流量控制式电控液力转向系统结构简单，在液压动力转向系统的基础上进行简单改造即可实现，但对操纵力的控制范围受到限制。

2. 反力控制式

反力控制式电控液力转向系统（图 4-23）的控制系统包括：油压反力装置、油压反力控制装置和电子控制装置三部分。

油压反力室内有来自分流阀的动力高压油，柱塞在油压作用下对转向控制阀轴施加一个压力，由这个压力产生的摩擦力矩阻碍控制阀轴的转动。油压反力室的油压不同，柱塞对控制阀轴的作用力大小不同，表现为转向所需操纵力不同。

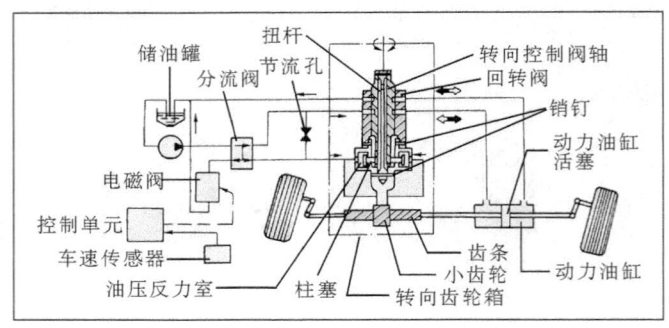

图 4-23　反力控制式电控液力转向系统

反力控制式电控液力转向系统有三种控制状态：

1）停车以及低速时的控制：此时，通过电磁阀线圈的电流较大，分流阀分流的油液经过电磁阀返回到储油罐的油量较大，油压反力室压力较小，柱塞对控制阀轴的压力也小。汽车在液压助力作用下实现轻便转向。

2）中高速直线行驶时的控制：汽车直线行驶时，转向控制阀中的进回油路是连通的。当汽车偏离直线行驶时，进、回油路连通面积减小，进油处压力上升，通过分流阀进入电磁阀侧的油量增多。而在中高速电磁阀中电流减小，泄油量减少，所以柱塞背压升高，阻力增大，增加路感。驾驶人可得到稳定的直行感。

3）中高速转向时的控制：从较大油压反力的中高速直线行驶进行转向操纵时，转向控制阀的进回油路连通面积进一步减小，由分流阀进入油压反力室的油量进一步增多，同时从固定的小节流孔向油压反力室进油。这样柱塞的背压更大。随着转向操纵角的增大，转向操纵力也直线上升，所以能够获得高速的、稳定的转向操纵。

二、电控电动转向系统

电动转向就是利用电动机作为转向辅助动力源的动力转向系统。电动转向易于实现计算机控制，可以通过编程提供不同需求的理想的动力转向特性，电动转向系统轻便、紧凑和可靠。

电控电动转向系统由机械转向系统、电动机驱动机构和电子控制装置组成。

电动机驱动机构包括电动机、离合器减速器和助力齿轮等。电动机输出的转矩由减速齿轮减速放大后通过万向节带动转向器中的助力齿轮，驱动齿条运动为车轮转向提供助力。

电子控制装置是以计算机为中心的包括车速传感器、转向转矩传感器、转角传感器和驱动电路的电子控制系统。电动转向控制框图及电控电动转向系统的组成如图 4-24、图 4-25 所示。

第四章 转向系统

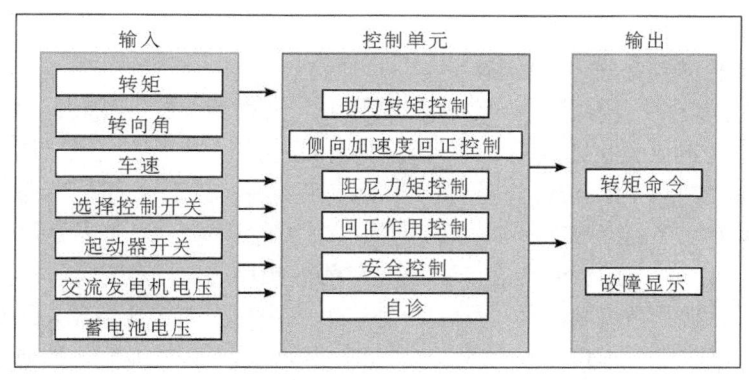

图 4-24 电控电动转向系统控制框图

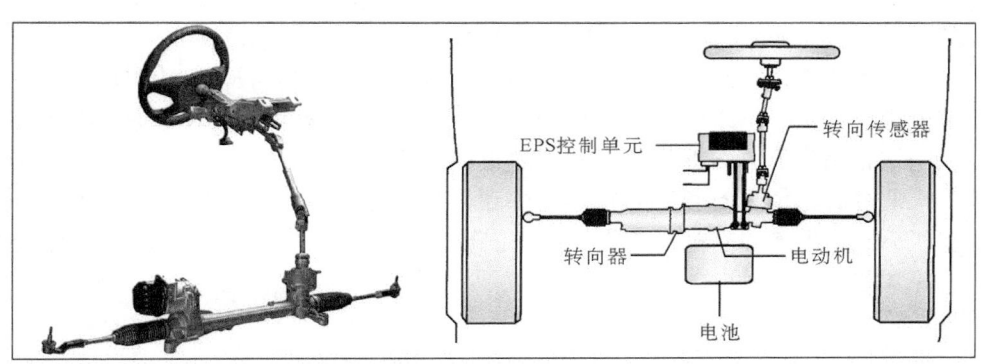

图 4-25 电控电动转向系统的组成

知识链接：四轮转向系统

1. 四轮转向的目的

现在一些汽车制造商正在设计和生产四轮转向系统。汽车行驶时，四轮转向系统可以让汽车的前轮和后轮同时发生偏转。四轮转向系统使前轮驱动的汽车工作更可靠，由于后轮没有驱动装置，所以安装后轮转向系统也很方便。

在车辆运行时，后轮可以向两个不同方向各偏转大约 5°。超过一定行驶速度时，比如 22km/h，后轮将与前轮往相同方向偏转。这可使汽车在并线行驶和高速路上转弯等情况下有很好的响应性；同时车身的角运动相对减少，乘坐舒适性提高。汽车行驶速度较低时，如低于 22km/h，后轮将与前轮往相反方向偏转。这改善了在掉头行驶和停车入库等工况下的机动性。

近年来，三种类型的四轮转向系统得到了较快的发展。它们是机械式、液压式和电控式四轮转向系统。

2. 机械式四轮转向系统

机械式四轮转向系统是最早开发的四轮转向系统的一种。它包括前轮的齿轮齿条转向系统和前后转向系统之间的传动轴。随着前轮偏转，转向力通过传动轴传到后轮。机械式四轮转向系统中有时也为后轮加装第二套转向器来帮助转向。机械式四轮转向系统只在汽车高于某一行驶速度时起作用，并且起作用时，前后轮只能往相同方向偏转。

3. 液压式四轮转向系统

第二代四轮转向系统利用液压系统来控制转向。这种类型的四轮转向系统的后轮只能偏转1.5°左右，并且也只有在速度高于22km/h时才起作用。典型的液压式四轮转向系统如图4-26所示。开始时，基本的齿轮-齿条转向器使前轮偏转；同时把部分转向液压送到后轮转向系统的控制阀中，控制该控制阀（滑阀）的位置。前轮向某一方向偏转时，该滑阀向一个方向移动；前轮向另一方向偏转时，该滑阀向与前面相反的方向移动。

然后该滑阀控制着第二套液压回路工作。这个回路利用由差速器驱动后转向油泵产生的压力油为动力。这些压力油接着又驱动一个齿轮-齿条转向器像前轮一样地工作。但第二个齿轮齿条转向器只能在很小的范围内移动。后轮的偏转角不得超过1.5°。

4. 电控式四轮转向系统

目前，四轮转向系统正越来越多地使用电子和计算机控制。电控式四轮转向系统允许后轮与前轮以相同的方向偏转（在高速时）或者以相反的方向偏转（在低速时）。

为实现这些功用，用计算机连接两个传感器和两个执行器。图4-27说明了其输入和输出的工作流程。首先，车速传感器把确切的车速信号传给计算机，计算机据此决定后轮与前轮是以相同或者相反的方向偏转。同时，前轮转角传感器把前轮的实际转角信号传给计算机。计算机通过后轮传感器和后轮转角传感器得到后轮的实际转角信号。根据这些输入信号，计算机分别告诉前、后轮转向器各自的偏转量。图4-28所示为电控式四轮转向系统主要部件的布置位置。

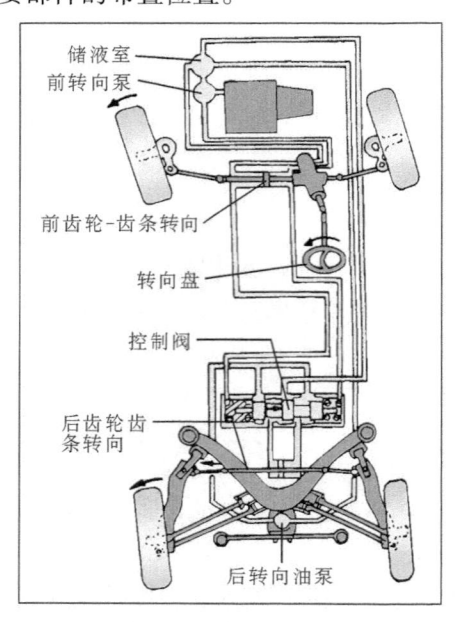

图4-26 典型的液压式四轮转向系统

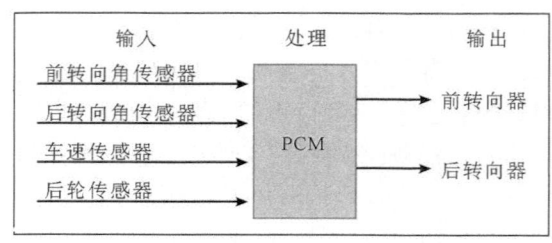

图4-27 电控式四轮转向系统的工作流程

另外，还有许多附件也是必要的。如液压泵（如果用液压执行器而不是电动机）、电磁线圈及断路阀等。上述部件及其他部件的不断改进，将更好地提高四轮转向系统的效率和可靠性。

第四章 转向系统

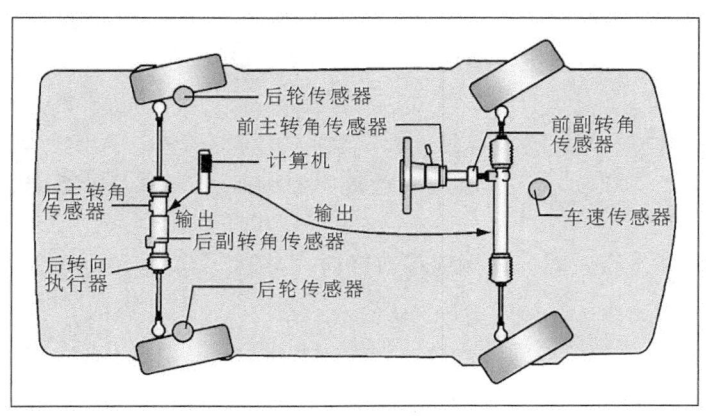

图 4-28 电控式四轮转向系统的主要部件的布置位置

第五节 转向系统常见故障检修

1. 转向沉重，要用力打转向盘才能转动

检修流程：

> 经检查此车没有发生过事故，前轮定位失准的可能性不大

↓

> 试车感觉转向器间隙太小，按图 4-29 所示，微调转向器上自锁式调整螺钉，故障排除。此螺钉位于转向器与转向柱连接处的后部，一次拧动角度不要超过 20°，然后路试，方向要能自动回正，没有太大的间隙即可

捷达轿车齿轮-齿条式转向器的构造：

如图 4-30 所示，它由小齿轮、齿条、壳体、压块、垫片、弹簧、O 形圈、调整螺栓、侧盖、内六角螺栓、密封圈、滚针轴承、压盖、防护盖以及球轴承等件组成。为了防止齿轮与齿条间的间隙松动，齿条的半圆形断面与一压块配合，该压块内装有一预紧弹簧，通过调整螺钉来调整弹簧的预紧力，使压块紧紧压住齿条。另外，当齿轮、齿条磨损时，可通过调整螺钉来调整间隙。

图 4-29 转向器间隙的调整

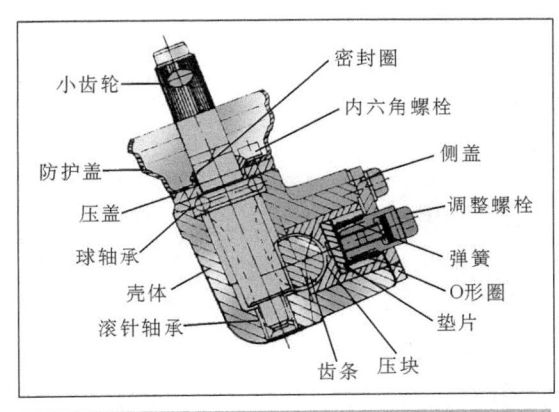

图 4-30 齿轮-齿条式转向器

从理论上讲，转向器经过使用磨损后，间隙会变大，出现转向盘自由间隙过大的故障，这在修理中也经常遇到，但在保修期内（1年或行驶里程10万km），由于间隙太小造成转向沉重的故障常有发生。

转向器齿条间隙太大的故障表现是：转向盘自由间隙变大，无论行驶中还是原地转向，转向器内部都有轻微"咯啦"声，通过调整转向器间隙，故障即可排除，这里不再作为实例指出。

2. 在不平整路面上行驶时，车辆前部有轻微"咯啦"声

检修流程：

> 这种故障多发生于大约行驶十几万公里的车辆，调整转向器间隙后，试车，异响不能消除

↓

> 按图4-31所示，把转向盘左转到头，沿箭头方向扳动转向拉杆，发现有一定的旷量，扳动转向拉杆时发出"咯嗒咯嗒"异响

↓

> 这种异响有两个原因：一是转向器齿条严重磨损，间隙太大；二是转向机构壳体内右端的塑料套磨损太旷所致。这两种情况按技术要求都不可修复

↓

> 更换转向器，试车故障排除
> 捷达轿车转向器因异响故障损坏较多，这常与转向器进水有关

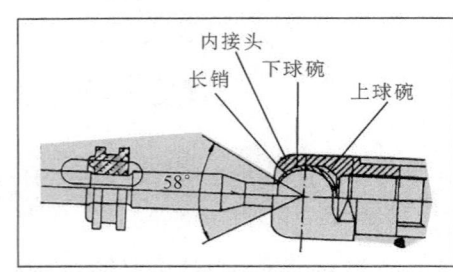

图4-31 横拉杆及内球头

3. 转向盘自由间隙太大，且行驶有异响

检修流程：

> 经试车发现，在原地转向时，转向器内没异响，行驶在颠簸路面时，转向器有明显"咯啦咯啦"异响，并且转向盘有轻微打手的感觉

↓

> 将车辆升起来，用手左右扳动车轮，发现两方向拉杆的内球头松旷

↓

> 更换两转向拉杆后，异响排除

注意：

捷达轿车转向横拉杆有内外两个球头节，修理当中，内球头节的损坏率较高，这与转向器进水及球头节的结构有关，球碗是用聚氨酯或聚甲醛注塑而成的，其内表面设有储油槽，并且这些非金属材料有一定的自润滑性。即使转向器不进水，厂家给出的其实际使用寿命也只有6万km左右，所以在保修期内，捷达出租车更换方向拉杆的特别多。

4. 行驶中转向时，转向柱有"嘎嘣"异响

检修流程：

> 此车刚开始出现行驶速度稍高时，转向时偶尔能听到转向柱"嘎嘣"一声响的故障，原地转向不响

第四章 转向系统

↓

检查转向拉杆内外球头节不松旷,控制臂球头和胶套也不旷,因不是每次转向都出现异响,所以告知用户再行驶一段时间,等异响明显时再做检查

↓

后来无论行驶速度高低,只要转向就有"嘎嘣"异响,原地转向还是不响

拆下转向轴和转向万向节检查,发现转向十字轴与万向节之间的配合花键松旷,松旷处如图4-32所示。更换转向万向节后,故障排除。观察轴与万向节之间是花键配合再铆接固定,配合处松旷是制造质量问题

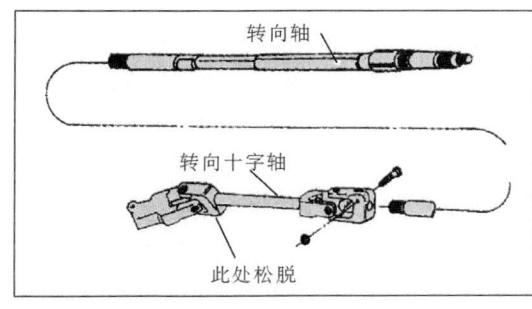

图4-32 转向传动机构

第五章

制动系统

第一节 制动系统概述

实现让行驶中的汽车减速甚至停车，或使已经停下来的汽车保持不动，都称为汽车制动。实现汽车制动功能的一系列专门装置称为汽车制动系统。

汽车行驶的安全性，在很大程度上取决于汽车制动装置工作的可靠性。

一、制动系统的分类（图 5-1）

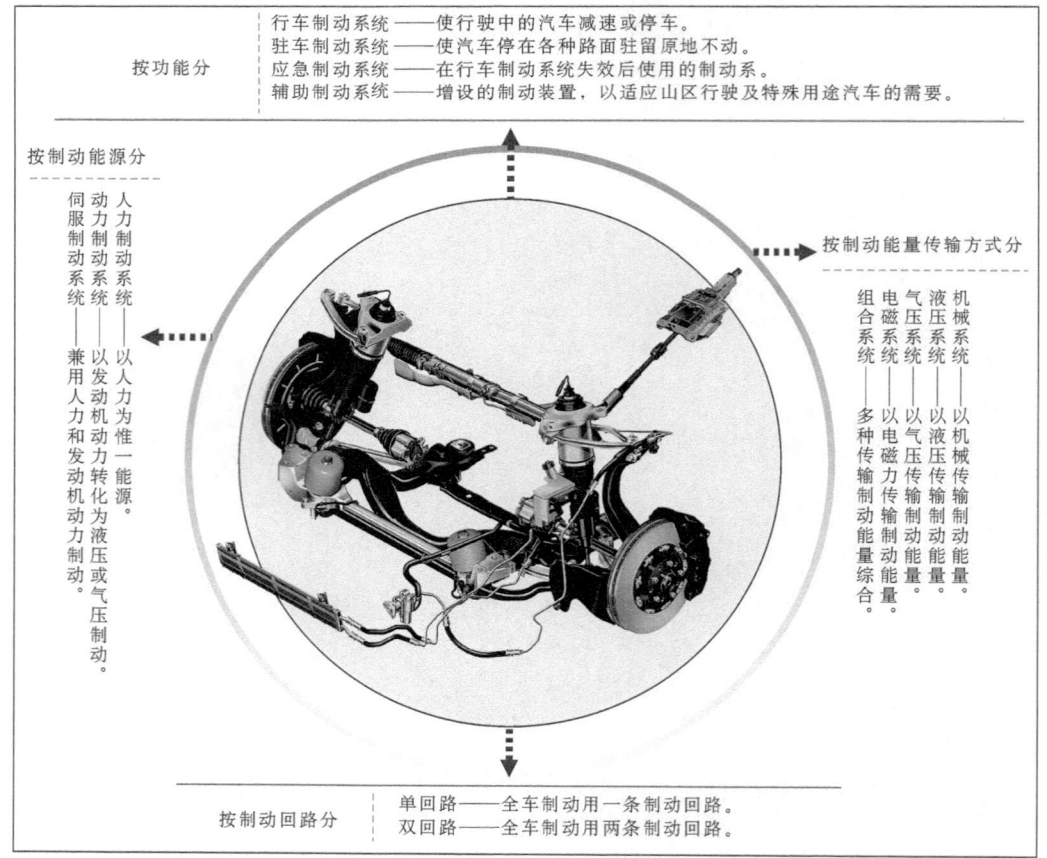

图 5-1 制动系统

二、制动系统的组成

任何制动系统都具有以下四个基本组成部分：

（1）供能装置　包括供给、调节制动所需能量以及改善传能介质状态的各种部件。其中，产生制动能量的部分称为制动能源。人的肌体也可作为制动能源。

（2）控制装置　包括产生制动动作和控制制动效果的各种部件。

（3）传动装置　包括将制动能量传输到制动器的各个部件。

（4）制动器　是产生阻碍车辆的运动或运动趋势的力（制动力）的部件，其中也包括辅助制动系统中的缓速装置。较为完善的制动系统还具有制动力调节装置、报警装置以及压力保护装置等附加装置。

第二节　盘式制动器

现代汽车中前轮大部分采用了盘式制动器，不过在高级轿车中前后轮都采用了盘式制动器。盘式制动器如图 5-2 所示。

一、盘式制动器的工作原理

很多汽车同时使用盘式制动器和鼓式制动器，盘式制动器用于前轮上，而鼓式制动器用于后轮上，盘式制动器相当于某些自行车的制动。摩擦力由制动片产生（图 5-3），这些制动片被挤压和夹紧到制动盘上，制动盘安装在车轮上。制动盘为铸件，对它的两侧进行机加工。制动片附在金属板上，金属板由液压系统中的活塞推动。

图 5-2　盘式制动器

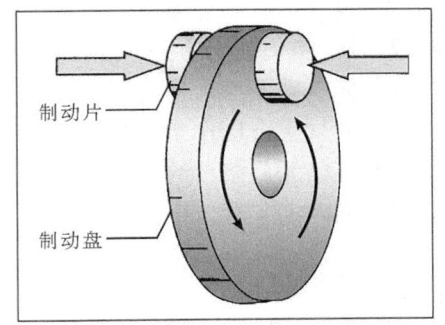

图 5-3　盘式制动器采用两个制动片和一个制动盘来产生使车辆制动所必要的摩擦力

（一）制动钳的工作原理

盘式制动系统的活塞安装在制动钳里或固定在制动钳上，制动钳不转动，因为它与汽车底盘相连接。制动钳由液压活塞、缸体、密封圈、弹簧以及用来产生活塞与制动片推动力的液压油通道。

制动片垂直作用于转动的制动盘上（图 5-4），与鼓式制动器不同，盘式制动没有自增力作用，也就是说，盘式制动需要比鼓式制动更大的作用力才能达到同样的制动效果。因此，盘式制动通常应用于助力制动系统。

1. 固定制动钳装置

制动钳装置有两种类型——固定制动钳和浮动制动钳装置。固定制动钳总成直接安装在车架或转向节上，每个制动片由一个活塞推动。图 5-5 所示为固定制动钳装置。

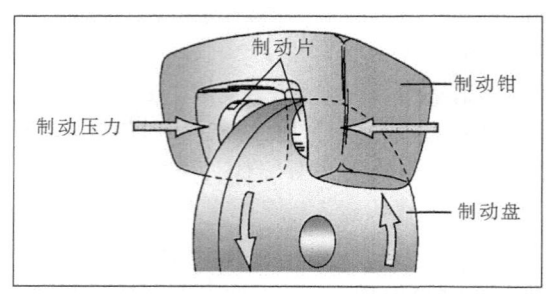

图 5-4　盘式制动器制动片作用示意图

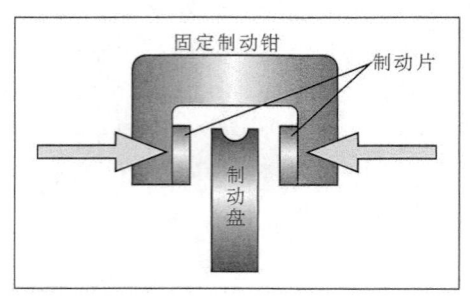

图 5-5　固定制动钳装置示意图

固定制动钳保持静止，系统中有两个活塞，制动片移动并产生摩擦。

2. 浮动制动钳装置

在浮动制动钳装置中，制动钳的壳体被允许在支架上轻微滑动。只有一侧有活塞，另一侧只有一个摩擦制动片。当制动时，缸内液压力推动活塞，整个制动钳壳体在相对的位置上自由滑动。当制动片与旋转的制动盘接触，有活塞的制动片上的作用力等于另一侧制动片（没有活塞）上的作用力。浮动制动钳装置如图 5-6 所示。

（二）制动摩擦片

制动摩擦片也有多种类型，一般来说，制动摩擦片由钢板及其粘接或铆接在其上的摩擦材料构成。图 5-7 中给出了一副典型的制动摩擦片，可以看到金属底板和摩擦材料。这是一副典型的外侧制动摩擦片和内侧制动摩擦片。由于石棉有着很好的摩擦和长时间不用维修的特性，所以在过去被用作摩擦材料。然而，由于它对健康有着极其严重的危害，它的使用急剧下降，甚至已经从多数的摩擦材料中被排除了。现在常用的盘式制动器摩擦片材料基本为半金属、金属和人工合成材料。

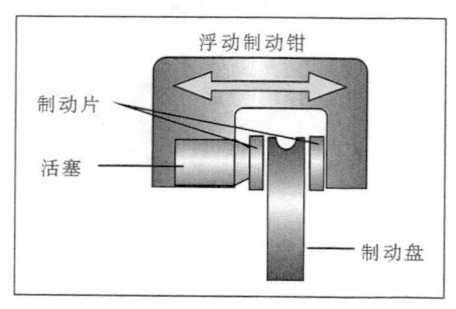

图 5-6　浮动制动钳装置示意图

浮动制动钳能在安装轴上轻微滑动，系统中只有一个活塞。

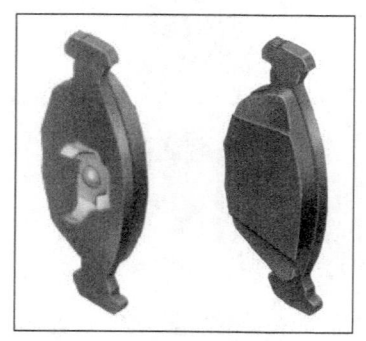

图 5-7　典型的制动摩擦片

(三) 制动液与液压原理

1. 制动液

制动液在制动系统中起着非常重要的作用，制动液的液压把驾驶人脚的移动传递到每个制动器的轮缸和活塞。制动液不可压缩，而气体是可压缩的。如图5-8所示，制动液压系统中的任何气体都是随着压力的增加可压缩的，它将减小所能传递的压力。所以保持液压系统中没有任何气体是非常重要的。为了达到目的，气体必须从制动系统中排除，这个过程叫制动系统的排气。

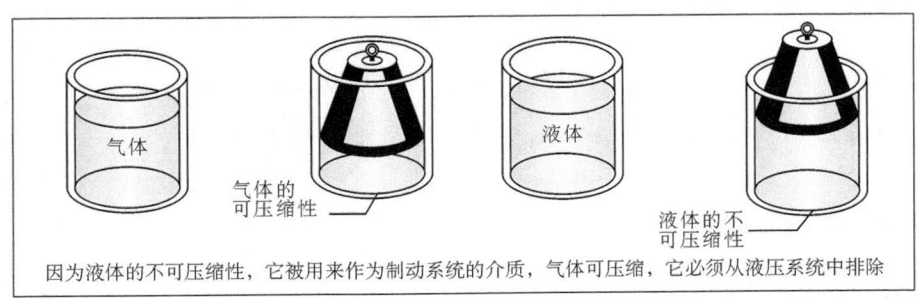

图5-8 制动液

2. 液压原理

汽车的制动系统采用液压来把驾驶人的踏板力化为车轮对地面的摩擦力。如图5-9所

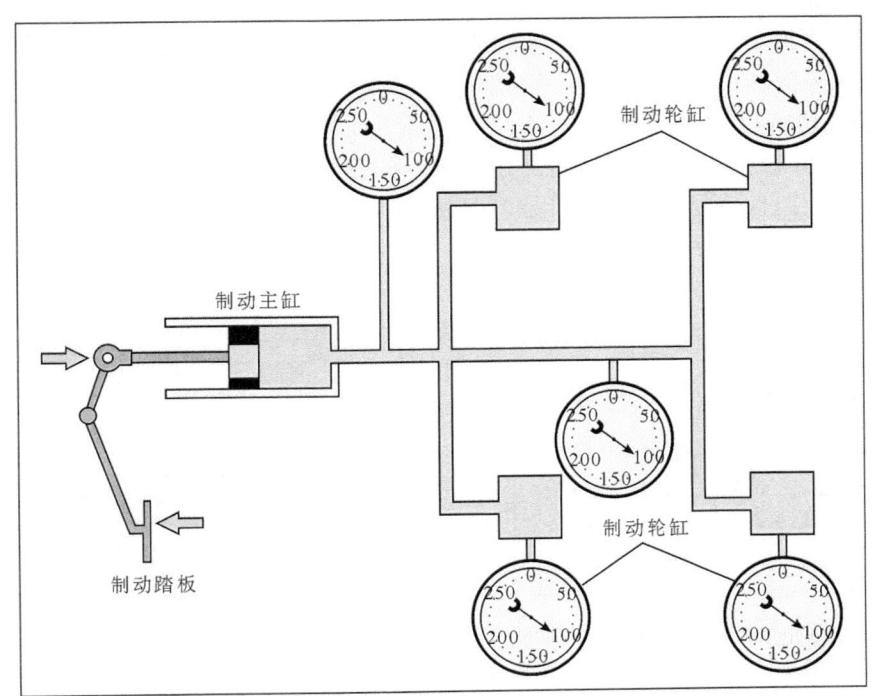

图5-9 液压系统原理图

当驾驶人踩下制动踏板时，液体压力就会增加，并传递到各轮缸来控制制动机构。

示，当踩下制动踏板时，制动主缸上就会产生一个压力，这个压力将通过液压管路传递到各个轮缸上，由液压原理可知此时系统的各处压力相等。

（四）制动主缸的工作原理

制动主缸的主要作用是将脚踏板产生的机械力转化成液压力，液压系统的主要部件如图 5-10 所示，虽然制动主缸有多种类型，但是基本的工作原理是一致的，其主要部件包括：

① 推杆，它的移动受驾驶人脚的控制。
② 活塞，用于产生制动压力。
③ 第一、第二活塞皮碗，起制动压力密封作用。
④ 回位弹簧，制动后使踏板回复到原来的位置。
⑤ 补偿油孔和旁通油孔，增大液体流动的速度。

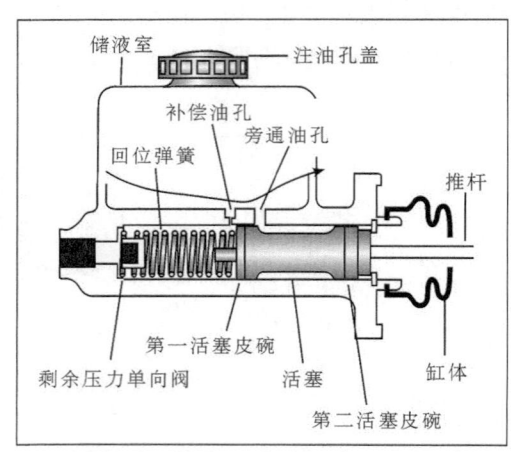

图 5-10 制动主缸结构

1. 活塞向前推进行程

当驾驶人踩下制动踏板时，推杆和活塞向左移动，如图 5-11 所示，在这一过程中当第一活塞皮碗通过补偿油孔后，活塞左腔的液压开始增加，活塞右腔产生负压，它使制动液从储油室中通过旁通油孔吸入到活塞右腔，从而补偿压力差，避免产生负压。当制动蹄或制动片在制动过程中磨损后，也需要从储油室为液压系统补充油液。储油室存储的油液在必要时为液压系统供给补充油液。

2. 活塞回位行程

回位行程即是制动踏板回到初始位置。在这个过程中，回位弹簧将活塞推回到原来的位置，活塞的左腔产生一定的负压，如图 5-12 所示。活塞回位的速度比制动管路液体流动

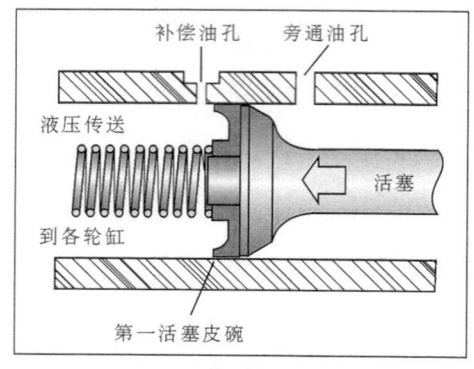

图 5-11 活塞向前推进示意图

推杆通过补偿油孔后，产生液压力，液压力被传送到各个轮缸。

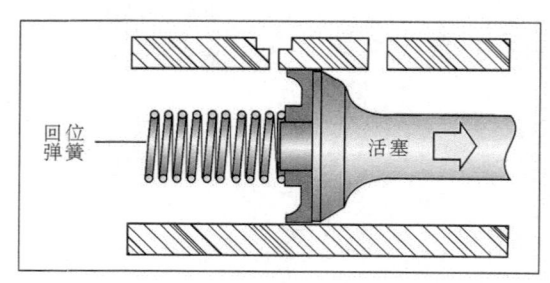

图 5-12 活塞回位示意图

第五章 制动系统

的速度快,这时如果驾驶人突然再次制动,将没有足够的液压油保证准确的制动。为了避免这种情况发生,在活塞回位的过程中,制动主缸中的液压油必须能从第一活塞皮碗的右侧流到左侧。

第一活塞皮碗的形状使上述过程得以实现。图 5-13 所示为活塞回位时向右移动的情况,一定量的油液流过第一活塞皮碗的周围,这是因为活塞左侧出现了负压。这时活塞可以看作是一个单向阀。

有了上述过程,活塞、推杆以及制动踏板就能快速回位,以快速完成制动过程。为了补偿流到活塞左侧的制动液流,一定量的制动液从储液室里被吸到第一活塞皮碗的右侧,如图5-14 所示。

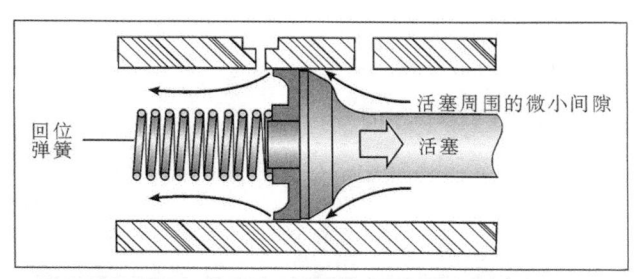

图 5-13 回位行程的活塞被推动的过程,少量的制动液流过第一活塞皮碗以使压力平衡

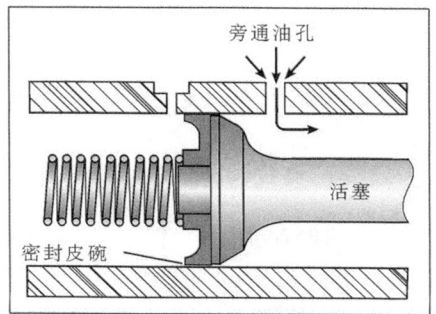

图 5-14 第一活塞右侧的空间需要从旁通油孔输入补偿的制动液

(五) 双缸式制动主缸的工作原理

双缸制动主缸即是在一个主缸内有两个独立分开的油缸。当其中一个油缸失效时,另一个油缸仍能继续工作。图 5-15 所示为一个典型的双缸制动主缸的结构。其中一个油缸用于前轮制动器,另一个油缸用于后轮制动器。值得注意的是该系统中旁通孔的作用相当于补偿油孔。除了两个油缸的压力是独立形成的外,双缸制动主缸的工作原理和前面所描述的单缸结构的工作原理相同。第一油缸由制动踏板的推杆施压,第二油缸通过两个缸体之间弹簧和第一油缸形成的液压来施压。这种系统也称为串联主缸。

(六) 制动管路的分配

图 5-16 所示为制动系统的一种布置形式,是采用对角线布置的。在这种对角线布置的制动系统中,右前轮和左后轮上的制动器连接在一个制动主缸上,左前轮和右后轮上

图 5-15 双缸式制动主缸分别有两个活塞来产生压力,如果其中一油缸失效,另一油缸仍能使车辆制动

的制动器连接在另一个制动主缸上。这种布置方式的目的是：在一个制动主缸失效时，仍能确保对其中一个前轮和一个后轮制动器进行制动。

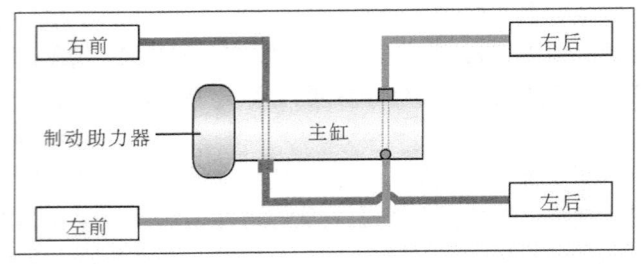

图 5-16　制动管路的分配

二、盘式制动器的拆装与检修

（一）盘式制动器的拆装

1. 前制动钳的拆卸

前制动钳的拆卸如图 5-17 所示。

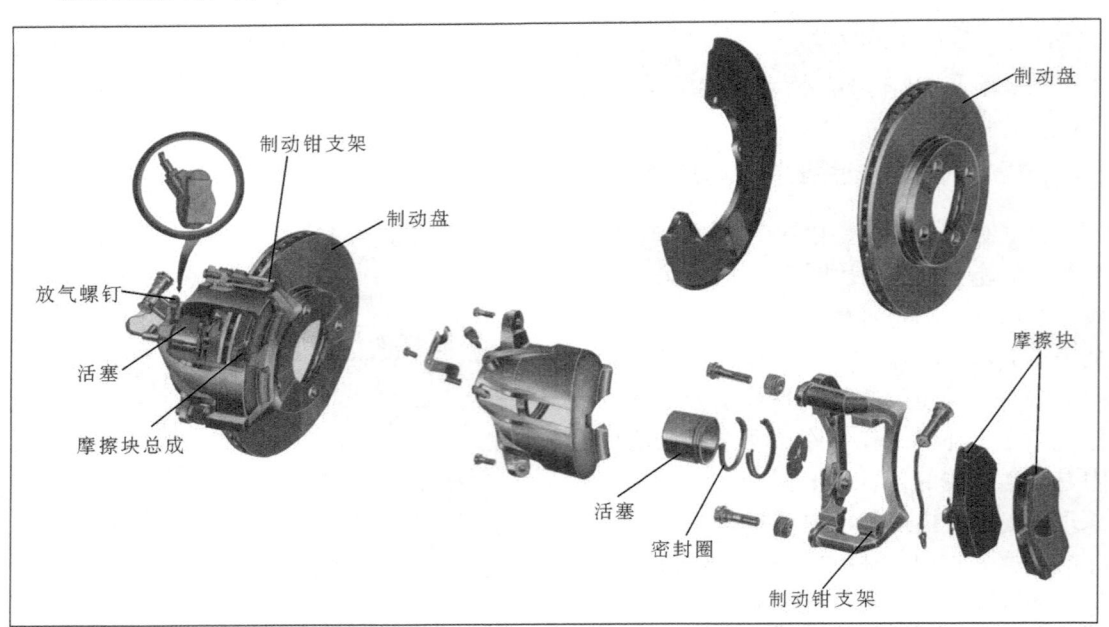

图 5-17　前制动钳的拆卸

1）拆卸前，先将主缸储液室中的制动液放出 2/3，以防止在维修时溢出。然后顶起汽车（在车轮与轮毂间做标记，以便恢复原位），拆下前车轮。当制动钳被拆下时，安装并用手拧紧两个带耳螺母以固定转子盘，并使其平的一面朝向转子盘。

2）安装 C 形卡箍，使卡箍的固定端放在制动钳外壳上，且带螺纹的一端放在外侧衬块上。拧紧 C 形卡箍，直到活塞被推至缸孔内足够远的距离时止，使制动钳能以转子盘脱离 C

形卡箍。

3）如果不需要拆下制动钳时，则应转向下一步，如果制动钳需要完全拆下来大修时，则应拆下制动软管和制动钳的开口，以防止制动液流失和被污染。

4）制动钳螺栓的衬套拆下后，可拆下制动钳。如果制动软管仍然连接在制动钳上，则应将制动钳用铁丝或绳索捆绑在一起，以保护制动软管不受损坏。然后，从制动钳上拆下衬块。

2. 前制动钳的安装

1）安装时，应先均匀地在衬套的内表面上涂一层润滑脂。安装制动钳、制动钳螺栓和衬套。如果用手可以使螺栓顺利穿过衬套，可安装紧固制动钳和连接制动软管到制动钳上，对制动液压系统进行放气；如不能，则应先拆下螺栓和衬套，检查制动钳缸孔是否被腐蚀，用干净的酒精清洁缸孔，然后安装并润滑衬套，安装制动钳螺栓。

2）装复放气后，应踩下制动踏板几次，使衬块定位。按标记安装车轮，拧紧车轮带耳螺母。

3. 前制动衬块的拆卸

拆卸前，先从主缸储液室中放出 2/3 的制动液，以防止在维修时溢出。然后顶起汽车（在车轮与轮毂间做标记，以便恢复原位），拆下前车轮，拆卸制动钳。再从制动钳上拆下外侧衬块，用旋具分开衬块固定扣，拆下内侧衬块。

4. 前制动衬块的安装

1）先用酒精清洁制动钳活塞保护罩的外表面，然后用一个 C 形卡箍慢慢地将活塞压入缸孔中。用工具撬起保护罩内缘，压出内部的空气，使保护罩安装到位。

2）安装内侧衬块、座圈，使衬块平靠在活塞上，且衬块不应接触到保护罩。然后安装外侧衬块，且使磨损传感器位于衬块后缘，使衬块平靠在制动钳上。

5. 前制动盘的拆卸

拆下制动钳并用铁丝或绳索将其挂在一边。在制动盘与轮毂间做标记后，再将制动钳拆下。若制动盘有划痕，应对其进行修复、打磨和抛光，最后用酒精清洁其表面。

6. 前制动盘的安装

安装时，按拆卸的相反顺序进行组装。

7. 注意事项

1）注意拆装顺序，各部件的相互关系。

2）安装车轮前，应先补足制动液，对制动系统进行放气。

（二）盘式制动器的检修

1. 制动钳及活塞的检修

1）检查缸体内表面是否有划伤、腐蚀、磨损、损坏或出现异物，如果出现任何上述情况应更换缸体。

2）腐蚀及异物所造成的小损伤可用细金刚砂纸打磨内表面来消除，必要时更换缸体。

3）检查活塞是否划伤、腐蚀、磨损、损坏或出现异物，如果出现上述任何一种情况应更换活塞。

注意：如果活塞滑动表面有电镀层，即使表面已腐蚀或有异物也不要用金刚砂纸打磨。

2. 滑动销钉、销钉螺栓和销钉防尘套的检修

检查是否出现磨损裂纹或其他损坏，如果出现上述情况应予以更换。

3. 制动盘的检修

1）检查制动盘摩擦面是否有粗糙裂纹或剥落。

2）使用百分表测量其轴向圆跳动。

至少使用两个螺母将制动盘紧固在轮毂上，测量前确认车轮轴承轴向间隙应在规定值以内，其最大跳动量应为0.07mm(0.0028in)。若跳动量超出规定可用车床车削制动盘。

4. 制动片的检修与更换

拆下总泵储液罐盖，拆下销钉螺栓，向上打开缸体然后将制动片保持架及内外衬片一同拆下，使用真空吸尘器清洁制动片以将空气中微粒及其他物质造成的损害降低到最低限度。

注意：

1）在缸体拆开的情况下不要踏下制动踏板，否则活塞会被弹出。

2）不要损坏活塞防尘套或将机油弄到制动盘上，每次更换制动片时都要更换衬片。

3）若衬片生锈或橡胶层剥落应用新衬片更换。

4）除非解体或更换制动钳总成否则不要拆卸连接螺栓，在拆卸连接螺栓时可用绳索吊住缸体以免拉伸制动软管。

5）表面修整、更换制动鼓或制动盘后以及更换制动片后，或在行驶很少里程就出现制动发软时，都应磨合制动接合面。

5. 组装

1）将活塞密封圈嵌入缸体槽内。

2）将防尘套一端装在活塞上，并将另一端压入缸体上的槽内，然后安装活塞。

3）正确装好活塞防尘罩。

4）可靠地将制动软管安装到制动钳上。

5）装上其他零件并拧紧所有螺栓。

三、液压制动传动装置零件的检修

1. 主缸的检修

1）检查缸筒内壁工作面磨损状况：工作面上不允许有麻点和划痕，若圆柱度误差大于0.025mm，或缸筒内壁磨损大于0.12mm，或泵筒与活塞配合间隙大于0.15mm时，应更换新件或镶套修复。镶套时，套的材料应选用灰铸铁，压入时，两接触表面可涂一层环氧树脂或白漆。压入后，镗削至标准尺寸，选配标准活塞。

2）当检查活塞与缸筒配合间隙过大时，如果是由于活塞磨损过多而造成的，只需要换活塞即可。

3）检查缸筒内壁上的锈蚀、麻点，如果不在皮碗行程内时，允许继续使用。

4）检查缸体，不得有任何性质的裂纹、缸口及破损等损伤。轻微者应予以焊修，严重者应予以更换。

5）检查活塞上的星形阀是否松脱、破裂，如果出现松脱或破裂则应予以重铆或更换。

6）检查出、回油阀门是否失效，皮碗、密封圈是否发胀、变形及破损，防尘罩损坏时，一律更换新件。

7）检查主缸、轮缸回位弹簧，应正直、弹力大，并按规定技术条件进行检验，不合要求时，一律更换。

2. 主缸装配的注意事项

1）主缸装配时，应特别注意清洁。装配前，所有零件应用制动液或酒精清洗干净。切不可用煤油或汽油清洗。

2）主缸装复后，用推杆推动活塞数次，检查其运动和回位是否灵活自如，活塞是否能回到原位。然后再放松推杆，用一根细铁丝检查回油孔、补偿孔是否畅通，如果被皮碗封闭，应及时查明原因并予以排除。否则将使制动产生发咬的现象。

3. 轮缸的检修

1）轮缸主要零件的检修与主缸相同，要注意在更换轮缸时，其规格必须与原车轮缸相同。

2）同一车桥上的两只轮缸的内径必须相同，以保证得到相等的制动力，防止制动跑偏。

3）放空气的螺套锥面应平滑、规整，不得有凹槽和破损，否则应予以修复。

4）轮缸弹簧技术要求应符合规定。

4. 主缸、轮缸效能试验

为了检验主缸和轮缸的修理质量，保证主缸、轮缸工作的可靠性，主缸和轮缸修复后，必须进行密封性和承压试验。在主缸、轮缸和液压管路装复后，向其管路加压，使压力达到 8.82×10^3 kPa，并保持 3min，在此时间内，制动主缸及油管接头不得漏油，油压下降不超过 2.94×10^2 kPa 为合格。

四、液压制动系统空气的排除

液压制动系统修复安装后，由于管道中存留大量的空气，如不及时排除，会造成制动的失效。排气时，首先把主缸加满制动液，然后旋出轮缸的放气螺钉，用一根皮管装在放气螺套上，皮管的另一端插入盛有制动液的容器中。这时需两人协同进行，一个人在驾驶室内，连续踏下与放开制动踏板数次，直至踏板一次比一次增高，且踏不下去时为止。这时要用力踏踏板。另一人在车下把轮缸放气螺套稍旋松，此时空气随制动液一起排出。同时，踏板慢慢下降。当要接近到底时，立即把放气螺套旋紧。然后再踏动踏板，如此连续进行数次，直至放出的制动液中无气泡为止。

排气过程中，必须随时检查主缸储油室内的液面高度，并不断加注制动液。空气排除后，储油室液面距加油口 15～20mm，同时，要注意储油室螺塞的通气孔必须通畅，以免影响储油室的气压。

排气过程中，两人要密切配合，在排放空气螺套未旋紧时，切不可抬起踏板，否则空气又乘机而入。排气时，一般由最远的一个进行，应按右后轮、左后轮、右前轮和左前轮的顺序进行。有的越野车前轮有两个轮缸，排气时，应先上后下进行。

第三节　鼓式制动器

一、鼓式制动器的工作原理

鼓式制动器有一个铸造的制动鼓，制动鼓由螺栓连接在车轮上并随车轮转动。在制动鼓内，有一组制动蹄安装在制动底板上。其他的部件也安装在制动底板上，包括液压轮缸、弹簧以及连接元件。制动蹄上附有摩擦材料，制动时摩擦制动蹄与制动鼓的内表面接触（图5-18）。当制动时，制动蹄受到力的作用而张开，与制动鼓的内表面发生摩擦。

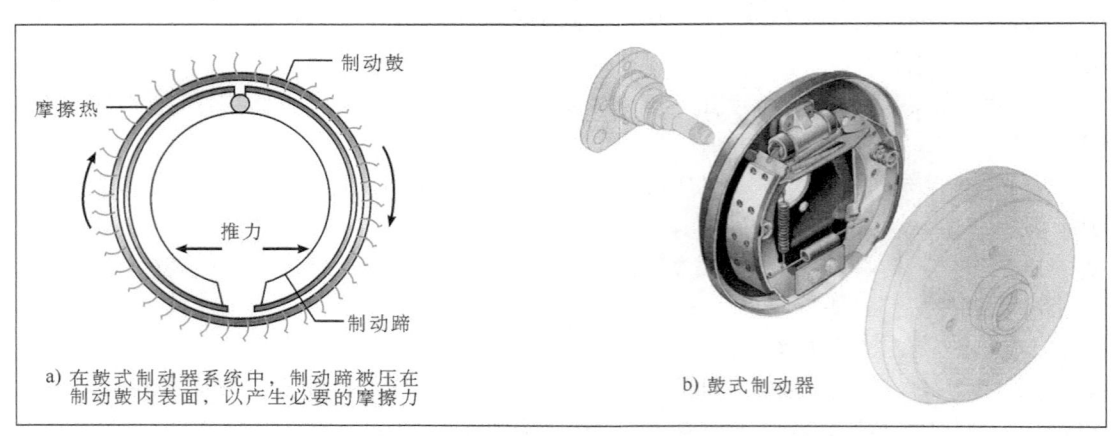

图 5-18　鼓式制动器示意图

1. 自增力制动器

自增力制动器是一个能将较小的力转换成较大的力的装置，现在大多数的汽车中自增力制动器是通过制动轮缸内的液压力使制动蹄向外张开的。制动轮缸内的液压力由驾驶人作用在制动踏板上的力转化而来，制动蹄向外张开使制动蹄靠向制动鼓的内侧。

2. 制动蹄的增力作用

当制动时，制动蹄的自增力很重要，当制动蹄与制动鼓接合时，制动蹄上的摩擦力趋向于使制动蹄绕着支点转动（图5-18），当它与制动鼓的转动方向一致时，两者间的摩擦力使制动蹄与制动鼓内表面的接合更紧，这就是自增力。

3. 自增力制动器的工作原理

鼓式制动系统中，有第一制动蹄和第二制动蹄（图5-19）。当制动时，第一制动蹄先反应，它有一个较软的回位弹簧，第一制动

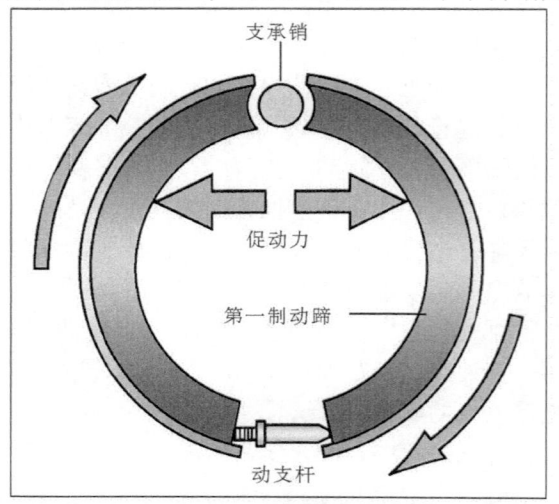

图 5-19　当制动时，第一制动蹄先起作用，然后推动第二制动蹄以产生额外的摩擦

蹄离开固定支承销，与制动鼓表面接触。当制动蹄开始与制动鼓接触，制动蹄被带动，进一步驱使它向制动鼓转动方向转动，从而使制动器产生更大的摩擦力。

这时，第二制动蹄也开始工作。当第一制动蹄移动，它推动第二制动蹄的下部，这种运动驱使第二制动蹄向制动鼓移动，需要注意的是第二制动蹄不能向上移动，因为它受固定支承销的限制。这样就引起了次制动片的自增力作用。若制动蹄持续移动，自增力制动系统就起到增力的作用。

液压轮缸中产生的促动力主要推动第一制动蹄，作用于第二制动蹄上的液压促动力往往比较小，但是第二制动蹄上的液压促动力并不是用来起制动作用的，除非制动鼓反向转动。

4. 鼓式制动器制动蹄与摩擦片

制动器的摩擦片与制动鼓之间产生的摩擦使车辆制动。制动器有多种形式的摩擦片。摩擦片是铆接或粘接在制动蹄上的（图5-20a），第一制动蹄上的摩擦片长度要短一些，而第二制动蹄上的摩擦片则覆盖满整个制动蹄，因为它的负荷也比较大。除此之外，现在所用的摩擦片是贴实在制动蹄上的，这样可以使摩擦片的中段部位稍微突起（通常称为制动蹄凸圆）。这种设计使得摩擦片和制动鼓之间的接触更容易。当制动蹄上压力增大时，摩擦片随制动蹄发生轻微弯曲，使接触面增大。图5-20b所示为一个典型的制动蹄摩擦片和其最厚的部位。

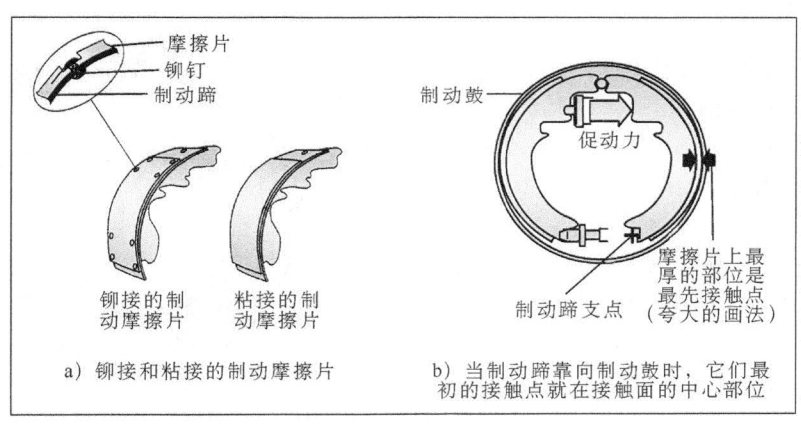

图5-20 制动蹄与摩擦片

5. 鼓式制动器制动轮缸

制动轮缸的作用是将制动液压力转换成机械力。图5-21所示为一个典型的鼓式制动器制动轮缸组件。这些制动轮缸组件包括了修理时的可更换件，其中包括两个活塞、两个密封皮碗、两个防尘罩、一个放油螺钉和一个内弹簧。当同时使用两个活塞时，被称为双向自增力制动器。制动器工作时，轮缸里的制动液压力推动两个活塞向外移动，引起车轮的制动。

6. 鼓式制动器制动蹄调节

鼓式制动器可以通过手动调节或是自动调节来消除摩擦蹄片的磨损间隙。手动调节制动有一个预调螺母，根据其作用，通常被叫作可调顶杆。可调顶杆用外部的调节工具转动可以消除多余的间隙。

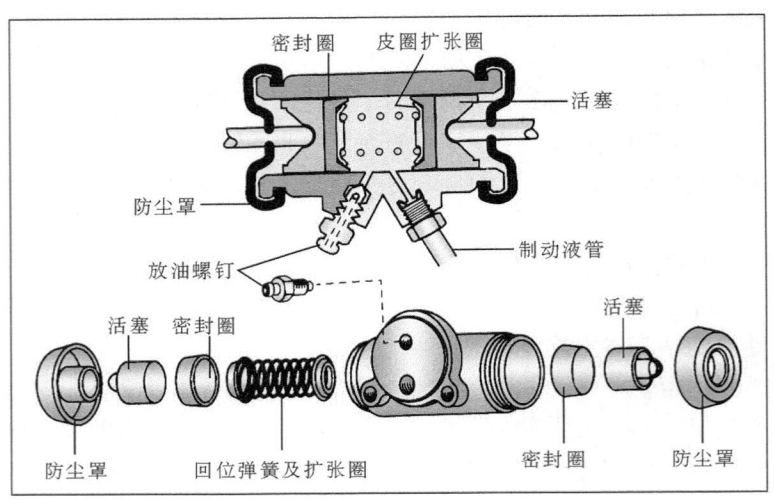

图 5-21 制动轮缸分解图

自动间隙调节是通过正常工作时制动蹄的内外移动来消除摩擦面之间的多余间隙的。一种方法是使用一套电子凸轮。当制动蹄向外张开时,可调节销也跟随制动蹄向外。这将使可调节凸轮在支撑板上旋转。当制动蹄松开时,调节凸轮会保持在一个新的位置。

自动间隙调节的第二种方法是使用棘爪调节制动磨损间隙,如图 5-22 所示。可调节杠杆的一端拨动可调节顶杆上的棘轮,每次制动蹄向外张开,棘轮机构都设法推进可调节顶杆进行调节。无论车辆是正向行驶还是反向行驶时制动,它都会同样起作用。

7. 盘式制动器与鼓式制动器的优缺点比较

与鼓式制动器相比,盘式制动器具有以下优点:

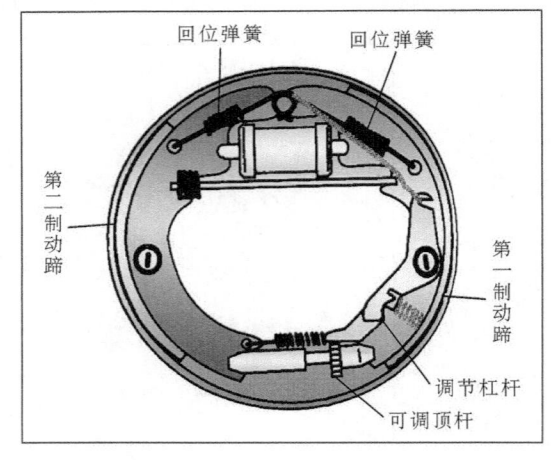

图 5-22 鼓式制动器自动调节装置

1)工作表面为平面,不易发生较大变形,制动效能较为稳定。
2)浸水后效能降低较少,而且只须经一两次制动即可恢复正常。
3)输出制动力矩相同的情况下,制动器的尺寸和质量一般较小。
4)热稳定性好,制动盘只在径向膨胀,沿厚度方向的热膨胀量极小,不影响制动。
5)较容易实现间隙自动调整,其他保养修理作业也较简便。

盘式制动器的不足之处是:

1)效能较低,因此用于液压制动系统时所需制动促动管路压力较高,一般要用伺服机构。
2)兼用于驻车制动时,需要加装的驻车制动传动装置较鼓式制动器复杂,因而在后轮上的应用受到限制。

目前，盘式制动器已广泛应用于轿车，除一些高性能轿车外，大都只用作前轮制动器，与后轮的鼓式制动器配合，可使汽车在较高车速下保持制动时的方向稳定性。在货车上，盘式制动器目前也采用得不少。

8. 驻车制动器

驻车制动器俗称手刹，主要用来保证汽车停止后的可靠停放。它由驻车制动操纵杆、驻车制动拉索、调节压板以及调整螺母等组成，驻车制动器按驱动形式可分为：机械式、液压式和气压式。其中以机械式在轿车上应用最广。

拉索式机械操纵驻车制动系统如图 5-23 所示。当实施驻车制动时，驾驶人将驻车制动操纵杆向上拉起，通过拉杆、调节压板将驻车制动拉索拉紧。由于驻车制动拉索的端头是套在后制动器拉臂下端的钩槽内的，从而使左、右制动蹄内外张开，压紧制动鼓内表面，实现了驻车制动。驻车制动器是通过在后轮制动器的基础上，另加装一套手动机械操纵机构来实现的。由于和后轮制动器合用一套制动器，这样就使结构简单，减轻了重量。

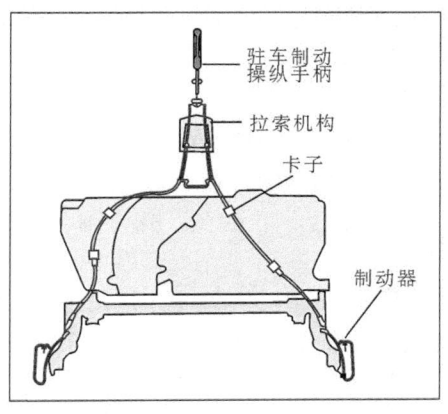

图 5-23　拉索式机械操纵驻车制动系统

二、鼓式制动器的拆装与检修

（一）鼓式制动器的拆装

1. 制动鼓的分解

制动鼓的分解如图 5-24 所示。

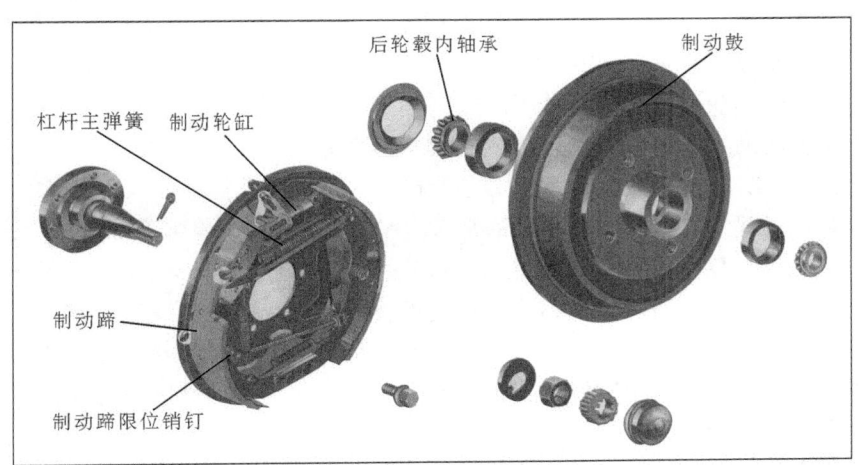

图 5-24　鼓式制动器的分解

1）拆卸前，使用旋具通过车轮的螺栓孔将楔形件向上压，使制动蹄回位。

2）用 VW637/2 专用工具拆卸下轮毂盖，拔出开口销，拆下冠状螺母保险环。

3）拆下轮毂轴承预紧度的调整螺母及垫圈、轴承，取下制动鼓。

2. 制动鼓的分解

1）压下制动蹄定位销压簧，取下制动蹄定位销及压簧垫圈，借助旋具、撬棍或用手从下面的支座上提起制动蹄，取出下回位弹簧。

2）拆下制动杆上的驻车制动钢丝，用鲤鱼钳取下楔形件的拉力弹簧和上回位弹簧，取下制动蹄。

3）将带压力杆的制动蹄卡紧在台钳上，拆下定位弹簧。

3. 制动蹄的安装

1）装上回位弹簧，并将制动蹄与压力杆（推杆）连接好，装上楔形件（凸块朝向制动器底板），将另一个带有传动管的制动蹄装在压力杆上。

2）装入上回位弹簧（最大允许长度为130mm），在制动臂上套上驻车制动绳索，把制动蹄装在车轮制动分泵的活塞外槽上。

3）装入下回位弹簧，并把制动蹄提起，装到下面的支座上，装上楔形件的拉力弹簧（最大允许长度为113mm）；装入制动蹄定位销、压簧及垫圈。

4. 制动鼓的安装

使制动蹄回位，装上制动鼓及后轮轴承，调整好轴承预紧度，用力踩制动踏板一次，使制动蹄能正确就位。

5. 注意事项

1）注意拆装顺序及各部件的相互关系。

2）保持场地清洁及零部件、工具和量具的清洁。

（二）鼓式制动器的检修

1. 制动蹄及摩擦片的检验与修理

制动蹄摩擦片经长期使用，油污严重，磨损变薄，铆钉头距工作表面凹陷距离减少0.5mm时，一律更换摩擦片。如果摩擦片油污较轻，铆钉埋入深度大于0.5mm，摩擦片只有少量磨损，可用汽油清洗油污，洗净后必须加温烘干，然后用锉刀和粗砂布修磨平整，再与制动鼓工作表面测试贴合面积，若能达到技术标准要求，可继续使用。

检查制动蹄，若弯曲或扭曲，可按样板进行检查。若变形较小，可冷压校正。制动蹄蹄端平面磨损，可堆焊后修磨。支承销孔磨损，通常采用镶套法修复。若镗削支承销孔，必须以制动蹄安装摩擦片的表面作为基准，以保证修复后，支承销孔轴线与摩擦片安装表面的母线平行。

摩擦片磨损变薄或表面烧蚀严重，必须更换新摩擦片。更换新摩擦片时，对于同一车桥的各车轮的制动蹄应选用相同的摩擦片，至少同一轴的两侧摩擦片材料必须相同。

新摩擦片的安装一般采用铆接法。铆接的工艺基本上与离合器摩擦片铆接相同。

2. 制动鼓的检验与修理

车轮制动主要是由制动鼓与摩擦片相互摩擦产生制动力而迫使车辆减速或停车的。由于长期使用，使制动鼓磨损，造成制动鼓圆度超差或变形。同时，由于衬片磨损，露出制动蹄铆钉头，使制动鼓刮伤而出现沟槽，当汽车制动时，便发生跑偏、响声或抖动等现象。所以，制动鼓的工作表面必须平整光滑，与摩擦片贴合良好。

检查制动鼓的磨损和圆度误差。用内卡钳或百分表检测。一般情况下，制动鼓在直径方向磨损成椭圆，在轴向磨损成锥形。同时，制动鼓摩擦表面与轮毂的旋转轴线，即同轴度产生偏差，都会影响制动效能。制动鼓的检测方法如图5-25所示。测量时，首先把带有制动鼓的轮毂总成擦拭干净，平整地放在工作台上，把中心杆用两个夹板固定在轴承内圈上，然后把百分表支架通过锁紧装置固定在中心杆上，在支架的端部安装百分表，并使百分表的触头抵住制动鼓内表面。缓慢而均匀地推动百分表，使百分表在制动鼓内转动一周，百分表指针摆动的最大值与最小值之差，即为制动鼓与轮毂轴承的同轴度误差。

制动鼓圆度误差若大于0.25mm，工作表面有较深的槽，与轮毂轴承的同轴度大于0.50mm，应进行镗削。镗削制动鼓时，应把制动鼓与轮毂装配在一起进行，并以内外轮毂轴承的外圈定位。镗削时可在车床上进行，最好用专用的镗鼓机（图5-26）。镗削后，制动鼓的圆柱度误差不大于0.075mm，与轮毂轴承同轴度误差不大于0.025mm，左右两轮制动鼓尺寸差小于1mm，内径不得超过允许的最大修理尺寸。

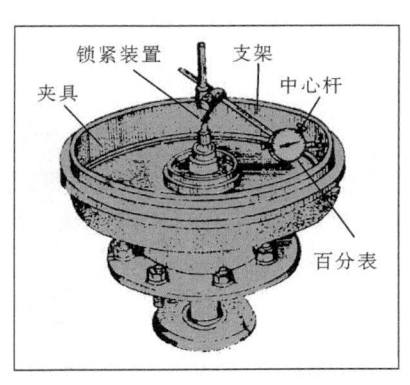

图5-25 制动鼓的检测方法

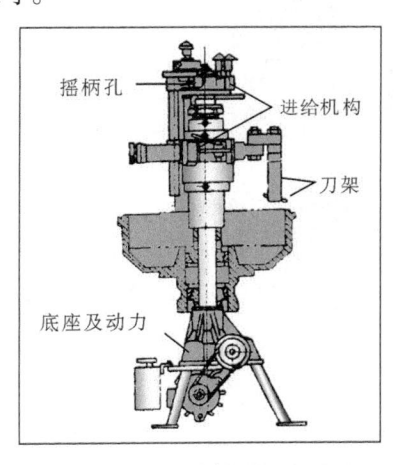

图5-26 专用的镗鼓机

3. 其他零件的检修

1）检查制动管有无裂纹或破损，损坏的一律更换，更换时同一轴的两根软管内径必须相等。

2）检查回位弹簧。若弹簧挂钩有明显的弯曲变形、严重锈蚀或其长度超标准尺寸的5%，应予更换。更换时同一轴上的各弹簧主要参数必须选配一致，选用回位弹簧的技术标准要符合各车型的相关规定。

3）检查制动凸轮表面有明显的不均匀磨损，可堆焊后按样板加工。检测凸轮轴轴颈与支架衬套的配合间隙，一般前轮为0.035~0.15mm，最大不大于0.40mm，后轮为0.17~0.30mm，最大不大于0.55mm。如果磨损超标可更换支架衬套，或对凸轮轴轴颈进行镀铬或堆焊后磨圆修复。

4）检查蹄片支销与底板销孔配合间隙，如果大于技术标准要求，即影响蹄片与制动鼓间隙的正常调整，又使制动作用迟缓，必须更换偏心支销。偏心支销与制动蹄的销孔配合间隙一般为0.03~0.17mm，蹄片支销与底板销孔配合间隙一般为0.06~0.16mm。

5）检查制动底板时，底板的表面翘曲超过0.60mm时，应予以校正，若有裂纹或螺栓孔磨损应予以焊修。底板上支承销孔磨损大于 0.15mm，可镶套或焊补后重新钻孔。

第四节 制动助力系统

真空助力系统

进气歧管真空器被用作动力制动系的助力器。在图 5-27 中，动力助力器膜片两边都是真空。膜片中心轴连接到制动主油缸上。如果膜片两边都是真空，膜片将不动，如果膜片右侧的真空消失，空气进入产生压力，中心轴将被迫向左移动。

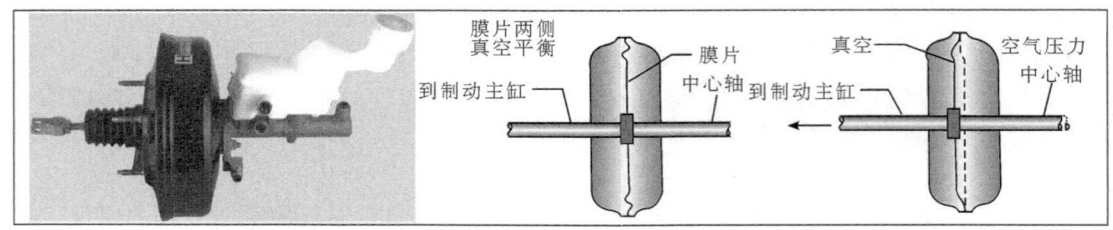

图 5-27 真空助力器示意图

动力制动系使用真空对制动主油缸的推杆产生推力。

助力制动单元通常有三种工作模式：保持、加力和释放。通常情况下整个助力器处于真空状态。图 5-28 给出了在"保持"状态下的助力器内部部件的位置。发动机提供的真空可以进入膜片两侧。这是因为空气阀柱塞和空气控制阀处于能够把发动机提供的真空引入膜片两侧的位置。

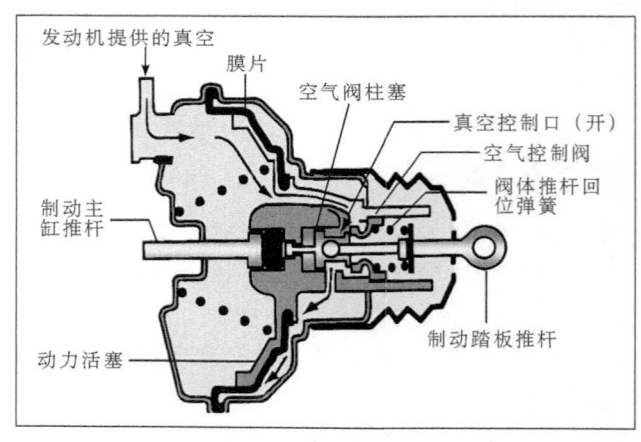

图 5-28 真空助力器保持阶段示意图

在制动保持阶段，膜片两边都是真空。

在加力模式下，当给制动踏板施加压力时，制动踏板推杆向左移动。这个动作使空气阀柱塞向左运动，如图 5-29 所示。当空气阀柱塞和空气控制阀处于这个状态时，膜片右侧的真空被空气压力取代。膜片左侧的真空仍然保持。膜片左侧的真空这时导致膜片向左运动，产生对制动主缸和活塞的一个额外的力。

在释放模式下，当操纵者释放制动器，制动主缸内的制动主缸推杆弹簧使制动主缸推杆

第五章 制动系统

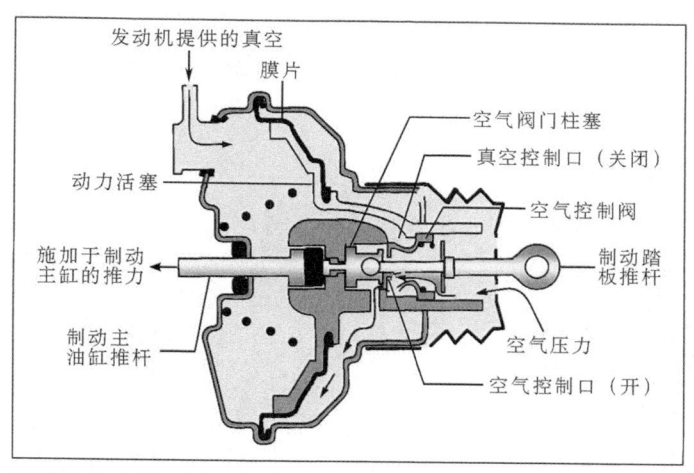

图 5-29 真空助力器加力模式示意图

在加力模式下,膜片右侧的真空被排除,并且由空气压力取代。

向右运动。这个动作使空气阀柱塞运动和空气控制阀回到原位,如图 5-30 所示。这种状态时,膜片两边都处于真空,所以制动主缸推杆此时没有受到额外的力。

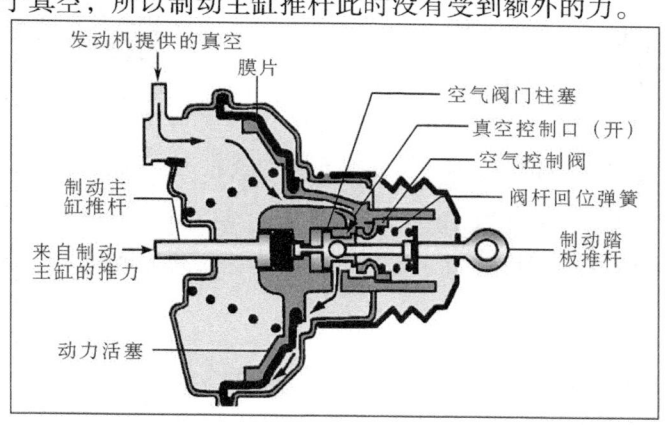

图 5-30 真空助力器释放模式示意图

在释放模式下,膜片两侧的真空平衡。

单相真空阀真空是通过发动机的进气歧管获得的。由于进气歧管真空会发生波动,所以在系统里有一个储藏真空的容器。这个容器在膜片附近,有很大的容积(图 5-31)。而且,在歧管和容器中间也有一个单向阀。单向阀用来防止在节气门开度很大时真空从容器中泄漏。万一供给管路泄漏或其他地方真空泄漏,单向阀仍然可以保证安全。

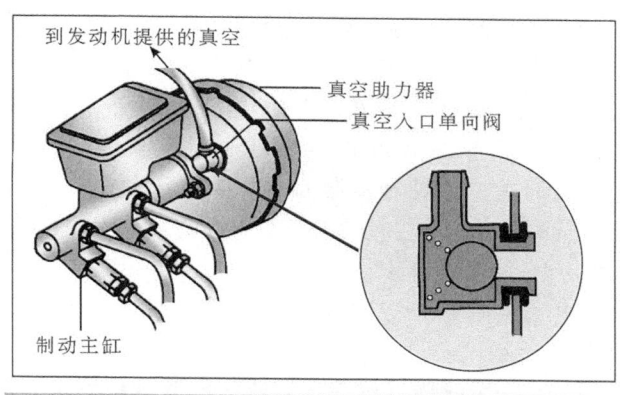

图 5-31 动力制动的真空直接来自发动机进气歧管

159

第五节 防抱死制动系统（ABS）

一、防抱死制动系统概述

防抱死制动系统是一种主动安全装置，其英文名称是 Anti-lock Braking System（防抱死制动系统）或 Anti-skid Braking System（防滑移制动系统），缩写为 ABS，如图 5-32 所示。

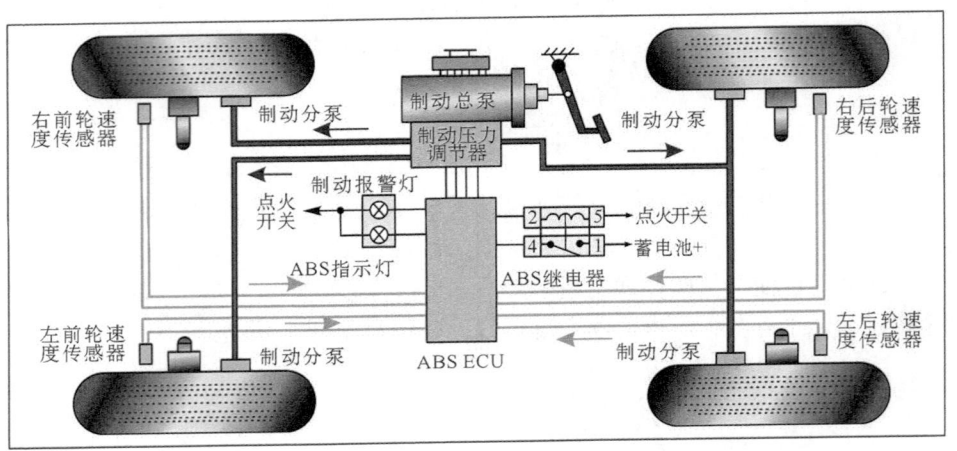

图 5-32　防抱死制动系统（ABS）的组成简图

电子控制防抱死制动系统在汽车原有制动系统的基础上，增设了一套电子控制装置，其功用是：**在汽车制动过程中，自动调节车轮的制动力，防止车轮抱死，从而获得最佳制动性能，减少交通事故。**

ABS 具有以下优点：

1) 缩短制动距离（松散的沙土和积雪很深的路面除外）。
2) 保持汽车制动时的方向稳定性。
3) 保持汽车制动时的转向控制能力。
4) 减少汽车制动时轮胎的磨损。
5) 减少驾驶人的疲劳强度（特别是紧张情绪）。

防抱死制动系统（ABS）根据车轮转动情况，随时调节制动压力来防止车轮抱死滑移。尽管各种 ABS 的结构形式各不相同，但都是在常规制动装置的基础上，增设传感器、电子控制器（ECU）和执行器组成的，如图 5-33 所示。

电子控制系统控制部件的安装位置如图 5-34 所示。

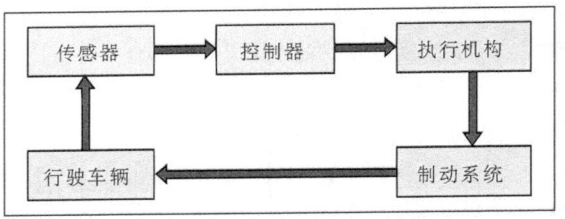

图 5-33　防抱死制动系统的组成框图

ABS 采用的传感器有车轮速度传感器和减速传感器两种。车轮速度传感器又称为车轮转速传感器或轮速传感器，一个 ABS 设有 2~4 只车轮速度传感器，目前大多数都设有 4 只车

第五章 制动系统

轮速度传感器。车轮速度传感器是 ABS 必需的传感器,其功用是检测车轮的运动状态,将车轮转速变换为电信号输入 ABS ECU。

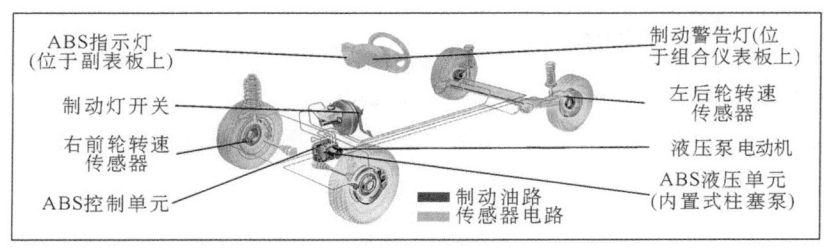

图 5-34　MK20-1 防抱死制动系统(ABS)布置图

减速度传感器又分为纵向减速度传感器和横向减速度传感器。减速度传感器仅在控制精度较高的 ABS 中采用,其功用是检测汽车车身的加减速度,以便 ABS ECU 判别路面状况。

ABS 的电子控制器 ECU 又称为 ABS 电控单元或 ABS ECU。其主要功用是接收轮速传感器、减速度传感器等输入的信号,计算汽车的轮速、车速、加减速度和滑移率,并输出控制指令控制制动压力调节器等执行元件工作。

ABS ECU 具有失效保护和故障自诊断功能,一旦发现 ABS 故障时,将终止 ABS 工作,恢复常规制动。与此同时,还将控制 ABS 故障指示灯发亮指示,提醒驾驶人及时进行修理。

制动压力调节器是 ABS 的主要执行元件。其功用是接受 ECU 的指令,驱动制动压力调节器中的电磁阀动作,同时驱动回液泵电动机转动等,使制动压力"升高""保持"或"降低",从而实现制动压力自动调节。ABS 的电子控制单元组成结构如图 5-35 所示。

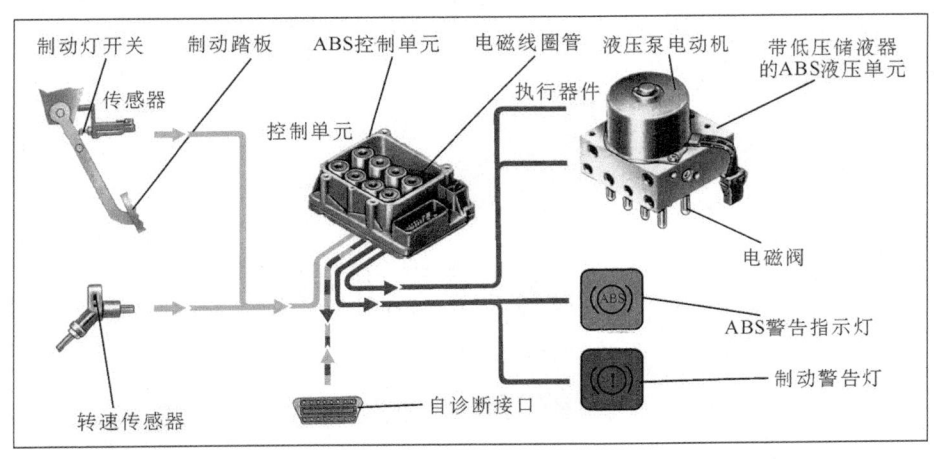

图 5-35　ABS 的电子控制单元组成结构

ABS 是在原有制动装置的基础上增加一套控制装置形成的,其工作也是在常规制动过程的基础上进行的。在制动过程中,当车轮还未趋于抱死时,其制动过程与常规制动过程完全相同。只有当车轮趋于抱死时,ABS 才对制动压力进行调节。因此,当 ABS 发生故障时,如果常规制动装置正常,那么常规制动装置照样具有制动功能。但是,如果常规制动装置发生故障,ABS 将随之失去控制作用。

二、防抱死制动系统组件

1. 车轮转速传感器

车轮转速传感器安装在每个车轮上。其作用是检测每个车轮的转速。转速被转化为一个电气信号并传给计算机,通常叫作电子制动控制模块(EBCM)。

图 5-36 给出了几个前轮和后轮传感器总成。确切的类型还要由制造商以及是采取前轮驱动还是采取后轮驱动来决定。

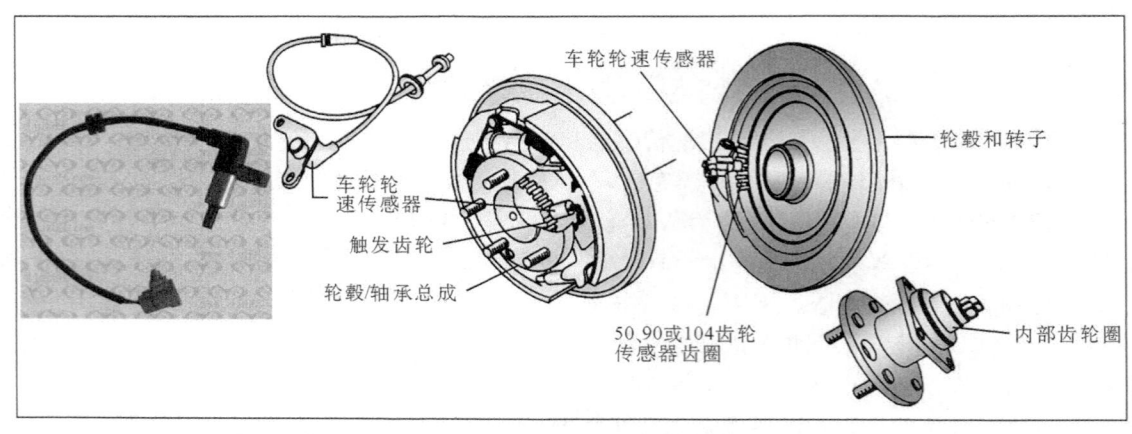

图 5-36 轮速传感器的几种构造

轮速传感器总成是由轮速传感器和齿轮组成的。当传感器经过齿轮时产生一个小的交流电压。一个永久性磁铁被用来作为轮速传感器的一部分来产生电压如图 5-37 所示。较高的速度将产生一个较高的频率。

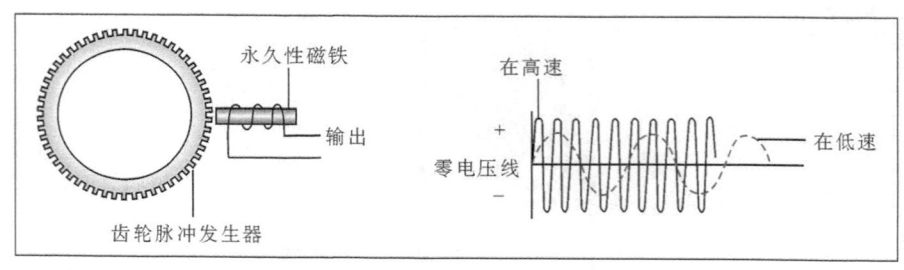

图 5-37 当车轮转动时永久性磁铁用来产生电压,轮速传感器顺序检测轮速

2. 压力调节器总成

如图 5-38 所示,压力调节器总成包括车轮回路调整器(电磁线圈),用来控制和调整制动钳的液压压力。液压回路的内部结构将在本章稍后讨论。

油泵压力调节器总成包括一个液压油泵。油泵从油罐中抽出低压制动液,加压后储存在蓄能器中或直接输入制动防抱死系统中。因为车轮已经迫近抱死,所以制动钳的压力被释放,油路压力必须被存储起来。结果是对制动系统产生一个脉冲效应。油泵帮助形成和增加一个额外的压力。

第五章 制动系统

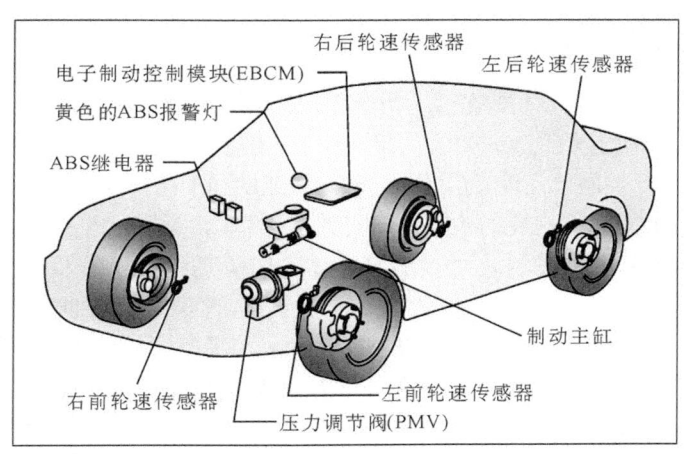

图 5-38　压力调节阀安装在液压油泵下面，用来控制制动钳的压力

三、防抱死制动系统的工作原理

电子制动控制模块的输入与输出

在带有其他计算机化的自动系统中，有多种传感器给电子制动控制模块提供输入和输出。依据车辆的年度和结构，厂家可以有不同数量的输入和输出信号。图 5-39 所示是 7 个最普遍的输入传感器和 4 个比较普通的输出信号。

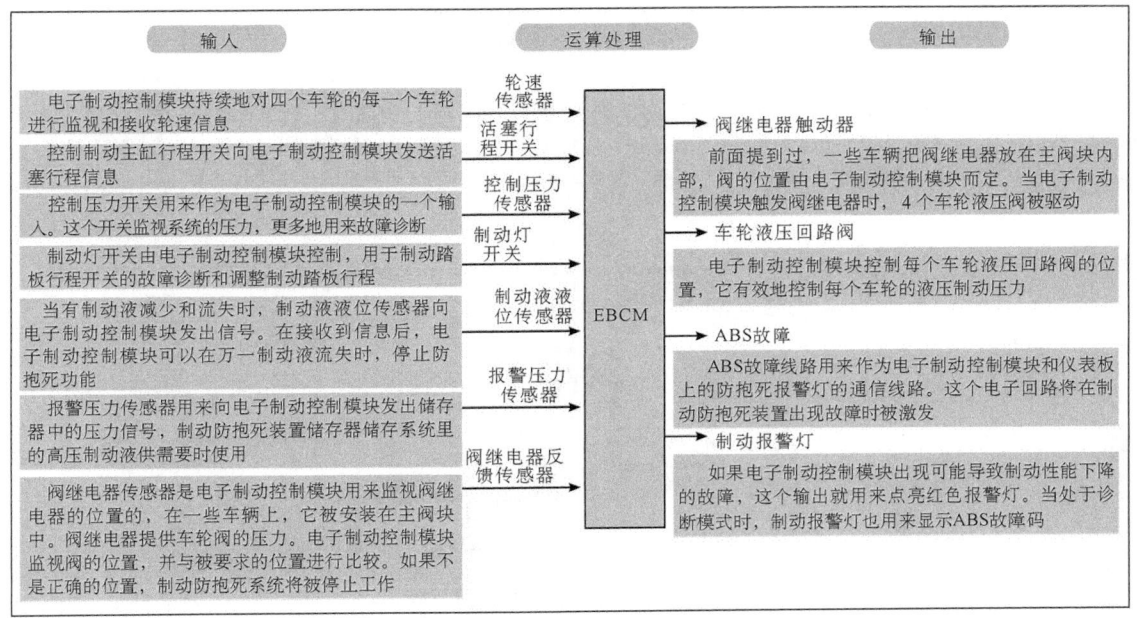

图 5-39　与电子制动控制模块连接的不同的输入与输出

四、防抱死制动系统的工作过程

在汽车以大于或等于20km/h的车速运行过程中,驾驶人踩下制动踏板紧急制动时,ABS系统的控制单元(ABS ECU)接收到制动灯开关接通信号,由装在车轮上的转速传感器采集4个车轮的转速信号,送到ABS控制单元计算出每个车轮的线速度和车速,进而推算出车辆的减速度及车轮的滑移率,判断车轮是否有抱死的趋势。若发现哪一个车轮有抱死的趋势。ABS系统控制单元控制液压控制单元作用于该车轮制动分泵液压压力以防止车轮抱死。在ABS不起作用时,电子制动力分配系统仍可调节后轮制动力,保证后轮不会先于前轮抱死,以保证车辆的安全。

在每次接通点火开关后,ABS会自动进行自检,如果发现故障,电子控制单元将自动中断ABS功能,并点亮ABS警告灯。此时制动系统将如同没有装配ABS时一样工作。

ABS工作过程可以分为建压阶段(图5-40)、保压阶段(图5-41)、增压阶段(图5-42)和降压阶段(图5-43)。下面以一个车轮的制动液压压力调节过程为例说明ABS系统工作过程。

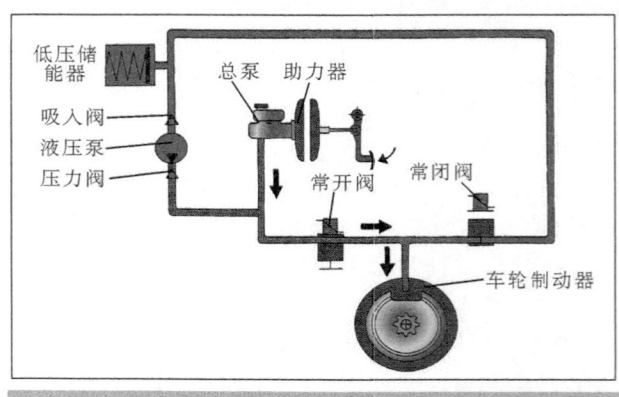

图5-40　建压阶段

制动时,通过助力器和总泵建立制动压力。此时常开阀打开,常闭阀关闭,制动压力进入车轮制动器,车轮转速迅速降低,直到ABS电子控制单元通过转速传感器识别出车轮有抱死的倾向为止。

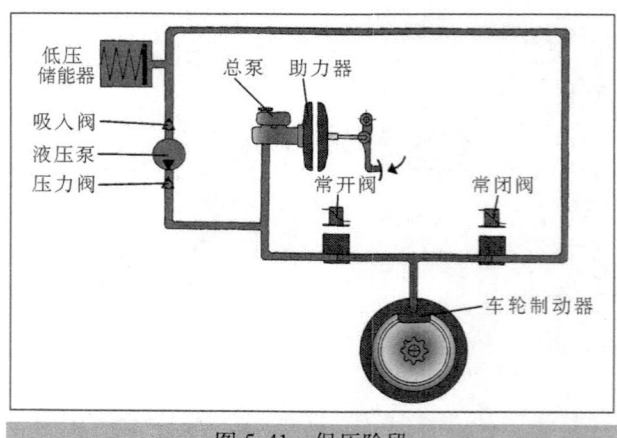

图5-41　保压阶段

ABS电子控制单元通过转速传感器得到的信号识别出车轮有抱死的倾向时,即向液压控制单元发出控制信号关闭常开阀,此时常闭阀仍然关闭,使制动器中的压力保持不变。

第五章 制动系统

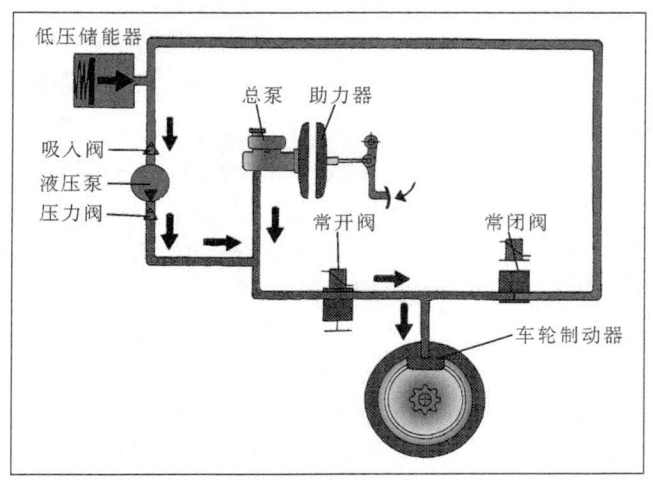

图 5-42 增压阶段

为了取得最佳的制动效果，当车轮达到一定转速后，ABS 电子控制单元再次命令常开阀打开，常闭阀关闭。随着制动压力增加，车轮再次被制动和减速。

上述过程周而复始，控制单元通过"保压"→"降压"→"增压"→"保压"……的过程，调节车轮制动力以防止车轮抱死。防抱死制动系统压力调节频率为每秒 2~4 个循环。因此，在制动过程中，管路中制动压力如有变化，驾驶人可以从制动踏板上感受到这种压力的波动。

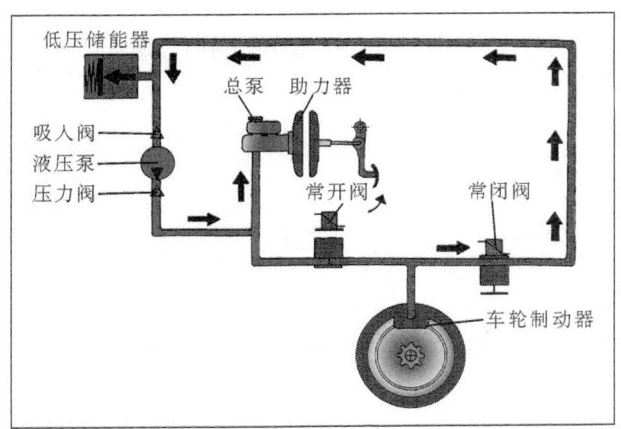

图 5-43 降压阶段

在制动压力保持不变后，控制单元还不断检测车轮转速信号，若判断出车轮仍有抱死倾向时，ABS 电子控制单元立即向液压控制单元发出控制信号打开常闭阀，起动液压泵工作，制动液从制动器经低压蓄能器被送回到制动总泵，制动压力降低，制动踏板微量顶起，车轮抱死程度降低，车轮转速开始上升。

五、防抱死制动系统的使用特性

ABS 的几个使用特性和传统的制动系统的特性是不同的。

1. 踏板感觉

在正常情况下，制动防抱死系统可以减少制动踏板的总行程，结果在正常制动时有踏板行程短的感觉。当车辆停止时，踩踏板有踩海绵的感觉。

2. 组件噪声

在防抱死制动期间，制动压力由循环起动的电磁阀调节。这些循环起动的电磁阀能发出被听见的一系列的爆声和"嘀嗒"样噪声。另外，这些循环可能在踏板上有振动的感觉。产生、保持和下降循环过程可能发生得非常快，每秒钟可高达20次。尽管在制动强度很大时，车辆开起来也会轻微振动，但总的来说，振动不会使踏板移动。ABS除了在时速3~5mile/h（每小时所行驶的英里数，1mile=1609.344m）外的所有速度都可以起作用。那么，车轮抱死可能会发生在防抱死制动停车的最后阶段，这是正常的。

3. 轮胎噪声和痕迹

在防抱死制动期间，一些车轮滑动（10%~30%）是被希望的。滑动可能导致车轮某种程度的打滑。这将取决于路面。在正常情况下，车轮完全抱死会在干燥的公路上留下黑色的轮胎痕迹。在防抱死制动系统作用时，将会在公路上留下显而易见的轻微斑纹痕迹。

参 考 文 献

[1] 赵学敏. 汽车底盘构造与维修[M]. 北京：国防工业出版社，2003.
[2] 詹姆斯·D·霍尔德曼，小蔡斯·D·米切尔. 汽车操纵与悬架系统[M]. 归艳荣，高振云，闫雪锋，译. 北京：中国劳动社会保障出版社，2006.
[3] AE 斯卡沃勒尔. 汽车构造原理与维修应用(底盘与附件篇)[M]. 王锦俞，等译. 北京：机械工业出版社，2005.
[4] 蔡兴旺. 汽车构造与原理下册：底盘、车身[M]. 北京：机械工业出版社，2005.
[5] 汤姆·伯奇，查克·罗克伍德. 汽车手动传动系与驱动桥[M]. 4 版. 马林才，吕凤军，雷琼红，等译. 北京：中国劳动社会保障出版社，2006.
[6] 吉林大学汽车工程系，陈家瑞，马天飞. 汽车构造下册[M]. 北京：人民交通出版社，2006.
[7] 李京申，等. 悬架和转向系统[M]. 北京：教育科学出版社，2004.